LES COMPETENCES MANAGERIALES

DE L'ANALYSE DU METIER

A

L'ACCOMPAGNEMENT DE LA FONCTION

Une étude et une application de terrain au service des managers et des professionnels de l'accompagnement

Ida GENNARI – EL HICHERI

Docteur en psychologie du travail et des Organisations

Psychologue et Executive Coach certifié d'HEC Paris

© 2021 Ida Gennari-El Hicheri
Éditeur : BoD-Books on Demand
12-14 rond-point des Champs-Élysées, 75008 Paris
Impression : Books on Demand, Norderstedt, Allemagne

Illustration : Ida Gennari-El Hicheri

ISBN : 978-2-3222-7353-9
Dépôt légal : Janvier 2021

LES COMPETENCES MANAGERIALES
DE L'ANALYSE DU METIER A L'ACCOMPAGNEMENT DE LA FONCTION

À propos de l'auteur

Ida Gennari – El Hicheri est Docteur en Psychologie du Travail et des Organisations, Psychologue et Executive Coach Certifiée Hec Paris.

Elle a occupé de postes RH de Direction au sein du groupe Air France, puis de la SNCF pendant 15 ans. Lors de son dernier poste, elle a été Responsable de la transformation managériale, du développement de l'engagement, de la QVT et de la prévention des RPS. Elle est également enseignante en psychologie du travail à l'Université de Nanterre et de Paris 5. Enfin, elle est membre de l'Association française de psychologie existentielle et contribue à des travaux de recherche sur le sens du travail et de la vie.

Elle a développé un cabinet de psychologie du travail et de conseil :

Psy&Co Développement.

Mariée et maman de 4 enfants, elle s'intéresse particulièrement au sujet de l'équilibre de vie personnelle et professionnelle et à la possibilité qui est offerte à chacun de nous de réaliser ce qui compte pour soi dans la vie en alliant bien-être et efficacité.

Ida est ambassadrice certifiée de Christine Lewicki auteure du best-seller vendus à 300 000 exemplaires "J'arrête de râler" et a à cœur de transmettre ce message de leadership transformationnel pour tous, tant il a pour elle-même changé sa vie professionnelle et personnelle.

Sa vocation est d'accompagner ceux qui ont à cœur de se réaliser et de trouver leur place dans un monde de plus en plus rapide, imprévisible, et concurrentiel. Pour aider ses clients à développer leurs talents, leur potentiel, Ida adopte une démarche intégrative dans un objectif de pragmatisme, de résultats et de sérénité.

Issu de la THESE DE DOCTORAT EN PSYCHOLOGIE DU TRAVAIL présentée et soutenue publiquement par Ida GENNARI - EL HICHERI le 29 novembre 2011

THEME DE RECHERCHE :
Identification, évaluation et développement des compétences managériales.
Modélisation et élaboration d'outils au service de la démarche compétences dans une grande entreprise française.

THESE EFFECTUEE EN COLLABORATION AVEC L'ENTREPRISE (CIFRE)
Financement de la thèse : CIFRE

Thèse sous la direction du Professeur T.LUBART et de M.X.CAROFF

MEMBRES DU JURY :

Jean-Luc BERNAUD, Professeur de Psychologie, Rapporteur

Claude HOUSSEMAND, Professeur de Psychologie, Rapporteur

Vincent ROGARD, Professeur de Psychologie

Todd LUBART, Professeur de Psychologie, Directeur de thèse

Xavier CAROFF, Maître de Conférences en Psychologie, Directeur de thèse

Remerciements

Mes remerciements s'adressent à l'entreprise Air France qui m'a accueillie pendant ce contrat CIFRE. J'adresse également mes remerciements à mon professeur, M. Xavier Caroff, dont l'aide et les remarques éclairantes et précieuses ont permis d'accompagner ma réflexion et la construction jusqu'au bout de ce projet.

A M. Todd Lubart, merci d'avoir accepté la direction de cette thèse et de votre soutien.

A MM. Jean-Luc Bernaud, Claude Houssemand, Vincent Rogard, je vous remercie de l'intérêt que vous avez apporté à cette thèse en acceptant d'en être les rapporteurs, de l'étudier et d'être présents au jury de soutenance.

Je tiens à remercier tout particulièrement Mme Anne Van Doorn, initiatrice du projet auprès de qui j'ai tant appris et eu le plaisir d'échanger et de travailler au cours de ces années. Elle a su m'apporter son professionnalisme, ses compétences pour la suite de mon parcours professionnel et son soutien tout au long de ce travail.

Mes remerciements s'adressent aussi à mes responsables à Air France, Nicolas Gros, Laetitia Niaudeau, Patrice Tizon, François Baptiste qui m'ont permis de poursuivre ce travail de réflexion malgré les changements de contexte économique subis par l'entreprise.

Un grand merci à mes collègues, Annie Carrette, Rosanna Autunno, Alexandra Ughetto, Stéphanie Clévy, Françoise Paya, Isabelle Moreau, Isabelle Djenani, Marie-Pierre Arzoumanian, qui ont cru au projet, m'ont soutenue professionnellement et moralement dans les moments les plus difficiles.

A mes stagiaires, Elise Chemolle, Pauline Paroche, Emilie Hossard, Chris Aimée Caucase, Clothilde Letard, merci pour votre travail et votre engagement sur le projet.

A Candide Mejia et à Alisson Herliz-Mettra, Irène Burkel, Antoinette Monjardet, Benjamin Brun, Pauline Paroche, merci de vos relectures bienveillantes et de vos encouragements lors de la dernière ligne droite.

A Chahira et Sonia El Hicheri, merci pour votre sauvetage à l'anglaise.

A mes parents, pour votre attention et votre aide et à Laure Brier pour votre travail.

A mes beaux parents, merci d'avoir veillé sur mes enfants pendant que je travaillais.

A Riadh, merci du fond du cœur d'avoir été présent dans les moments de doute, de m'avoir soutenue et d'avoir tout mis en œuvre pour que je puisse travailler sereinement.

A mes filles, Kheira, Elissa, merci d'être venues ensoleiller cette période par vos naissances.

Paris, 30 septembre 2011

Merci à Céline Chambon qui a donné vie à ce travail pour en faire un livre.

Merci à Norah, d'avoir vu le jour et éclairé ma vie de ta lumière depuis ta naissance.

Sceaux, le 31 décembre 2020

Formations, Enseignements, articles et colloques

Formations et colloques suivis :

- Formation relais d'écoute, Prévention des risques psychosociaux, Air France, 7 heures, 25 mars 2010
- Formation prendre la responsabilité d'une équipe, Air France, 15 heures, 28 et 29 janvier 2010
- Séminaire ANACT, Prévenir le stress et les risques psychosociaux au travail, 11 juin 2009
- Formation Gestion de Projet, Paris 5, 6 heures, 18 et 25 novembre 2008
- Formation anglais, Air France DIF, 35 heures du 4 au 8 août 2008 et du 22 au 26 novembre 2010
- Formation au logiciel REFWORKS-Gestion bibliographique, Paris 5, le 11 juin 2008
- Colloque Formation des enseignants en psychologie, Paris 5, le 30 mai 2008 : Enseigner la psychologie. Colloque organisé par l'École Doctorale.
- Formation en anglais, Institut des Langues, Paris 5, rue des Saints Pères, du 3 au 6 mars 2008.

Enseignements dispensés par la doctorante de 2007 à 2010 :

- ITER (Introduction au Travail d'Etude et de Recherche) L2 seconds semestres 2007-2008, 2008-2009, 2009-2010
- TD Entretien de recrutement L3 premier semestre 2008-2009
- TD PSYCOG L3 premiers semestres 2008-2009, 2009-2010 et 2010-2011 (Mémoire de travail, Imagerie mentale, Catégorisation)
- TD MPPP3 L3 septembre 2007 (WISC 4, MMPI)
- Atelier déontologie M1 premiers semestres 2008-2009 et 2009-2010 « Droit et Déontologie face à l'évaluation des personnes dans le champ du travail »
- Atelier Déontologie M2 seconds semestres 2007-2008 et 2009-2010 « Problématiques d'évaluation des personnes dans le champ du travail »

Article soumis avec mention acceptée pour publication en Juin 2012 : Gennari, I., Caroff, X., Paroche, P., Chemolle, E., Lubart, T. (2012). "Detecting high leadership potential". An example of an evidence-based conception of identification tolls in a French blue-chip company, 1 juin 2016, Gifted and talented International by University of California.

Article de vulgarisation scientifique :

Gennari-El Hicheri, I., Zenasni, F., Caroff, X., Richou, S., Lubart, T., «Détecter les hauts potentiels, révéler les talents. Apport de la psychologie cognitive différentielle et organisationnelle." RH&M, juillet 2010.

Animation d'atelier :

Colloque Créa-Université 2010, Identifier les hauts potentiels créatifs. Table ronde L'Observatoire des Talents : Talents et Hauts Potentiels, éclairage par la Psychologie Différentielle.

Résumé de la thèse

Mots clés : management, compétences, analyse de poste, Assessment Center, Development Center

Le projet adopte une démarche pluridisciplinaire (Psychologie différentielle, Psychologie du travail, Mangement et Formation professionnelle) des questions de recherche actuelles et relatives à l'identification, à l'évaluation et au développement des compétences managériales.

A partir de deux études de poste des managers de proximité et des cadres d'une direction d'une grande entreprise française effectuées par la méthode des « Incidents Critiques » Flanagan (1954), il s'agit de proposer aux managers des outils leur permettant d'évaluer, de détecter, de développer certaines compétences parmi leurs personnels.
Au niveau théorique, la recherche vise à modéliser les compétences des managers et à étudier le rôle respectif de chacune d'elles dans leur performance.

L'analyse du travail a permis de dégager six compétences clés des managers. A partir de là, un Assessment Center (AC) a été construit permettant de recruter en interne les managers de proximité. Suite à une étude de validité interne du processus : les résultats des analyses factorielles montrent un effet de halo sur les épreuves orales, mais de bien meilleurs résultats sur les épreuves In-Basket. La structure générale du dispositif AC apparaît quant à elle relativement satisfaisante au regard du modèle. Une étude de validité prédictive a ensuite été conduite à partir d'un 360° permettant de mettre en évidence un lien entre la performance des managers sur le terrain et leur évaluation en AC et de révéler des distorsions de perceptions du rôle du manager entre les différents acteurs de la Direction.

L'ensemble de la recherche permet de proposer un exemple de démarche compétences, de la modélisation à la mise en œuvre des outils, afin d'accompagner le développement professionnel.

Title: Detecting high leadership potential: an example of an evidence-based conception of identification tolls in a French blue-chip company.

Abstract

Keywords: management, abilities, job analysis, Assessment Center, Development Center

The project adopts a multidisciplinary approach (Work Psychology, Management and Vocational training) current question of research relative to the identification, to the evaluation and to the development of the manager skills.

From two job analysis of the managers by the method of the "Critical Incidents" Flanagan (1954), it is a question of proposing to the managers of tools allowing them to estimate, to detect, to develop certain skills among their staffs.

At the theoretical level, the research aims at modelling the skills of the managers, at studying the respective role of each of them in their performance.

The job analysis allowed loosening six key skills of the managers. From there, an Assessment Center (AC) was built allowing recruiting in house the managers of nearness. Further to a study of internal validity of the process: the results of the factorial analyses show an effect of halo on the oral tests, but of much better results on the tests In-Basket.

The general structure of the device AC appears as for her relatively satisfactory towards the model. A study of predictive validity was then driven from one 360 ° allowing to bring to light a link between the performance of the managers on the ground and their evaluation in AC and to reveal distortions of perceptions of the role of the manager between the various actors of the direction.

The whole research allows proposing an example of approach skills, of the modelling in the implementation of tools, to accompany the professional development.

TABLE DES MATIERES

    I. Contexte de la thèse 22
        1 - Le contexte général : incertitude et accompagnement du changement 22
        2 - L'entreprise Air France 25
        3 - La Direction Générale de l'Exploitation Sol (DGES) 28
    II. Présentation des études existantes au sein d'Air France et analyse de la demande 31
        1 - Étude sociologique de Traodec, CNRS, (2004) et de Vaysse, JFA, (2007) 31
        2 - La demande de la DGES 37
    III. Problématique et objectifs de la recherche 38
    IV. Principe d'intervention 43
PREMIERE PARTIE 46
    I. Cadre Conceptuel : la notion de compétences 47
        1 - La compétence: un concept complexe dans la littérature 47
        2 - Les définitions et le choix du cadre conceptuel 50
        3 - Les compétences managériales : présentation de modèles existants 56
    II. Construction d'un modèle managérial « bottom-up » 66
        1 - Les différentes analyses du travail 66
        2 - Le choix de la méthodologie 69
    III. Une modélisation des compétences managériales sur la population d'AMDE (Buet, 2005) 72
        1 - Pré-analyse sur les escales de province 72
        2 - La modélisation des compétences pour la population des AMDE 73
    IV. L'analyse de la fonction managériale à la DGES d'Air France 76
            RECHERCHE N°1 76
        1 – Objectif 76
        2 – Hypothèses 76
        3 - Description de la population parente 78
        4 – Echantillon représentatif 79
        5 - La méthode 80
            a) Le recueil des données 80
            b) Le classement des IC 82
            c) L'analyse statistique des classements 83
        6 – Résultats de la classification 85
        7 - Mise à l'épreuve de l'Hypothèse N°1 et N°2 89
            a) Méthode 89
            b) Résultats 89
        8 - Résumé des résultats 98
        9 - Discussion 99
DEUXIEME PARTIE : 106
    I. Le dispositif de détection de potentiel et de sélection des managers à la DGES d'Air France. 107
            RECHERCHE N°2 107
        1 - Détecter les potentiels managériaux 109
            a) Des problématiques actuelles : la détection de potentiels et le développement de talents managériaux 109
            b) Caractéristiques des hauts potentiels : les critères classiques en GRH 111

  2 – Construction, utilisation de l'outil de détection de potentiel à la DGES d'Air France 115
  3 - Recueil et analyse des données 117
  4 - Principe de la sélection AMDE : l'Assessment Center comme réponse à l'évaluation des compétences managériales 123
   a) L'Assessment Center : définition 123
   b) La validité des Assessment Centers 124
  5 – L'Assessment Center construit à la DGES 129
 II. La validité prédictive de la détection de potentiel et de sélection des managers à la DGES d'Air France 168
     RECHERCHE N°3 168
  1 - Plan d'analyse des données 173
  2 - Matériel 175
  3 - Sujets 178
  4 - Procédure 179
  5 - Résultats 179

PROLONGEMENT 201
 I. La détection de potentiel : un outil managérial 203
  1 - Une compétence du manager de proximité 203
  2 - Des compétences à développer chez les agents 204
 II. De l'Assessment Center pour évaluer et sélectionner, au Development Center pour l'ensemble des acteurs 205
  1 - La sélection selon le principe de l'Assessment Center 205
   a) La compétence des cadres formés à l'évaluation 205
   b) Une évaluation des compétences des agents 205
  2 - Les entretiens de restitution : un outil managérial 206
   a) Une compétence du manager de proximité 206
   b) L'entretien de restitution : un outil à part entière 206
   c) Pratique de restitution dans la cadre de la présente recherche 210
  3 - De l'Assessment Center au Development Center : des outils pour développer les compétences. Un dispositif centré sur les compétences : les détecter, les évaluer, les développer. 211
 III. La restitution à l'occasion de l'étude de la validité prédictive : un suivi méthodologique et une veille sociale 213
  1 - La restitution des résultats 213
  2 - Les apports pour l'AMDE 213
 Ouverture : vers une gestion intégrée et individualisée des parcours professionnels 214
  1 - Les données de la GPEC en 2007 214
  2 - Proposition d'un modèle d'accompagnement des cadres tout au long de leur parcours professionnel 215

CONCLUSION GENERALE 220
 1 - Développer un modèle de compétences pour les managers de proximité et étendre la démarche à l'analyse de la fonction de cadre 221
 2 - Construire et valider les outils de gestion mis en place pour détecter et évaluer les compétences 223
 3 - Construire des dispositifs d'aide à la gestion des compétences comme outils de développement des pratiques managériales. 225
 4 - Des pistes d'ouverture et de réflexion pour la poursuite des travaux de recherche et une application. 226
 5 - Recherche appliquée en entreprise 227

BIBLIOGRAPHIE 230

SOMMAIRE DES SCHEMAS ET DES TABLEAUX

Tableau 1.1 Modèle de compétences managériales de Boyatzis (1982)..........................60

Tableau 1.2 Modèle de compétences managériales de Yulk (1987)...............................61

Tableau 1.3 Modèle de compétences managériales de Borman et Brush (1993)................62

Tableau 1.4 Modèle de compétences managériales de Tett & al. (2000).........................63

Tableau 1.5 Modèle de compétences managériales de Bartram (2005)..........................64

Tableau 1.6 des variables étudiées dans la recherche N°1 avec leurs modalités.................77

Schéma 1.7 d'organisation des différents niveaux hiérarchiques des managers et point de vue interrogé par la recherche……………………………………………………………77

Tableau 1.8 d'effectifs des différentes catégories des managers opérationnels de la DGES………………………………………………………………………………..78

Tableau 1.9 d'effectifs des agents opérationnels de la DGES…………………………78

Tableau 1.10 - Nombre d'entretiens prévus en fonction des variables..........................80

Tableau 1.11 - Nombre d'entretiens réalisés par rapport au nombre d'entretiens théoriques, en fonction des variables………………………………………………………………81

Tableau 1.12 - Effectifs complets des IC recueillis en fonction de leur Valence (Positifs ou Négatifs), du Niveau de management (AMDE, CS, CP) et du Point de vue (N+1, N-1)…...82

Tableau 1.13 - Aperçu de la matrice de similarité des 250X250 IC pour groupe d'experts donné……………………………………………………………………………..83

Tableau 1.14 - Valeurs propres et Pourcentages de variances expliquées pour chacun des cinq premiers facteurs pour le Groupe 1 (GP1) et pour le Groupe 2 (GP2)……………….85

Tableau 1.15 - Interprétation des facteurs de l'ACM du GP1 et correspondance avec les classes de la CAH..86

Tableau 1.16 - Interprétation des facteurs de l'ACM du GP2 et correspondance avec les classes de la CAH..87

Tableau 1.17 – Mise en correspondance des facteurs suite aux ACM et CAH conduites sur les groupes 1 et 2 (GP1 et GP2)...87

Tableau 1.18 - Les six domaines du modèle avec leurs facettes...................................88

Tableau 1.19 - % d'IC par compétences..88

Tableau 1.20 - Exemple de pourcentages calculés :
Répartition des IC du domaine « Positionnement Hiérarchique » en fonction de leur valence..89

Tableau 1.21 - Répartition des variables sur l'axe 1-2...91

Tableau 1.22 - Répartition des variables sur l'axe 2-3...92

Tableau 1.23 -de fréquences des IC par compétences et par secteur géographique......93

Tableau 1.24 de résultats des calculs de Chi - 2 pour les facettes de chaque compétence en fonction de la variable secteur géographique..93

Tableau 1.25 de fréquences des IC par compétences et par valence de l'IC................94

Tableau 1.26 de résultats des calculs de Chi - 2 pour les facettes de chaque compétence en fonction de la variable valence de l'IC...94

Tableau 1.27 de fréquences des IC par compétences et par pôle..................................95

Tableau 1.28 de résultats des calculs de Chi2 pour les facettes de chaque compétence en fonction de la variable pôle d'activités...95

Tableau 1.29 de fréquences des IC par compétence et par niveau de management……..…..96

Tableau 1.30 de résultats des calculs de Chi - 2 pour les facettes de chaque compétence de la variable niveau de management……………………………………………………...…….96

Tableau 1.31 de fréquences des IC par compétences et par point de vue…………...………..97

Tableau 1.32 de résultats des calculs de Qui2 pour les facettes de chaque compétence de la variable point de vue………………………………………………………………….….…..97

Tableau 1.33 récapitulatif des résultats principaux pour chaque compétence du modèle et pour chaque type d'analyse……………………………………………………….…........…..98

Schéma 2.1 : Processus de Détection de Potentiel et d'Évaluation des Talents, exemple de la promotion interne (Gennari-El Hicheri et Caroff, 2010)……………………….……......113

Tableau 2.2 : Les 8 compétences et les 8 valeurs professionnelles de l'outil de détection de potentiel..116

Tableau 2.3 : Scores obtenus aux 8 compétences de la détection de potentiel……………...117

Tableau 2.4 : Scores obtenus aux 8 valeurs de la détection de potentiel……………....…118

Histogramme 2.5 : Distribution des scores totaux obtenus à la grille d'évaluation de détection de potentiel………………………………………………………………………….………118

Figure 2.6 de la CAH avec 192 Sujets……………………………………………….……...120

Graphique 2.7 des % de candidats dans chacune de des classes de la CAH pour les 8 compétences de la Détection de Potentiel…………………………………………….……121

Graphique 2.8 des % de candidats dans chacune de des classes de la CAH pour les 8 valeurs professionnelles de la Détection de Potentiel…………………………………….……121

Tableau 2.9 de résultats des calculs de Chi2 pour chaque compétence et valeur professionnelle en fonction des classes de la CAH……………………………………….………………….…122

Tableau 2.10 : Exigences critiques et compétences évaluées lors de l'Assessment Center…………………………………………………………………………………….130

Tableau 2. 11 : Compétences évaluées lors de l'Assessment Center………………….…143

Graphique 2.12 Profil d'un candidat après l'Assessment Center……………………...148

Tableau 2.13 des valeurs propres de l'épreuve de groupe……………………………149

Tableau 2.14 des poids factoriels avec rotation VariMax sur 3 facteurs pour l'Epreuve de Groupe (EG)………………………………………………………………………..…..150

Tableau 2.15 des poids factoriels avec rotation VariMax sur 3 facteurs pour l'Epreuve de Groupe (EG)…………………………………………………………………………......151

Tableau 2.16 des valeurs propres du plan d'actions évalué par les évaluateurs RH………..…153

Tableau 2.17 des poids factoriels par facteur pour le plan d'actions évalué par les évaluateurs RH……………………………………………………………………………………….…153

Tableau 2.18 des poids factoriels par facteur pour le plan d'actions évalué par les évaluateurs RH……………………………………………………………………………………..…..155

Tableau 2.19 des valeurs propres du plan d'actions évalué par les évaluateurs opérationnels…………………………………………………………………………..…..156

Tableau 2.20 : Poids factoriels par facteur pour le plan d'actions évalué par les évaluateurs opérationnels………………………………………………………………...…………..156

Tableau 2.21 des poids factoriels par facteur du plan d'actions évalué par les évaluateurs opérationnels……………………………………………………………………………....…157

Tableau 2.22 des valeurs propres de l'In Basket équipe…………………………..……...158

Tableau 2.23 des poids factoriels par facteur de l'In Basket équipe avec rotation VariMax…………………………………………………………………………………...159

Tableau 2.24 des poids factoriels par facteur de l'In Basket équipe sans rotation VariMax..160

Tableau 2.25 des valeurs propres de l'In Basket équipe…………………….……………161

Tableau 2.26 des poids factoriels par facteur de l'In Basket organiser………………..…162

Tableau 2.27 des valeurs propres des compétences à travers les épreuves……………….163

Tableau 2.28 des poids factoriels par facteur de la procédure AC…………………….…164

Courbe 2.29 des Valeurs propres pour les compétences de l'Assessment Center………....165

Schéma 2.30 de la projection des critères sur les axes 1-2…………………….…………165

Schéma 2.31 de la projection des critères sur les axes 3-4………………………….……166

Schéma 2.32 du plan d'analyse des données……………………………………………..174

Schéma 2.33 Comparaison des différences de moyennes obtenus aux 8 compétences de l'Assessment Center pour chacune des classes (1, 2, 3) de sujets de la détection de potentiel………………………………………………………………………...………….181

Tableau 2.34 des effectifs de candidats retenus et non retenus à l'issue de l'Assessment Center en fonction de la classe de la CAH en détection de potentiel……………..……....181

Tableau 2.35 Corrélations entre les différentes questions du questionnaire d'intérêts….…183

Tableau 2.36 des corrélations entre les compétences professionnelles auto évaluées et les notes d'intelligence générales des AMDE dans PM38 (N = 68)..................................187

Tableau 2.37 des corrélations entre les compétences professionnelles auto évaluées et les notes de Névrosisme obtenues par les AMDE dans NEO PI-R (N = 68).......................188

Tableau 2.38 des corrélations entre les compétences professionnelles auto évaluées et les notes d'Extraversion obtenues par les AMDE dans NEO PI-R (N = 68).......................189

Tableau 2.39 des corrélations entre les compétences professionnelles auto évaluées et les notes d'Ouverture obtenues par les AMDE dans NEO PI-R (N = 68).......................190

Tableau 2.40 des corrélations entre les compétences professionnelles auto évaluées et les notes d'Agréabilité obtenues par les AMDE dans NEO PI-R (N = 68).......................191

Tableau 2.41 des corrélations entre les compétences professionnelles auto évaluées et les notes de Conscience obtenues par les AMDE dans NEO PI-R (N = 68).......................192

Tableau 2.42 des corrélations entre les compétences professionnelles évaluées par les collègues et les notes d'intelligence générales des AMDE dans PM38 (N = 47)..............193

Tableau 2.43 des corrélations entre les compétences professionnels évaluées par les collègues et les notes d'Ouverture obtenues par les AMDE dans NEO PI-R (N = 44)..................194

Tableau 2.44 des corrélations entre les compétences professionnelles évaluées par les supérieurs hiérarchiques et les notes d'intelligence générales des AMDE dans PM38 (N 43)...195

Tableau 2.45 des Corrélations entre les compétences professionnels évaluées par les chefs de service et les notes de Conscience obtenues par les AMDE dans NEO PI-R (N = 44)........196

Modèle 3.1 de la restitution (Ilgen, Fisher & Taylo, 1979)...208

Schéma 3.2 de l'accompagnement des parcours professionnels des managers................216

Schéma 3.3 de la mise en correspondance des besoins de mobilité de la DGE et des outils d'accompagnement...219

ANNEXES EN DOCUMENT JOINT

INTRODUCTION

*« **Dans un contexte d'incertitude et d'innovation permanente, l'employeur achète moins une force de travail que des compétences ou qu'un potentiel de compétences.** »*
Guy Le Boterf, 2002

Préambule

En 1964, l'économiste américain Gary Becker introduisait la notion de Capital Humain défini comme un ensemble de ressources productives associées aux individus eux-mêmes. Toute forme d'activité managériale susceptible de développer ces ressources est définie comme un investissement, qui trouvera une compensation dans l'apport des revenus futurs qu'il engendrera. Sans aller plus avant dans cette conception, on peut retenir l'idée principale selon laquelle les collaborateurs ne doivent plus être perçus uniquement comme une source de dépenses par l'entreprise, mais plutôt comme une richesse. Les salariés d'une entreprise sont des atouts sur lesquels l'entreprise peut s'appuyer et qu'elle valorise au même titre que les ressources matérielles ou financières. Ainsi depuis les années 80 et pour marquer cette évolution, on ne parle plus de Direction du Personnel mais de Direction des *Ressources Humaines*.

On parle même, depuis quelques années, de Gestion *Stratégique* des Ressources Humaines. Pour identifier les facteurs de compétitivité des entreprises ne se concentrent plus uniquement sur l'évolution des marchés ou de la technologie, mais également sur la disponibilité des Ressources Humaines.

Gottschalg et Zollo (2005) expliquent cette évolution de deux façons différentes. D'une part, l'économie étant de plus en plus fondée sur les connaissances, l'avantage compétitif des entreprises dépend de leur capacité à les gérer. D'autre part, la performance de l'entreprise dépend de la possibilité qu'on donne aux salariés de déployer leurs connaissances et leurs capacités. Ces derniers doivent être suffisamment motivés et agir dans un environnement favorable pour mobiliser pleinement leurs compétences et travailler de façon à atteindre les objectifs de leur organisation. Toutes les actions de l'entreprise qui influencent la motivation de ses salariés et donc sa performance économique doivent être mises en œuvre de façon coordonnée par la Direction des Ressources Humaines et par le management opérationnel.

Le management est par conséquent un enjeu primordial pour les entreprises. Cela explique pourquoi il est au centre de toutes les attentions.

Pour preuve, la multitude des recherches publiées sur le sujet dans la littérature scientifique et celles publiées dans les médias, le fait que les compétences managériales sont, dans la grande majorité des entreprises, les plus valorisées.

Ainsi, Falcoz (2003), dans son étude sur les cadres à haut potentiel rapporte-t-il que 38 des 42 entreprises interrogées à ce sujet recherchaient avant tout des compétences managériales chez leurs futurs dirigeants ; les autres privilégiant les profils d'experts techniques.

Cette thèse a donc pour thème général, la modélisation et l'évaluation des compétences managériales pour détecter, sélectionner les potentiels et développer les talents managériaux.

Les questions de recherche développées dans la thèse sont donc les suivantes :
- Quelles pratiques managériales caractérisent un manager performant ?
- Quels sont les aspects de son activité qui le différencie d'un manager moins performant ?
- À quel modèle de compétences managériales peut-on se référer ?
- Ce modèle de compétences managériales est-il général ou spécifique à une organisation ou généralisable ?
- Quels outils de Gestion des Ressources Humaines peut-on développer pour accompagner les entreprises dans leur démarche de la détection à la sélection des potentiels managériaux, puis dans le développement des talents ?

Cette thèse a été réalisée dans le cadre d'un contrat CIFRE (Convention Industrielle de Formation par la Recherche) au sein de la Direction Générale de l'Exploitation Sol (DGES) à Air France (AF).

La mission a consisté, en tant que psychologue du travail, salariée-doctorant à répondre à ces questions de recherche en ayant pour objet d'études la ligne managériale de cette Direction. En accord avec l'entreprise, il s'agissait ensuite de développer les outils RH nécessaires à la mise en place d'une démarche compétences au sein de cette direction.

Cette mission a été réalisée au sein du service de la gestion de l'encadrement cadres et non cadres et plus précisément au développement managérial de ce dernier. La DRH de cette unité avait en effet pour projet de mettre en place un système cohérent de gestion de ses collaborateurs. Elle menait également une réflexion sur ce que pourrait être de manière effective le développement RH et managérial. Ces démarches avaient pour objectif d'accompagner, de manière stratégique et anticipée, les évolutions de plus en plus rapides de l'entreprise. Ce service avait pour mission de développer des outils de gestion RH qui seront proposés aux gestionnaires de carrière, Responsable des Ressources Humaines et managers eux-mêmes.

Mais avant d'aborder les questions de recherche, il faut présenter le contexte général, l'entreprise Air France et plus particulièrement sa Direction Générale de l'Exploitation Sol, ce qui situera plus précisément le terrain d'étude.

I. Contexte de la thèse

1 - Le contexte général : incertitude et accompagnement du changement
   L'entreprise à l'épreuve du changement

L'entreprise du XXIème siècle affronte chaque jour des situations d'incertitude et des crises successives (sociales, politiques, financières). En un temps extrêmement court, de grandes entreprises florissantes ont vu leur situation économique se dégrader, sans y être préparées. Ces mutations rapides ont obligé les dirigeants à prendre des décisions fortes, notamment en termes de Gestion des Ressources Humaines. En période de difficultés intenses, les perspectives d'avenir deviennent de plus en plus floues pour l'entreprise et ceux qui la composent. Il faut alors maintenir le travail de coopération et de développement nécessaire à la survie des organisations. La gestion des hommes et des femmes qui participent par leur force de travail, leur engagement, leurs compétences à la réussite de l'entreprise, s'avère crucial.

Dans ces périodes de doutes, le changement devient un maître mot. Les décisions des directions des entreprises impliquent des changements structurels, organisationnels, démographiques et ont un impact sur les équipes en place.

Au niveau de la GRH, une gestion au plus près des besoins quantitatifs d'une part (effectifs) et qualitatifs d'autre part (compétences) est alors nécessaire. La Gestion Prévisionnelle des Emplois et des Compétences devient alors un outil précieux, puisqu'elle permet d'anticiper les évolutions tant d'un point de vue quantitatif (emplois) que d'un point de vue qualitatif (compétences).

Le maintien de la cohésion et de la coopération est essentiel pour faire face aux moments de découragement, d'inquiétude et de questionnement. Les managers doivent donc s'impliquer davantage en matière d'accompagnement du changement et d'innovation afin d'aider les équipes à s'adapter. Ainsi, les responsables des ressources humaines, qu'ils soient DRH, gestionnaires de carrières ou psychologues du travail, ont pour missions d'anticiper les besoins, d'identifier, de développer les ressources humaines tout en accompagnant la fonction RH dans sa dimension stratégique. Ils participent à l'évolution à long terme de l'entreprise. Une responsabilité forte pèse sur eux afin de guider les hommes et les femmes qui auront à faire face à ces challenges.

Parmi les questions auxquelles ils doivent pouvoir répondre, on peut citer :
- Sur quels profils de compétences managériales l'organisation s'appuiera-t-elle pour affronter ces enjeux majeurs ?
- Comment la fonction RH pourra-t-elle repérer les potentiels managériaux, les accompagner, favoriser leur développement et leur épanouissement ?
- Que deviendront les talents lorsqu'ils assureront les fonctions les plus élevées de l'organisation ?

Une pression forte pèse également sur les managers qui ont pour objectif de maintenir la qualité du travail réalisé ainsi que la cohésion des équipes. Pour eux, la question est de savoir :
- Quelles actions doivent-ils mener au quotidien pour garantir que les objectifs opérationnels soient atteints ?
- Quelles ressources individuelles doivent-ils mobiliser pour y parvenir ?

(Confrontés) à ces enjeux, Le Boterf (2002) souligne que l'essentiel pour les salariés n'est plus de « savoir travailler », puisqu'ils ont les qualifications nécessaires pour assurer les missions de leur poste, mais de « savoir réagir ». Le professionnalisme se définit alors comme la capacité à innover, à s'adapter, à trouver des solutions, à se remettre en question et à apprendre. Cette approche devient indispensable pour faire face à ces fluctuations, plus que la définition stricte et totalisatrice d'un poste de travail.

Ce constat pourrait paraître éloigné des réalités opérationnelles vécues par l'entreprise au quotidien. Cependant, notons qu'en 2002, au sein d'Air France, une enquête sociologique (Troadec, 2002) a permis de prendre acte d'un changement socio-organisationnel. L'entreprise allait devoir faire face dans les prochaines années à des changements technologiques (nouvelles procédures de gestion des vols et de traitement des clients) et organisationnels (nouveau rôle des agents commerciaux avec l'arrivée des services clients par internet).
Par ailleurs, le monde du transport aérien vit au rythme des aléas (retards, intempéries, pannes techniques). Ces éléments sont constitutifs de son fonctionnement au quotidien et doivent être résolus en temps réel. Pour y faire face, les personnels se réfèrent à une réglementation et à des procédures éprouvées par l'expérience mais ils doivent aussi s'adapter à chaque instant et trouver des solutions aux différents problèmes qui se présentent.

Les révolutions qui ont animées les pays arabes en janvier 2011 ; le cas du volcan islandais, Eyjafjöll, entré en éruption dans la nuit de samedi 20 mars 2010 ; la crise financière de 2008 sont des exemples de situations qui impactent l'activité de l'exploitation aérienne.

Ainsi, la volonté politique insufflée par l'enquête sociologique (Troadec, 2002) était-elle de passer d'une culture de l'expertise à une culture de l'adaptation au changement organisé.

Pierre-Henri Gourgeon, Directeur Général d'Air France a souligné, quant à lui, dans un discours prononcé lors d'une Convention réunissant les cadres de l'entreprise que *« le changement est permanent et s'accélère. Il doit devenir un mode de fonctionnement... Il est le moteur constant. »*[1]

Des salariés en développement permanent

En ce qui concerne les salariés, la gestion des compétences pour améliorer la compétitivité des entreprises confrontées à la mondialisation et à l'intensification de la concurrence joue un rôle croissant dans leur parcours professionnel. En effet, plus personne ne peut imaginer aujourd'hui qu'il occupera, tout au long de sa vie, le même métier, la même fonction, le même poste, au même endroit, dans la même entreprise. L'idée selon laquelle nous devrons, au cours de nos parcours professionnels, envisager un changement de métier, un changement d'entreprise, et développer nos compétences voire nous former à de nouveaux outils, s'impose. Dès lors, face à un environnement imprévisible et en perpétuel changement, la gestion des compétences vise à mobiliser les ressources utiles à maintenir « l'employabilité », définie par Sainsaulieu (1985) comme la capacité d'insertion professionnelle d'un individu telle qu'elle est déterminée par l'interaction entre ses caractéristiques et ses compétences, d'une part, et les exigences du marché du travail d'autre part. De ce point de vue, le salarié est acteur de son projet professionnel et de son évolution de carrière. Pour Le Boterf (2002), l'employabilité est une caractéristique forte du salarié reconnu en tant que professionnel. Non seulement, cette personne est compétente mais elle sait aussi s'adapter à des situations nouvelles, apprendre de ces situations, mettre à jour ses connaissances, ses compétences, prendre du recul sur sa pratique pour prendre en compte les évolutions de son métier et de sa fonction. Le professionnel « employable » a pris en compte la mesure de la rapidité des changements et y réagit par un apprentissage continu.

---

[1] Gourgeon, P-H., (2007), Club des projets de changement. Convention Air France.

Entreprise et salariés en quête d'intérêts communs

L'entreprise a intérêt à capitaliser, voire à investir, sur les compétences de ses salariés comme facteur de compétitivité. En retour, le salarié a intérêt à gérer son portefeuille de compétences comme facteur d'employabilité.

Pour cela, l'entreprise doit fournir à ses salariés les dispositifs et les outils nécessaires à l'évaluation des compétences de chacun afin de pouvoir les détecter, les sélectionner et les développer. Cette implication de l'entreprise avait d'ailleurs été clairement formulée par le Conseil National du Patronat Français (CNPF) aux Journées Internationales de la Formation en 1998 : « *dans la mesure où la compétence professionnelle, définie comme une combinaison de connaissances, savoir-faire, expériences et comportements, s'exerce, se constate et se valide lors de sa mise en œuvre en situation professionnelle, il appartient aux entreprises de la repérer, de l'évaluer, de la valider et de la faire évoluer* »[2].

Aujourd'hui, les entreprises développent de nouvelles méthodes de gestion par les compétences. Gestion Prévisionnelle des Emplois et des Compétences (GPEC), « gestion des compétences », « management par les compétences », « modèle de la compétence », « démarche compétences » sont autant de termes utilisés par les DRH pour désigner ces méthodes. Le salarié, acteur de son projet professionnel, doit saisir les opportunités qui lui permettront d'acquérir, de développer et de démontrer ses compétences professionnelles.
Entreprise et salarié portent ainsi une responsabilité conjointe dans la construction des trajectoires professionnelles.
Les managers occupent une place de premier choix dans la mise en œuvre des politiques RH de l'entreprise. Dans ce cadre, leur rôle consiste à accompagner les salariés dans les changements de l'entreprise et dans la construction de (leur) parcours professionnels.

2 - L'entreprise Air France

L'entreprise Air France naît le 7 octobre 1933, de la fusion de quatre des plus grands transporteurs aériens de l'époque (Air Orient, Air Union, la Société Générale de Transport Aérien et la Compagnie Internationale de Navigation Aérienne).

---
[2] Cité dans CNPF, Journées internationales de Deauville, tome 4, octobre 1998, p. 5.

Dès 1946, on voit apparaître les premières hôtesses ainsi que les concours d'entrée pour intégrer les écoles d'apprentis. Le réseau est alors le plus long du monde. L'effectif, d'une moyenne d'âge de 31 ans, double en l'espace de deux ans. En outre, 61% du personnel avait alors moins de deux ans d'ancienneté dans l'entreprise.

Le trafic progresse de 14% par an, une nouvelle aérogare voit le jour à Orly, la flotte se modernise. En 1953, c'est désormais 250 000 km à travers le monde qui sont couverts par la compagnie.

Dans les années 60-70, c'est surtout les progrès techniques de l'aviation qui marquent l'évolution de la compagnie : jets, Boeing 747, ce qui permet à Air France de se positionner sur le plan international, qui représente 90% de son trafic total.

Cette période est cruciale face à la concurrence qui se développe également. Parallèlement, de nouveaux outils informatiques sont mis en place favorisant le gain de temps en matière de réservation.

En 1974, alors que le transport aérien se démocratise de plus en plus, Air France fait face à la crise pétrolière et à l'augmentation des coûts du carburant. La concurrence s'accroit considérablement. Les politiques tarifaires des entreprises concurrentes et le développement des charters obligent la compagnie Air France à accentuer sa politique de démocratisation, en créant les classes « affaires » et « économique ».

Mais en 1990, une nouvelle crise frappe l'entreprise qui conduit à un nouveau regroupement : Air France, UTA et Air Inter donnent naissance à l'un des plus grands groupes de transport aérien au monde, le Groupe Air France. La compagnie adopte alors un plan de redressement qui se traduit par la construction de l'aéroport de Roissy CDG. C'est le centre névralgique de l'activité.

Cet aéroport a bénéficié d'un développement extraordinaire ces dix dernières années. C'est le support stratégique de la compagnie, appuyé par l'aéroport d'Orly et une douzaine d'escales de province qui constituent la Direction des Escales France. Par ailleurs, de nouveaux produits, de nouvelles tarifications et planifications des vols adaptées en fonction de la demande, et la maîtrise des coûts viennent compléter le dispositif de redressement. Air France redevient bénéficiaire en 1997.

En 1999, Air France entre en bourse en ouvrant son capital à 2,4 millions d'actionnaires individuels.

Au début du XXIème siècle, Air France s'allie à d'autres compagnies aériennes pour former l'alliance « Skyteam ».

La fusion entre Air France et KLM en 2004 donne naissance au premier groupe européen de transport aérien. Ces deux compagnies restent néanmoins relativement indépendantes : elles ont conservé leur marque et leur identité. Elles se développent chacune sur trois secteurs distincts. La Direction Industrielle traite la gestion de sa flotte, à travers l'achat, la vente, la maintenance et les supports techniques. La Direction du Fret gère le transport de marchandises.

Le transport des passagers est pris en charge par deux directions pour Air France. La Direction de l'Exploitation Sol gère les passagers au sein des aéroports. La Direction des Opérations aériennes compte parmi elle, les personnels navigants commerciaux et techniques. Elle prend en charge le passager à bord des avions. Ces deux directions comptent pour 80% du chiffre d'affaires.

Air France compte aujourd'hui quelques 70 000 salariés, 1700 vols quotidiens (chiffres septembre 2009), 420 avions en propre (31 mars 2010), 258 destinations desservies dans 106 pays et 2500 vols par jour transportant ainsi plus de 70 millions de passagers par an.

La compagnie regroupe 6 directions métiers : le Commercial France, le Commercial International, l'Exploitation, les Opérations aériennes, l'Industrie, le Fret. En transverse, on trouve la Direction Marketing, la Direction des Ressources Humaines et Affaires sociales, la Direction Économie Finance, la Direction des Systèmes d'informations. Il s'agit d'une organisation « matricielle »[3] caractérisée par la combinaison des postes fonctionnels et opérationnels, des fonctions métiers et transverses et une gestion centralisée et locale. Cette organisation se substitue au modèle hiérarchique traditionnel. Elle met en avant le principe d'une coopération horizontale obligeant les différentes directions à se coordonner entre elles. L'objectif est d'harmoniser les décisions prises. Un service central manage, de manière fonctionnelle, les différentes directions afin d'assurer cette harmonisation.

Fin 2008, le monde entier est plongé dans une crise financière sans précédent. Le monde du transport aérien n'échappe évidemment pas aux difficultés et aux bouleversements induits par cet événement. Crise financière, envolée des prix du pétrole, libéralisation du transport aérien sont autant de défis que l'entreprise aura à relever. Le Rapport annuel des finances 2009-2010 fait état de pertes considérables pour la compagnie. Pierre-Henri Gourgeon, (directeur général) d'Air France déclare, en introduction de son annonce des comptes annuels le 19 mai 2010 : *« L'année 2009-2010 va rester notre annus horribilis»*[4].

---

[3] Plusieurs services concourent à la mise en œuvre des projets. En général, il existe une hiérarchie « fonctionnelle » constituée d'experts référents et une hiérarchie « opérationnelle » qui met en œuvre en se référant à la hiérarchie « fonctionnelle ».

[4] Rapport annuel- Air France-KLM Finance, p. 6.

La compagnie accuse une baisse de 16% du chiffre d'affaires, les résultats d'exploitation présentent un solde négatif de 1 milliard d'euros *(Le Monde, 26 février 2010)* [5].

Pour faire face à cette crise, Air France souhaite renforcer sa productivité, contrôler l'évolution de ses capacités et de ses investissements, adapter son modèle économique et réaffirmer l'alliance avec ses partenaires. Elle mène une politique de maîtrise des effectifs en donnant priorité aux ressources internes par l'optimisation de la mobilité professionnelle et géographique. Les autres défis de la compagnie concernent l'exemplarité en matière de responsabilité d'entreprise et de développement durable. Elle souhaite protéger les emplois en orientant les salariés vers les métiers qui recrutent, en accompagnant les projets de changement et en anticipant les transformations des métiers.

L'histoire d'Air France et de sa constitution résulte donc de plusieurs fusions, de réussites et de crises successives qui ont entraîné de grands projets de réorganisation structurelle et organisationnelle. En outre, l'entreprise Air France défend une politique volontariste d'emploi : les accords passés entre la direction et les instances représentatives du personnel garantissent de façon renouvelée le maintien de 100% des emplois, permettant à chaque salarié de le conserver au sein de l'entreprise tout au long de leur carrière professionnelle quelles que soient les crises subies. Cet accord a un impact sur la Gestion des Ressources Humaines. La carrière s'effectue le plus souvent en interne avec des possibilités d'évolution à travers les métiers et les différents niveaux d'exécution. Chaque salarié doit pouvoir exprimer ses compétences dans son métier d'origine, ou les développer afin de s'adapter aux changements organisationnels. Dans ce contexte, il incombe aux managers d'accompagner ces changements et de participer au développement des compétences professionnelles.

3 - La Direction Générale de l'Exploitation Sol (DGES)

Le thème de recherche de la thèse, concernant l'identification, la sélection et le développement des compétences managériales, se pose à l'ensemble de l'entreprise Air France. Cependant la DGES a été précurseur dans la volonté de mettre en place une démarche permettant d'y répondre. Les différentes études de la thèse se sont conduites au sein de cette Direction.

Plus de 15 000 hommes et femmes prennent en charge les clients depuis l'enregistrement de leur billet jusqu'à l'embarquement.

---

[5] Le Monde.fr, 26 février 2010, Air France s'attend à une perte historique pour l'exercice 2009-2010.

L'exploitation aérienne est une chaine de production qui ne cesse jamais de fonctionner. Les personnels sont présents en permanence sur le terrain afin d'assurer l'efficacité des missions qui leur incombent. De multiples opérations se déroulent pour garantir la meilleure qualité de service aux clients ainsi que leur sécurité.

Comme le souligne Volle (2000), « *la compagnie aérienne est l'une des entreprises les plus complexes, les plus contraintes qu'il soit possible d'imaginer. S'il n'est pas simple de concevoir un réseau de télécommunications, une fois construit il fonctionne comme un automate, les interventions humaines se limitant à la supervision et à la maintenance. Dans le transport aérien s'enchaînent, sous une contrainte de coordination stricte, des processus nécessitant un flux continu de décisions et impliquant des corps de métier divers (vendeurs, mécaniciens, manutentionnaires, pilotes, hôtesses, etc.). La condition de la réussite, c'est la coordination opérationnelle de ces activités, et en particulier la qualité du système d'information supportant les processus opérationnels* »[6].

L'Exploitation Sol regroupe donc l'ensemble des opérations effectuées au sol, liées à l'accueil des clients, à la vérification technique des avions au départ, à l'acheminement des bagages, à la coordination avec les aiguilleurs du ciel et le personnel navigant. Ces activités sont organisées en services appelés : « Passage » pour tout ce qui touche au service client, « Piste » pour le traitement technique des avions en aérogare, et « Trafic » pour la coordination des vols. On retrouve les trois services sur chacune des deux escales parisiennes, Orly et Roissy et douze escales de province.

Le personnel de l'Exploitation Sol est le premier relais de l'entreprise au contact des clients. La DGES a fixé le management du service aux clients comme une priorité.
Le directeur général de la DGES gère plusieurs directions : quatre directions opérationnelles et une DRH, les autres sont des directions fonctionnelles et transverses qui coordonnent et assurent un rôle de support aux directions opérationnelles selon l'organisation matricielle évoquée plus haut. La DRH de la DGES est quant à elle rattachée de manière fonctionnelle à la DRH en central Air France.

---
[6] www.volle.com/ouvrages/e-conomie/aérien.htlm

La DRH de la DGES comprend un directeur et 7 services : une direction des relations sociales, le service de gestion de l'encadrement, de l'emploi, de la formation et des compétences, un service de communication, un service juridique, un service dédié à l'organisation de la direction, un service de formation interne, et le service de développement RH et managérial.

Le conseil en développement RH et managérial est une fonction mise au service de la réussite des projets et qui vise le développement des compétences managériales. Il doit permettre de soulever des problématiques managériales, proposer des solutions et mettre en œuvre des plans d'actions. Une de ses missions est d'accompagner les changements induits par les choix de gestion de l'entreprise.

Le rôle du développeur RH et managérial est de favoriser l'appropriation des changements pour les acteurs impactés et d'apporter au manager les outils pour qu'ils puissent relayer les décisions prises sur le terrain. Le développement RH et managérial prend en compte l'ensemble des activités RH, telles que la stratégie sociale, l'emploi, la formation, la mobilité, la communication et l'accompagnement managérial.

En conclusion de cette présentation du contexte de la thèse, on peut souligner la place importante que tiennent les managers dans l'accompagnement des politiques de l'entreprise, notamment chez Air France et plus particulièrement à la Direction Générale de l'Exploitation Sol. Les managers ont un rôle opérationnel, ils doivent assurer la continuité du service aux clients en toute sécurité au quotidien. Mais ce sont eux aussi qui ont pour responsabilité de mettre en place les projets de la direction. Ils doivent donc expliquer, motiver et convaincre.

Enfin, ils ont un rôle de développeur puisqu'ils doivent s'assurer que les compétences sont présentes au sein de leur équipe afin de réaliser les nouvelles tâches induites par les évolutions des postes.

Suite à ce constat, il faut présenter maintenant l'analyse de la demande effectuée par la Direction de l'Exploitation Sol.

II. Présentation des études existantes au sein d'Air France et analyse de la demande

Le thème de recherche concernant l'identification, la sélection et le développement des compétences managériales va donc être étudié dans une situation d'entreprise. Dans le cadre du contrat CIFRE, ce sujet de thèse a été proposé à la DGES d'Air France qui rencontrait une problématique managériale concrète.

1 - Étude sociologique de Traodec, CNRS, (2004) et de Vaysse, JFA, (2007)

Troadec (2002), sociologue au CNRS, avait envisagé la possibilité pour l'entreprise de se voir confrontée à une situation de transformation socio-organisationnelle. En effet, depuis près d'une décennie, le secteur du transport aérien est marqué par une évolution de son environnement économique. Air France n'y a pas échappé et a entrepris un certain nombre de transformations afin de pouvoir s'y adapter.

La DGES ne faisait pas partie des terrains d'enquête mobilisés lors de cette étude (Troadec, 2002), mais force est de constater qu'elle était confrontée à des enjeux et questionnements tout à fait similaires. Compte tenu du rôle qu'elle joue au sein de l'entreprise, elle se situe au cœur de la dynamique de changement qui ne va cesser de se prolonger tout au long des prochaines années. Pour cette direction, il s'agit à la fois de satisfaire les exigences d'une clientèle de plus en plus sollicitée par d'autres modes de transport et d'autres compagnies, mais aussi de maîtriser ses coûts en améliorant ses systèmes de production, et cela, tout en satisfaisant les contraintes liées à la sécurité des vols et des passagers.

Il va de soi que ces changements organisationnels et humains vont aussi être corrélés avec une transformation des pratiques professionnelles des agents et des modes de management hiérarchiques.

La DGES a donc engagé un certain nombre de changements organisationnels qui ont impacté les processus opérationnels. En outre, elle a connu une croissance nette de ses effectifs ces dernières années. Dès lors, on comprend mieux la volonté de cette direction, d'engager diverses analyses : sociologiques d'une part afin d'appréhender les effets de ces changements sur les populations opérationnelles et psychologiques d'autres part, afin d'analyser les évolutions du travail et les mobilisations de compétences nouvelles notamment en termes de management de ces dites populations.

Une seconde étude sociologique (Troadec, 2004)[7] dédiée à la DGES a donc été commandée. Une approche monographique a été retenue par les sociologues permettant de comparer les

---

[7] Annexes 1 *Résumé du Rapport de recherche, Troadec et al. (2004)*

trois secteurs de l'Exploitation au Sol : le secteur de la « Piste », du « Trafic » et du « Passage ».[8]

L'étude s'est déroulée sur près d'un an comprenant cinq étapes distinctes.

Une pré-enquête à partir d'entretiens exploratoires et de recherche documentaires a permis de cerner l'ampleur des transformations à venir au sein de la Direction et de comprendre le contexte lié à l'organisation du travail existante. Vingt-sept personnes ont alors été interrogées: opérationnels et cadres dirigeants.

L'objectif était de circonscrire la problématique autour des thèmes liés aux changements en cours et d'appréhender la perception des managers sur leurs effets possibles sur les équipes.

Puis, cent quarante-deux entretiens individuels et neuf réunions collectives ont été menés. Ils ont porté sur les trajectoires professionnelles afin de cerner les modes d'engagement et de motivation ainsi que les processus de régulation hiérarchique, fonctionnelle et professionnelle.

Enfin, dix vacations ont été suivies par l'équipe de recherche afin de mieux cerner les conditions de travail, les mécanismes de coopérations, d'ajustements professionnels, comportementaux et relationnels.

L'analyse de contenu a permis de dégager seize thèmes récurrents lors des interviews : le parcours avant Air France, le parcours à Air France, les aléas et leurs résolutions, les attentes personnelles, les conditions de travail, l'escale et la stratégie de l'entreprise, l'apprentissage, le bon professionnel, la relation au syndicalisme, les relations avec les autres intervenants, les relations hiérarchiques, les relations dans l'équipe, les pratiques réelles et les compétences associées, les registres de satisfaction et d'insatisfaction, la GRH, l'avenir et la réorganisation.

A l'issue de cette enquête, Troadec (2004) et son équipe ont relevé les difficultés hiérarchiques des managers de proximité de la DGES. Ces Agents de Maîtrise d'Encadrement, appelés AMDE dans la suite du texte, exercent de réelles activités de management : ils ont des objectifs à atteindre dans un contexte contraignant, notamment en termes de ressources et doivent s'appuyer sur les membres de leur équipe pour y parvenir. Ce sont des managers de proximité que Livian (1996) situe entre les décideurs stratégiques et l'encadrement de premier niveau. Ils sont à la fois proches des opérateurs et éloignés des dirigeants. Ils expliquent les décisions et les font appliquer opérationnellement sur le terrain.

---

[8] « Piste » pour le traitement technique des avions en aérogare, « Trafic » pour la coordination des vols, « Passage » pour tout ce qui touche au service client.

Ils sont de cette manière des acteurs centraux dans l'accompagnement du changement, ils donnent du sens au travail individuel et collectif en concrétisant les projets.

Pour aller plus loin, la difficulté se caractérise selon quatre constats dans le secteur de la « Piste ». *La Piste est un secteur où l'on fait ses preuves en tant que managers.* Ce secteur est peu envié. Il fait peur aux AMDE qui n'y ont jamais travaillé au cours de leur carrière.

L'AMDE est souvent confronté à un collectif en opposition, les équipes sont solidaires lors des conflits hiérarchiques et avancent systématiquement des revendications en termes de conditions de travail. La satisfaction de l'AMDE se révèle lorsqu'il parvient à préserver un climat social et quand il maintient une posture crédible en tant que manager. Le second constat est que *le manager devient en quelque sorte « une assistante sociale ».* Les AMDE considèrent qu'ils sont face à des agents qui souffrent de socialisation primaire. Les contacts sont personnifiés et individualisés, l'AMDE se satisfaisant de son rôle d'écoute et de conseil. La négociation individuelle est une stratégie pour contourner les forces collectives, l'autorité se négocie. *L'AMDE est par ailleurs contraint par un impératif de « paix sociale ».* Le manager est dépossédé de ses attributions. Il ne peut ni sanctionner ni récompenser. Les rapports sont tendus avec les délégués du personnel et le rapport de force est en défaveur du management. Les AMDE souffrent d'injonction paradoxale : ils doivent sévir mais sans sanction possible. Le dernier constat dans le secteur de la « Piste » est que *l'AMDE n'est pas légitime du point de vue des agents.* Les AMDE ayant moins de dix ans d'ancienneté sont perçus par les équipes comme restant peu de temps sur leur poste ainsi ne prendraient-ils pas le temps suffisant pour les connaître. Ils seraient éloignés de leur réalité professionnelle. Les agents ayant plus de dix ans d'ancienneté regrettent le passé et soulignent le défaut d'autorité qui ne cesse de s'accroître.

Dans le secteur du « Passage », les responsabilités d'encadrement se partagent avec le « Leader », un autre acteur du management même s'il n'est pas reconnu formellement comme un manager. Il a néanmoins un rôle de coordination et d'animation sur le terrain. Trois observations sont à relever concernant le management au « Passage ». *Le partage des responsabilités est hétérogène et fluctuant, on peut trouver jusqu'à trois modèles de fonctionnement.* Le premier est appelé par Troadec (2004), *le modèle standard.* Il positionne le Leader de manière formelle. Ce dernier a une faible emprise sur le collectif et assure essentiellement le rôle de coordination et de régulation au quotidien. Le second est appelé *le modèle standard modifié.* Il voit un AMDE développer son activité de « gestionnaire ». Ce dernier reste en retrait du terrain, gère les tâches administratives, pendant que le Leader est au contact des équipes sur le terrain où il acquiert une certaine légitimité. Enfin, le troisième modèle appelé *le contre modèle* ne distingue pas les rôles entre l'AMDE et le Leader. Soit l'un soit l'autre assure la fonction de gestion ou la fonction de soutien aux équipes opérationnelles de manière indifférenciée. Ce modèle obtient une faible adhésion du collectif.

Par ailleurs, on constate une distinction entre l'autorité professionnelle qui est gagnée par la reconnaissance des connaissances techniques du manager et l'autorité hiérarchique qui elle se manifeste par le respect des conditions de travail, la non-intervention sur les pratiques professionnelles, le suivi régulier des agents pour les reconnaître et les évaluer, l'aide aux agents dans la construction de leurs parcours professionnels. Enfin, une nouvelle forme de légitimité se gagne en passant du chef réglementaire, qui manage en faisant appliquer les procédures, au management libéral qui instaure une relation de confiance.

En conclusion de cette étude et pour n'évoquer que la partie concernant le management, Troadec (2004) et son équipe postulent que la hiérarchie doit être investie d'un rôle d'animation afin de réguler le collectif en manque de reconnaissance et qui redoute les changements. Le management éprouve un conflit provenant de la confrontation entre une *logique autonome* qui permet aux agents de gagner en légitimité et en reconnaissance et de s'adapter aux situations imprévues, et une *logique de contrôle* orientée sur le respect de la procédure et des règles. La capacité à réagir aux changements et aux aléas repose sur celle du management à établir des compromis légitimes entre ces deux logiques. Mais lorsque l'écart entre la logique autonome des métiers et la logique de contrôle organisationnel est trop important, cette hiérarchie de proximité n'a d'autre choix que... ne rien faire. Cette situation est alors souvent perçue et assimilée par l'entreprise comme un problème lié aux compétences de sa hiérarchie intermédiaire. Cependant, à partir du moment où l'entreprise confie la mise en œuvre du changement au management opérationnel, elle s'aperçoit que sa hiérarchie de proximité n'est pas aussi incompétente qu'elle l'imaginait. Cette responsabilité confiée aux managers de proximité suppose, de fait, de donner du pouvoir de régulation et de négociation aux managers (maîtrises et cadres) de terrain.

Une troisième étude sociologique a été menée sur l'activité managériale dans le secteur du « Passage » par le cabinet de conseil JFA, (Vaysse, 2007)[9]. L'intérêt de cette

---

[9] Annexes 2 *Résumé de l'étude, Vaysse (2007)*

dernière est qu'elle révèle d'autres aspects du fonctionnement managérial à la DGES qui inclut les managers de proximité et les cadres. Cette approche sociologique a été réalisée à partir d'entretiens individuels et collectifs réalisés au sein des trois directions opérationnelles (sur l'aéroport de Roissy, d'Orly, et en escales de province de février à mars 2007).
Elle s'est nourrie du diagnostic sociologique réalisé par Troadec (2004).
Elle a exploité des données préexistantes transmises par Air France relatives au Programme « Itinéraires », projet visant à repenser le service aux clients au sein de la Direction (retours d'expériences, comptes-rendus de réunions de groupes, communications internes, échanges en réunion avec le Programme …) et des indicateurs d'adhésion pour l'aéroport de Roissy.

Les entretiens ont été conduits de manière semi directive et avaient pour objectif de mieux comprendre les motivations, les attentes et les aspirations des interviewés à l'égard de leur dynamique professionnelle, de leur activité de travail et des changements inhérents à leur univers professionnel.
Les processus et mécanismes sociaux qui sont à l'origine des modes d'engagements des populations au travail ont également été questionnés. Les auteurs se sont intéressés à la façon dont les interviewés ont pu être acteurs de leur mode d'engagement au travail et au sein de l'entreprise, ainsi qu'à leurs représentations et à leurs aspirations en matière de changement. Enfin, les motivations et les attentes individuelles et collectives ont été observées. Cinquante personnes ont été interviewées dans le cadre d'entretiens individuels. Sept groupes de dix à douze personnes ont été constitués. Des critères d'échantillonnage ont été retenus selon les domaines d'activité, l'entité organisationnelle et les niveaux hiérarchiques.

En conclusion de l'étude, Vaysse (2007) fait le constat d'un encadrement de proximité clivé entre les AMDE d'un côté et les Leaders de l'autre. Ceci vient confirmer les premières observations de Troadec (2004) en apportant une nouvelle catégorisation des attitudes managériales. Certains ont plutôt une *posture,* qu'elle nomme, *rationnelle structurée par la règle*. C'est à dire qu'ils sont peu à être prêts à gérer l'hétérogénéité des agents. Ils attendent que la Compagnie leur donne des outils pour évaluer, mesurer et sanctionner. A défaut, ils se sentent délaissés. Les difficultés au quotidien inhibent leur rôle dans le changement. Les enjeux et les conséquences des projets de changement, même s'il leur apparaît nécessaire, sont perçus comme des sources nouvelles de complexification. Toutefois, pour les nouveaux AMDE non issus du métier du service au client, la mise en œuvre de ce changement pourrait être l'occasion d'asseoir une légitimité recherchée. D'autres, ayant eu des parcours et des expériences multiples, se sentent en revanche reconnus et responsabilisés par leur hiérarchie.

En accord avec les choix de l'entreprise, d'autres managers adoptent une attitude dite d'*écoute, d'accompagnement et de motivation, tout en rappelant le cadre réglementaire.*

Confiants, ils voient dans les changements des occasions d'amélioration du processus de traitement du client et la possibilité pour les agents d'accéder à de nouvelles compétences et à une plus grande polyvalence. Vaysse (2007) conclut que la conciliation entre, d'un côté une *logique industrielle* (centrée sur l'exploitation aérienne) et, de l'autre, une *logique professionnelle* (centrée sur la montée en puissance de la qualité de service et de la flexibilité organisationnelle) suppose la mise en œuvre d'autres modes managériaux favorisant notamment l'autonomie des managers et des agents rejoignant ainsi les premières conclusions de Troadec (2004).

La seconde conclusion de l'étude apporte un élément nouveau concernant la question centrale de la gestion des cadres managers. L'étude a permis de mettre en évidence l'existence d'une *typologie de cadre très hétérogène quant à leur positionnement*. On peut, toutefois, les classer en deux grandes catégories.

D'abord, il y a ceux pour lesquels l'orientation managériale et leur autorité en tant que tel se tourne prioritairement vers « l'*appartenance institutionnelle* » à Air France. Ainsi, leur objectif est de « convaincre et fédérer » autour des enjeux institutionnels de la Compagnie. Pour ceux-là, les pratiques managériales doivent être appuyées sur des outils et des techniques. Le changement repose sur une approche méthodique et structurée qui ne laisse que peu de place à l'incertitude. D'autres sont ceux pour lesquels le pouvoir est mobilisé pour renforcer « l'*appartenance professionnelle* » ainsi que l'efficacité collective et pour lesquels l'enjeu est de « rassurer et faire tourner » l'exploitation aérienne. Leurs pratiques s'inscrivent dans les relations interpersonnelles et sont structurées par des valeurs. Le changement repose sur les marges d'autonomie accordée.

Vaysse (2007) explique qu'il peut y avoir opposition entre ces deux logiques. Sur les registres de la conception des métiers, cette opposition apparait notamment en ce qui concerne la place accordée à l'autonomie des agents. Sur le registre du management, elle se manifeste par la place réservée à l'écoute et à la fonction de « coach ». Sur le registre des modalités du changement, elle se joue sur la place donnée à la négociation dans le pilotage du changement. En conséquence, il devient nécessaire que les cadres débattent et partagent, afin de reconstruire ensemble leur métier de manager et définir le changement voulu et ses modalités.

En conclusion de ces différentes études, il semble bien qu'un travail de repositionnement, de clarification et de définition du rôle du manager et ce, à chaque niveau de l'échelle hiérarchique soit indispensable.

Ces études suggèrent aussi de développer les compétences des managers en poste.

Ces derniers sont souvent de très bons techniciens qui ont évolué dans la hiérarchie et gagné la reconnaissance de leur propre manager et de leur équipe grâce à cela. En revanche ils sont souvent démunis lorsqu'il s'agit d'accompagner les équipes dans les changements organisationnels et technologiques que connaît la direction.

2 - La demande de la DGES

Confrontée aux conclusions de ces différentes enquêtes sociologiques, la DGES a réagi en lançant un projet d'envergure dénommé « Projet Maîtrises »[10]. L'entreprise comptait alors 1400 AMDE, dont 710 (500 aujourd'hui) à la DGES.

Cette dernière a souhaité être accompagnée dans cette démarche par un Laboratoire de Recherche en Psychologie du Travail. Le Laboratoire Adaptation Travail et Individu (LATI) de l'Université Paris 5 a été choisi. Le LATI et Air France se sont accordés sur la mise en place d'un contrat CIFRE.

Les objectifs fixés par l'entreprise ont été les suivants :
– Redéfinir les missions des managers,
– Développer la performance managériale sur le terrain,
– Apporter aux managers une visibilité sur leur parcours professionnel.

---

[10] Annexes 3 *Résumé du « Projet Maîtrises »*

III. Problématique et objectifs de la recherche

La réponse aux objectifs fixés par l'entreprise convoque des problématiques de recherche en psychologie du travail qui font l'objet de cette thèse.
Ainsi le socle théorique de cette étude s'articule-t-il autour de cinq grandes questions :
- Quelles sont les missions du manager ?
- Quelles compétences doivent-ils mobiliser pour atteindre ces objectifs ?
- Comment définir la notion de compétence ? Comment les identifier sur le terrain ? Quel modèle de compétences peut-on proposer ? Ce modèle est-il spécifique à un contexte de travail ou à une organisation particulière ou peut-il être généralisé à l'ensemble des managers ?

A l'inverse, un modèle généraliste peut-il être adapté à la situation particulière d'une entreprise ?
- Comment, en s'appuyant sur ce modèle, peut-on détecter et sélectionner des potentiels managériaux en situation de travail ? Comment définir le concept de potentiel ? Comment peut-on développer des talents managériaux ? Comment définir le concept de talent ?
- Enfin quel modèle de gestion RH peut-on proposer pour accompagner les managers tout au long de leur parcours professionnel ?

La DGES d'Air France s'est présentée comme un terrain d'études privilégié pour tenter de répondre à ces questions. En effet, comme le rappellent les pages précédentes, la performance managériale n'y apparaît pas satisfaisante. Néanmoins, les études sociologiques existantes nous montrent que le rôle des managers nécessite d'être redéfini ainsi que les ressources utiles pour le mettre en œuvre. Ces ressources peuvent être envisagées en termes de compétences. Dans l'entreprise Air France, le terme de « compétence » désigne à la fois la capacité de l'organisation à se régénérer et la prise d'initiative ou de responsabilité de l'individu dans les situations professionnelles auxquelles il est confronté. En effet, la performance tient pour une part à la compétence. Il s'agit donc de développer le lien entre la compétence individuelle et la compétence collective.
La conception adoptée par l'entreprise comporte deux aspects relativement répandus aujourd'hui. Le premier est orienté vers l'entreprise elle-même où les compétences sont perçues comme les attributs de l'organisation. Ceci rejoint la conception de Hamel et Prahalad (2000) selon laquelle les entreprises performantes raisonnent en termes de « portefeuilles de compétences » et non pas en termes de « portefeuilles d'activités ». De ce point de vue, la notion de « Macro Compétences » désigne l'ensemble des technologies et de savoir-faire qui

génère un avantage concurrentiel pour l'organisation. Les « compétences clés » ont alors une dimension collective et intégrative.

Par comparaison, le second aspect de la conception des compétences en vigueur à Air France est tourné vers le salarié, sa prise de responsabilité et d'initiative. Cette autre approche invite tout d'abord à s'interroger sur ce qui permet et encourage l'émergence de telles compétences. Plus largement, cela implique d'étudier les caractéristiques psychologiques des personnes susceptibles d'acquérir et de développer ces compétences professionnelles.

Deux conceptions de la notion de compétences coexistent donc dans la culture RH de l'entreprise Air France. La compétence est à la fois un produit de l'organisation du travail et un attribut des salariés.

Ces deux conceptions peuvent être envisagées de manière complémentaire. C'est pourquoi, on voit peu à peu se développer au sein de l'entreprise Air France une « démarche compétences » qui vise à la fois au développement des Hommes et à atteindre les objectifs stratégiques de l'entreprise. Le modèle organisationnel et managérial doit permettre de mettre en œuvre cette démarche, ce qui devrait faire évoluer les pratiques de gestion vers la recherche d'une meilleure adéquation entre les besoins de l'entreprise et ses ressources humaines. Ainsi, pour favoriser la professionnalisation, le développement des compétences et pour promouvoir les collaborateurs sur la base des compétences acquises (et non plus de critères tels que l'ancienneté, l'âge ou l'échelon), Air France a-t-elle décidé de promouvoir une démarche d'identification et d'évaluation des compétences. Cette dernière doit répondre à une logique de « performance » pour l'entreprise et d' « employabilité » pour le salarié. Elle correspond aussi à une professionnalisation des acteurs RH à un niveau collectif et individuel. La démarche se fait donc progressivement. Elle a commencé au cœur des pratiques RH avec l'arrivée de la GPEC qui a entraîné de nombreux changements dans les outils RH. Un outil appelé « dictionnaire des ressources » a été créé par la DRH Corporate. Il répertorie des aptitudes, des connaissances, des savoir-faire et des qualités managériales. Un référentiel de compétences cadres a également vu le jour. Il sert de socle à la sélection interne de ces derniers. La démarche est en train de s'étendre à la ligne managériale. Les managers réalisent les entretiens annuels d'évaluation, développent les compétences de leur équipe par la formation et le suivi individuel ; ils confient à leurs collaborateurs des missions spécifiques et détectent des potentiels managériaux.

La gestion des compétences, peut par ailleurs se matérialiser selon les trois niveaux définis par De Cohen et Soulier (2004). La *gestion par les compétences* constitue la première étape. Elle est descriptive, permet de faire l'état des lieux de l'existant. Le rôle de la DRH est alors de répertorier l'ensemble des compétences requises par métiers de l'entreprise et celles détenues par le salarié. L'objectif est d'atteindre la meilleure adéquation besoins-ressources. Le *management des compétences* aide à la mise en œuvre opérationnelle de la gestion des compétences.

Ce processus vise à développer les métiers en vue d'améliorer la performance des équipes. Ce sont les managers qui prennent le relais. La démarche devient un véritable acte managérial. Le *management par les compétences* permet le pilotage de l'entreprise dans un univers turbulent. Il a pour objectif de développer « l'intelligence collective ». Les salariés sont invités à activer des comportements qui favorisent l'atteinte des objectifs. L'entreprise cherche alors à développer et à évaluer les compétences de chaque salarié de manière équitable. Les critères de performance individuelle et collective faisant foi plus que les critères d'ancienneté.

Pour faire évoluer les logiques RH vers la démarche compétences, une forte implication organisationnelle est indispensable. Porter, Mowday et Steers (1982) définissent le concept *« d'implication organisationnelle »* comme une approche attitudinale et affective caractérisée par trois facteurs : une forte croyance et une acceptation des buts et des valeurs de l'organisation ; une volonté d'exercer des efforts pour l'organisation ; un fort désir de rester membre de l'organisation. Thévenet (1992) précise que l'implication organisationnelle est l'effet d'une interaction entre l'individu et l'entreprise. Elle résulte donc d'échanges et d'attentes réciproques. Le processus est dynamique.

Le succès ou l'échec de la démarche compétences dépendent donc des différents acteurs en jeu. Dans le cas de l'entreprise Air France, la démarche compétences se pense et se résout en interne. Il n'est pas envisagé de sélectionner de nouvelles ressources externes à l'entreprise. Il faut donc, d'une part, développer les compétences des managers en poste et, d'autres part identifier, puis sélectionner des potentiels managériaux au sein des équipes afin d'assurer le renouvellement générationnel. Les agents, le management et la direction doivent adoptés les outils RH mis en place. Ils doivent donc être impliqués le plus possible dans ces nouvelles pratiques de gestion. Si l'implication ne se décrète pas, la création des conditions de son développement est néanmoins possible en privilégiant la cohérence, la réciprocité, et l'appropriation (Thévenet, 2000).

Ce travail de recherche vise donc à contribuer utilement à la « démarche compétences » au sein de l'entreprise Air France, à la DGES, pour améliorer la performance managériale.

Pour ce faire, nos objectifs sont donc :
- de développer un modèle de compétences managériales adapté à l'organisation

- de construire des outils de détection et de sélection des potentiels managériaux
- de proposer une méthode de développement managérial.

La première partie de la thèse sera consacrée à la modélisation des compétences managériales. Dans un premier temps, nous développerons le concept de « compétences ». Partant d'une analyse des différentes définitions de la littérature, nous en élaborerons une qui conviendra mieux au cadre de l'étude. Nous présenterons ensuite les modèles de compétences préexistants à l'étude au niveau de la DRH centrale et à la DRH DGES. Enfin nous présenterons une analyse du travail effectuée à partir de la méthode des Incidents Critiques de Flanagan (1954).

Dans la seconde partie de la thèse, nous présenterons les dispositifs développés pour détecter le potentiel managérial sur le terrain et sélectionner en interne les AMDE.

Nous exposerons les résultats de validation empirique du dispositif. Cette étude a été envisagée en adoptant un double point de vue.

D'une part, la validité conceptuelle des outils sera étudiée à partir des résultats obtenus par les candidats lors de la phase de détection puis de sélection ; d'autre part, la validité prédictive de la démarche sera également analysée pour les AMDE recrutés et qui comptaient au moins six mois d'ancienneté sur le poste au démarrage de la récolte des données.

Enfin, dans une partie « Discussion-Prolongement », nous verrons qu'en déployant un nouveau dispositif de détection du potentiel managérial et de sélection sur la population AMDE, il est apparu que cette démarche développée à la DGES d'Air France pouvait avoir un impact plus large sur le management. En effet, au-delà de la procédure de sélection, la démarche (détection de potentiel et processus d'évaluation) permet de contribuer, pour une part, au développement des compétences des collaborateurs.

En effet, toute la ligne hiérarchique s'est vue impliquée dans ce nouveau processus : les agents qui pourraient potentiellement devenir AMDE à l'issue de la sélection ; les AMDE qui détectent le potentiel managérial de leurs agents sur le terrain ; les cadres qui cosignent les conclusions de la détection de potentiel et participent à l'évaluation durant la phase de sélection. Ainsi, les outils mis en place et utilisés par les managers à différents niveaux n'ont plus comme seul objectif d'évaluer les agents ; ils donnent également au management des outils pour contribuer au développement des compétences de leurs collaborateurs. Les managers de proximité et les cadres se voient alors totalement impliqués dans la « démarche compétences » et peuvent, non plus de manière ponctuelle, mais tout au long des carrières des individus, avoir à leur disposition des outils formels d'analyse et de développement des compétences.

Les outils mis en place participent à l'accompagnement managérial au quotidien et à la construction des carrières individuelles. Ainsi, cette action s'oriente-t-elle de plus en plus vers une « démarche compétences » comprenant plusieurs étapes de l'identification des compétences jusqu'à la question de leur développement. Par référence à la notion théorique « d'organisation apprenante » développée par Zarifian (1990), plusieurs possibilités sont à envisager pour développer les compétences professionnelles. La première, est la mise en place de formations en réponse à des besoins particuliers. Mais cette option n'est pas la seule réponse possible à la professionnalisation. C'est aussi au quotidien, par la pratique professionnelle que se développent les compétences. Il s'agit pour Zarifian (1990) de favoriser un apprentissage permanent. L'organisation produit des compétences en dehors du processus de formation. L'organisation devient alors qualifiante.

D'un point de vue conceptuel, il s'agit de construire un modèle des compétences managériales et d'étudier le rôle respectif de chacune d'elles dans la performance des managers ainsi que leurs interactions éventuelles dans un modèle général de développement professionnel au cours de la vie.

À partir de là, une approche plus pragmatique est à mettre en œuvre en construisant des outils de développement managérial à disposition de l'encadrement et des responsables des ressources humaines.

IV. Principe d'intervention

Cette thèse vise à adopter une démarche pluridisciplinaire (Psychologie différentielle, Psychologie du travail, Management et Formation professionnelle, Gestion des Ressources Humaines) des questions de recherche actuelle relatives à l'identification, à l'évaluation et au développement des compétences concernant une population spécifique de salariés que sont les managers (managers de proximité et managers intermédiaires opérationnels). Elle a pour objectif de proposer une démarche compétences au sein d'une grande entreprise française.
Elle vise à construire un lien entre les connaissances en psychologie différentielle et en psychologie du travail et la pratique, en prenant pour exemple la démarche de développement managérial.
Ainsi, dans le cadre de ce contrat CIFRE au sein de l'entreprise Air France et pour la Direction Générale de l'Exploitation, ma mission de salariée-doctorante a-t-elle été de mettre en place un processus d'accompagnement des managers. Cinq cents Agents de Maîtrise d'Encadrement et cent cinquante cadres opérationnels sont concernés par la recherche depuis leur sélection en interne jusqu'à leur prise de poste. Le mode d'actions choisi est de traiter les questions de recherche fondamentale pour répondre aux problématiques de terrain. L'objectif de la recherche est d'apporter une contribution adaptée à des problèmes concrets apportés par l'entreprise. L'objectif est donc aussi d'allier et de renforcer le lien fort complexe entre recherche et pratique.

Au cœur de la démarche, il s'agit d'expérimenter la mise en place d'une gestion des Ressources Humaines qui repose « sur la preuve scientifique » comme l'appelle de ses vœux Rousseau (2006) dans son article devenu célèbre *Is there such a thing as « evidence based management »*.

Il s'agit de promouvoir une conception du management dans laquelle les prises de décisions dépendent moins de l'expérience personnelle de chacun mais reposent plus nettement sur une confrontation entre les connaissances issues de la recherche dans le domaine, d'une évaluation des écarts entre ces connaissances et la pratique et de la mise en place opérationnelle de ces données. Elle défend qu'en procédant de cette manière les actions des managers deviennent plus réfléchies et moins arbitraires pour accroître la performance des organisations.
Pour Rousseau (2006), l'enjeu est de combler le fossé qui existe entre les résultats de la recherche et la pratique quotidienne des organisations.

Il est alors nécessaire de fonctionner de manière itérative en suivant différentes étapes :
- le diagnostic systématique et standardisé
- la collecte organisée des données disponibles
- la planification d'une action corrective qui devra résoudre le problème et améliorer l'existant
- l'application de ces actions
- la réalisation d'un nouveau diagnostic qui le cas échéant peut conduire à reprendre la démarche en boucle.

Ce cercle vertueux est la base de ce qu'elle appelle la « recherche action ». Il s'agit bien de confronter, de garder un regard critique sur les procédures mises en place et de les remettre en question si nécessaire.

Comment cette démarche a-t-elle inspiré le travail de thèse réalisé dans le cadre d'Air France ? Selon une étude de Rynes et al. (2002), moins de 1% des tops managers lisent la littérature scientifique régulièrement. Le premier défi exposé par Rousseau (2006) est donc de réunir des éléments de preuve en produisant des données scientifiques et en définissant des concepts pour les apporter aux managers et ainsi contribuer à améliorer les décisions de gestion. Il s'agit de construire une culture où les managers apprennent des résultats de la recherche et se basent plus sur l'expérience scientifique que sur leur propre expérience. En fait, il s'agit d'introduire une culture de l'évaluation où tout ce qui est affirmé repose sur des données ou des faits.

Deux chercheurs américains, Pfeffer et Sutton (2007), professeurs de management et comportement à l'université de Stanford, s'interrogent également sur les écarts entre le savoir et la pratique. Un premier livre « The Knowing-Doing Gap » (2000) a eu un écho bien au-delà de la communauté scientifique et les a conduits à se pencher davantage sur cette question.

Leur second livre « Hard facts, Dangerous Half-truths and Total Nonsense : Profiting from Evidence-Based Management » (2006) tente d'analyser pourquoi les pratiques des managers sont en décalage avec les connaissances acquises de l'expérience scientifique. Ils s'attaquent à reprendre des «pseudo-vérités » énoncées dans les entreprises et à les confronter aux résultats disponibles de recherche.

Le travail que nous proposons ici se base sur cette nouvelle conception du management. Il s'agit d'appliquer les principes de déduction logique aux pratiques organisationnelles et de traduire dans la pratique quotidienne et les méthodes employées, les résultats de recherche en management et gestion des ressources humaines, afin de proposer des outils de gestion adaptés aux problématiques de terrain et constamment confrontés à leur efficacité. Nous tenterons donc de suivre une démarche d'analyse rigoureuse afin de déterminer au sein de la Direction Générale de l'Exploitation Sol à Air France, quel est le modèle de management adapté et les outils nécessaires à l'émergence dans la pratique de ce modèle.

PREMIERE PARTIE

__Développer et valider un modèle de compétences pour les managers de proximité et étendre la démarche à l'analyse de la fonction de cadre__

I. Cadre Conceptuel : la notion de compétences

1 - La compétence : un concept complexe dans la littérature

L'émergence du concept de compétences ne peut se comprendre qu'en analysant l'évolution des contextes de travail et en prenant en compte l'effet de la loi du 31 décembre 1991 sur la formation professionnelle, qui instaure un droit au bilan de compétences. Ce dernier a pour objet de *« permettre au travailleur d'analyser leurs compétences professionnelles et personnelles ainsi que leurs aptitudes et leur motivation, afin de définir un projet professionnel, et le cas échéant un projet de formation »*[11].

Les situations actuelles de travail, quant à elles, sollicitent les salariés au-delà de leur savoir - faire. L'instabilité, la complexité des tâches les conduisent à devoir réagir aux aléas, et à l'inconnu de plus en plus fréquemment. Le travail prescrit est souvent en décalage avec les réalités du quotidien. Au-delà des connaissances techniques, le salarié doit s'adapter pour atteindre ses objectifs.

Si nous nous en tenons au terrain d'études de la présente recherche, force est de constater que le monde du transport aérien représente un environnement de travail où règne le travail prescrit. Chaque opération est répertoriée dans des cahiers de procédures. Les normes internationales s'imposent, chaque action est réglementée ; la place donnée à l'autotomie est faible. Cependant, la gestion individuelle des clients, la gestion de la ponctualité, les grèves inopinées, parfois illégales conduisent à sortir des schémas prévus.

La maîtrise des connaissances techniques ne suffit pas pour répondre aux exigences au jour le jour et pour réagir à ces situations imprévues.

De fait, la notion de qualification qui réfère davantage à un contexte de stabilité des métiers n'est plus suffisante à la description des exigences pour tenir un poste. En effet, la qualification reflète la reconnaissance d'un niveau de formation, d'aptitudes, d'expertise ou de connaissances attesté par un diplôme. Elle peut s'obtenir en formation initiale ou continue, en alternance ou par l'expérience professionnelle. Selon Danvers (2009), elle sert de référence pour les grilles statutaires ou les échelles de salaire. Elle renvoie à un jugement officiel, légitimé par des négociations entre les partenaires sociaux d'une part et les directions d'autre part. Selon Le Boterf (2002), la qualification ne garantit pas que le salarié sache agir avec compétence mais plutôt qu'il possède les ressources pour le faire.

---

[11] Article L6313-10 du Code du travail, version en vigueur au 1er Mai 2010.

Surtout, elle ne vérifie pas si le salarié a mis à jour ses connaissances au fur et à mesure des évolutions de son domaine d'exercice.

En outre, le lien entre les qualifications (le diplôme) et la compétence n'est pas univoque (Deprez, 2002). En effet, à diplôme équivalent, deux personnes en poste n'auront pas la même performance. La capacité à « savoir réagir », au sens de Le Boterf (2002), est inégale. Selon lui, le salarié compétent se caractérise par son autonomie face aux changements et aux évolutions. Il possède non seulement les connaissances de base, il est capable d'activer des comportements adaptés pour résoudre les problèmes qu'il rencontre ; mais il sait également prendre du recul sur sa pratique pour se remettre en question, la faire évoluer, l'adapter aux nouveaux besoins identifiés. La qualification serait un des éléments de base, une des composantes de la compétence. Ainsi, ne s'agit-il pas de supprimer la notion de qualification mais plutôt de l'enrichir par celle de compétence qui serait, à ce premier niveau, la mise en œuvre effective dans l'action des connaissances acquises par la qualification.

Par ailleurs, la compétence se distingue de la notion de qualification par le fait qu'elle ne peut s'apprécier qu'en situation : elle s'évalue par sa mise en œuvre dans un contexte professionnel donné. Le passage des qualifications détenues à la compétence, puis à la performance, s'effectue grâce à un acteur clé : le salarié. Pour Le Boterf (1994, p. 19), « *la compétence peut être comparée à un acte d'énonciation qui ne peut être compris sans référence au sujet qui l'émet ni au contexte dans lequel il se situe [...] il apparaît important de saisir à la fois l'acteur et l'action, [...] la compétence est toujours celle – d'un acteur - en situation.* » Cette conception traduit la volonté forte de l'auteur de situer le salarié au centre de la notion de compétence. Précisons donc que pour satisfaire aux exigences d'une situation donnée, diverses compétences peuvent être mobilisées. Elles seront différentes en fonction des individus faisant ainsi référence à la variabilité interindividuelle. Par ailleurs, l'individu dispose pour lui-même d'un éventail de compétences à saisir en fonction des contextes, de ses capacités, de sa motivation faisant ainsi jouer sa propre variabilité intra-individuelle.

De ce fait, il devient nécessaire de définir clairement ce qu'on entend par le concept de compétences.

Depuis les années 80, la notion de compétences remplace peu à peu celles d'aptitude et de qualification dans le champ de la gestion des ressources humaines. Elle se développe aussi bien dans la littérature (en psychologie, en sociologie, ou en gestion) que dans les organisations.

Il existe cependant à peu près autant de définitions de la compétence que de personnes utilisant ce terme (Aubret, Gilbert, 2003). Comment se fait-il que tous s'accordent pour parler de compétence(s), mais que très peu soient d'accord sur le sens à donner à ce concept ?

Une première explication à avancer tient aux différents éclairages apportés à cette notion complexe. Les diverses définitions ne sont pas forcément contradictoires mais traduisent parfois des points de vue ou des niveaux d'analyse différents de la notion de compétence.

Loarer (2004) souligne l'importance de prendre en compte les définitions qui relèvent d'un modèle ascendant (*bottom up*). Dans cette approche, il s'agit de se focaliser sur l'action en situation et la performance obtenue comme origine des compétences. Dans cette approche, le point de départ est la situation de travail afin d'observer quels comportements adaptés ou non, l'individu met en œuvre et avec quelles conséquences. Il existe une autre manière d'appréhender le concept de compétences. Il s'agit alors de s'appuyer sur un modèle descendant (*top down*) où l'accent est mis sur les caractéristiques individuelles sous-jacentes à la compétence. Pour Lévy-leboyer (1996), les compétences concernent la mise en œuvre intégrée d'aptitudes, de traits de personnalité et aussi de connaissances acquises. Ces deux approches ascendantes et descendantes peuvent être prises en compte conjointement dans un modèle supposant un jeu interactif entre les deux versants de la compétence : celui de l'individu et de ses ressources personnelles, d'une part, et celui de la tâche et de ses contraintes situationnelles et organisationnelles, d'autre part. On peut proposer que l'analyse des compétences nécessaires pour occuper un poste s'effectue sous ce double éclairage. Il s'agit de prendre en compte les ressources individuelles disponibles pour le poste, et les exigences de la tâche, qui sont incontournables pour l'opérateur. Lorsque la tâche est relativement simple, lister l'ensemble des situations auxquelles l'opérateur peut se retrouver confronté est encore tâche réalisable.

De plus, il est possible de définir les ressources nécessaires à la résolution des problèmes en jeu. En revanche, lorsque la tâche est plus complexe, il devient difficile de maîtriser l'ensemble des situations et des problématiques possibles. Leplat (1986) précise à ce propos que l'analyse du travail a été exclusivement et pendant longtemps orientée vers les travaux à dominance manuelle pour lesquels on décrivait les aspects observables. Ces analyses se sont trouvées dépassées dès lors que l'activité s'est complexifiée. Il devient alors indispensable de combiner à la fois l'analyse des différentes missions exercées sur le poste, celles des comportements nécessaires pour les traiter mais également d'identifier les ressources personnelles nécessaires à leur exécution.

Il est donc envisageable de valoriser dans sa conception tel ou tel aspect de la compétence, en fonction de son cadre de pensée théorique et du niveau d'analyse auquel on se situe, est envisageable. Ceci explique pour une part la diversité des définitions relatives à ce concept.

Une seconde explication tient au fait que la définition de la compétence représente souvent la politique RH de l'entreprise. La définition est toujours le point de départ pour mettre en œuvre une certaine approche des compétences. Elle permet d'expliciter les objectifs et la « philosophie » de la démarche compétences instaurée dans l'organisation. Comme le souligne Zarifian (2004, p. 97) : « *Se lancer dans une démarche compétence n'est pas d'abord une affaire d'outils ou de techniques, mais d'orientation, de sens global donné à la démarche, de raisonnement sur le pourquoi, et de conviction. [...] Il s'agit ici de la philosophie que l'entreprise adoptera et qui permettra d'unifier les acteurs sur le sens de ce qui est engagé. Concrètement, cela se formalise par la production, dans l'entreprise, d'une définition de ce que l'on entend par "compétence"* ». La stratégie, les enjeux, les objectifs peuvent être très différents d'une entreprise à l'autre, ce qui permet de comprendre le fait que leurs définitions de la compétence soient différentes.

Enfin, des considérations plus pratiques peuvent également être à la source du choix d'une certaine définition de la compétence. Cette dernière va servir de guide pour la mise en œuvre concrète de l'approche et permettre de déterminer les choix d'outils et de méthodes.

Le concept de compétences est complexe. Il cherche encore son cadre conceptuel. Cela nécessite donc de le définir clairement en faisant le choix d'une définition.

2 - Les définitions et le choix du cadre conceptuel

Pour se limiter aux références ou à l'usage de ce concept dans le champ de la psychologie du travail et des organisations, il existe plusieurs définitions qui permettent d'en proposer une plus générique.
McClelland (1961) a introduit ce terme dans le domaine de l'évaluation et Montmollin (1986), dans le champ de l'analyse de l'activité.

Pour McClelland (1961), ni les diplômes, ni les aptitudes, ne permettent de prédire la performance au travail d'un individu. La compétence représente un ensemble d'habiletés nécessaires pour atteindre un bon rendement dans un domaine précis.

Pour l'évaluer, le meilleur prédicteur de la réussite professionnelle est celui qui échantillonne des critères de performance, lesquels restent à définir. Le prédicteur est ce qu'on pourra évaluer en amont de la prise de poste effective, en situation de sélection et ce sur quoi l'on s'appuie pour prédire une réussite professionnelle. Le prédicteur peut être comportemental. Cette conception postule que si un candidat se comporte de telle ou telle façon dans une situation alors il sera possible de reproduire ces comportements dans des situations similaires. Cette définition démontre l'aspect opérationnel du concept. Il doit pouvoir être le socle à la construction d'outils au service de la démarche compétences dans les organisations. Il s'agit sur sa base de bâtir un processus d'accompagnement des salariés dans leur cursus professionnel et d'offrir à l'entreprise les outils de gestion dont elle a besoin en termes de détection des potentiels, de sélection, de formation, d'évaluation et de développement.

Selon Montmollin (1986), les compétences sont un ensemble stabilisé de connaissances, de savoir-faire, de conduites types, de procédures standards, de types de raisonnement mis en œuvre sans apprentissage nouveau. Il distingue trois composantes dans les compétences : les connaissances qui permettent de comprendre « comment ça fonctionne » et peuvent être acquises par une formation préliminaire, les savoir-faire qui indiquent « comment faire fonctionner », et les méta-connaissances, acquises par l'expérience, et qui permettent de gérer les connaissances. Ici, la définition se limite à des composantes cognitives, elle semble attachée à des savoirs plutôt stabilisés (conduites types, procédures standards...). Or le contexte de travail actuel est caractérisé par des changements. La résolution des problèmes nécessite donc une capacité à réagir, à inventer et à s'adapter. Il existe d'autres définitions qui permettent d'intégrer cette dimension. Par exemple, certaines mettent l'accent sur la nécessaire *effectivité des compétences*. Ainsi, Mandon (1990, p. 3) parle-t-elle de *« savoir en action »*. Malglaive (1990, cité par Lichtenberger, 2003, p. 10) évoque la *« mise en œuvre dynamique d'une combinaison de savoirs théoriques, savoirs procéduraux, savoir-faire et savoirs pratiques dans la réalisation efficace d'une action précise dans une situation donnée, avec les moyens disponibles »*. Huteau (1985) cité par Champy (1994, p. 181) met l'accent sur les caractéristiques individuelles. Pour lui, *« la compétence est une caractéristique positive d'un individu témoignant de sa capacité à accomplir une tâche »*.

Leplat (1998) identifie, quant à lui, quatre caractéristiques de la compétence permettant de rendre compte de sa complexité : a) La compétence est opératoire et finalisée. Elle n'a de sens que par rapport à l'action et au but de cette dernière.

Elle est indissociable des activités par lesquelles elle se manifeste. Le concept de compétence doit toujours être précisé : on est compétent pour une tâche ou un ensemble de tâches. La compétence est toujours relative à la situation dans laquelle l'individu se trouve. b) La compétence est apprise. On n'est pas naturellement compétent, on le devient par une construction personnelle et sociale qui marie apprentissages théoriques et apprentissages issus de l'expérience. c) La compétence est structurée. Elle combine de façon dynamique les éléments qui la constituent pour répondre à des exigences d'adaptation. d) La compétence est abstraite et hypothétique. Elle est inobservable en tant que telle, mais ses manifestations, elles, le sont : comportements et performances.

Pour Zarifian (2001, p. 64), la compétence est « *l'intelligence pratique des situations* » qui se manifeste par trois types de comportement : « *l'autonomie, la prise de responsabilité et la communication* ». L'autonomie et la responsabilité font partie de la définition de base de la compétence : « *on peut dire qu'il s'agit d'attitudes sociales totalement intégrées dans les compétences professionnelles et qui expriment les choix nouveaux d'organisation. Ces attitudes ne peuvent réellement s'apprendre et se développer qu'en assumant les situations professionnelles qui les sollicitent (...)* ».

Le Boterf (2002, p. 2-3) met lui aussi l'accent sur le caractère « opératoire » et « combinatoire » de la compétence, laquelle consiste à savoir mobiliser et combiner des ressources dans un contexte donné. Ces ressources sont d'une double nature : d'une part, des ressources personnelles constituées de savoirs théoriques, de savoir-faire opérationnel, de savoir-faire social et d'autre part, des ressources extérieures à l'individu comme les infrastructures et les outils de travail, la documentation, les informations et les réseaux relationnels. La compétence doit se considérer de manière dynamique en interaction avec les autres composantes du travail, notamment l'organisation et le travail collectif.

Enfin, citons la conception de Spencer (1993, p.9), une des premières à avoir été publiée: «*Underlying characteristics of individuals that is causally related to criterion-referenced effective and/or superior performance in a job or a situation* »[12]

En synthèse de ces approches, nous retiendrons que la compétence est à la fois liée à l'activité de travail pour laquelle elle se manifeste, qu'elle est finalisée pour atteindre des objectifs, qu'elle se construit en situation de travail (notamment grâce à l'autonomie), qu'elle combine différents types de ressources individuelles, mais aussi des ressources liées à l'environnement de travail.

---

[12] *Caractéristiques individuelles liées à la possibilité d'atteindre une certaine performance dans l'exécution d'un travail. « Traduit par nous »*

Elles intègrent l'aspect dynamique, et évolutif nécessaire à l'adaptation en situation de travail.

Le modèle de Kanfer et Ackerman (2005) rend compte de la dynamique du développement des compétences professionnelles et de leur expression à travers la performance. Il postule que l'acquisition et le développement des compétences professionnelles au cours de la formation initiale, continue, puis au travers de l'expérience sont déterminés par différentes variables personnelles. On retrouve classiquement les traits de personnalité, et d'aptitudes mais aussi des complexes de variables qui regroupent des traits qui corrèlent fortement entre eux. Ainsi, ils en distinguent quatre : (1) Social, (2) Administratif, (3) Conventionnel, (4) Sciences/mathématiques et Intellectuel et culturel.
Par ailleurs, les différences individuelles de compétences vont s'expliquer par certains aspects de la situation : contraintes de travail, membres de l'équipe, conditions de l'activité, objectifs fixés, culture organisationnelle, ambiance de travail. Dans ce modèle, ce sont moins les caractéristiques personnelles que la dynamique entre les différents éléments qui composent les compétences. En effet, il existe un retour de la performance sur le mécanisme d'apprentissage et le développement des compétences en situation professionnelle.

Selon Aubret et Gilbert (2003), la compétence peut s'envisager sous un angle multidimensionnel et hiérarchique. La première caractéristique suppose qu'il y aurait autant de compétences distinctes que de situations professionnelles différentes, ce qui d'un point de vue opérationnel n'est pas satisfaisant. En effet, cela pose la question de la transférabilité des compétences d'un point de vue opérationnel et de l'accompagnement des salariés dans leur parcours professionnel. Comment envisager des passerelles, des parcours professionnels, si chaque métier, chaque poste, mobilise des compétences spécifiques et particulières ?
La seconde conception permet d'avoir recours à une organisation hiérarchique des compétences. Ceci permet de distinguer ce qui relève d'un domaine de compétences générales de ce qui relèvent d'un caractère plus spécifique. Le transfert des compétences s'envisag non pas du point de vue de la ressemblance de la tâche à réaliser mais de celui de ce qui doit être mobilisé par l'individu en termes d'opérations psychologiques.

Un modèle en trois niveaux a été proposé par Meyer et Houssemand (2005). Le premier niveau concerne *les compétences générales*. Elle dépasse largement les situations professionnelles ; par exemple « organiser », « communiquer ». Le second niveau concerne *les compétences transversales*.

Elles sont assez larges mais réduites à un espace d'application ; par exemple « organiser un espace spatial », « communiquer avec un client ». Le troisième niveau est celui de *la compétence technique.* Elles font référence à des situations professionnelles spécifiques ; par exemple « organiser un espace spatial d'habitation », « communiquer avec les clients d'un restaurant »…

Le passage d'un niveau à un autre nécessite un apprentissage particulier qui n'est possible que si le niveau le plus général est déjà acquis.

Dans le contexte de la présente recherche, les salariés doivent s'adapter à un contexte de travail, il semble alors que ce que nous recherchons soit plutôt des compétences générales, transférables à différentes situations. Pour acquérir les compétences techniques, l'entreprise puis le salarié mettront en place les dispositifs d'apprentissage nécessaires à leurs acquisitions. Les compétences générales rendront possible le développement et la mobilisation de compétences transversales puis techniques. En outre, la complexité des métiers dépend de la combinaison des compétences à mobiliser sur les trois niveaux.

En somme, nous pouvons constater l'absence de conception unifiée de la notion de compétence. Notons cependant qu'elles ne sont pas en contradiction mais plutôt complémentaires. Il faut aussi rappeler qu'il existe un certain consensus. La compétence serait une variable intermédiaire entre caractéristiques psychologiques et performance. La réussite sur un poste est assurée à partir du moment où une personne possède les compétences requises et qu'elle est motivée à les mobiliser. C'est probablement la caractéristique essentielle de cette notion, celle qui en a fait le succès. Car raisonner en termes de compétences, c'est expliquer pourquoi les personnes réussissent plus ou moins bien dans un poste donné.

C'est chercher à prédire, lors de la sélection professionnelle, la performance future. C'est aussi chercher à développer les salariés pour les rendre plus efficaces dans leur poste actuel ou futur. Or, comme le souligne Lichtenberger (2003), la notion de compétences met l'accent sur ce qui différencie les individus du point de vue de leur réussite. Il rejoint ainsi la conception de Vergnaud (1998), cité par Lichtenberger (2003, p. 2), pour qui *« l'idée de compétence conduit à mettre le doigt sur ce qui fait la différence entre un individu et un autre, entre une équipe et une autre, entre une entreprise et une autre, sans que l'on sache au départ en distinguer l'origine ou la raison. »*

En synthèse, trois définitions de la notion de compétences vont être présentées. Elles permettent de résumer le débat d'idées présentées plus haut pour proposer une conception des compétences qui sera utilisée comme référence dans la suite de la thèse.

Beaujouan (2001) définit les compétences comme un ensemble de comportements qui se forgent par l'expérience en intégrant différents éléments sous-jacents (aptitudes, motivation, connaissances). Elles sont observables à travers des comportements et servent à application concrète.

McClelland (1961) et Spencer (1993)[13] introduisent, quant à eux, l'idée de réussite professionnelle. En effet, il s'agit bien de pouvoir prédire d'une future efficacité du candidat à son poste de travail.

Aubret et Gilbert (2003, p. 27) ajoutent à leur définition la notion de contexte professionnel en définissant les compétences comme des *« caractéristiques individuelles attachées à la possibilité de mobiliser et de mettre en œuvre de manière efficace dans un contexte donné, un ensemble de connaissances, de capacités et d'attitudes comportementales »*.

De fait, on définira la compétence pour la suite de cette thèse comme :
- un ensemble d'attributs de la personne, tels que les aptitudes intellectuelles, les traits de personnalité, les connaissances, la motivation, les savoir-faire (Beaujouan, 2001)
- inséparable de l'activité professionnelle et n'ayant de sens que par rapport au but poursuivi (Aubret et Gilbert, 2003)
- s'exerçant dans un contexte donné et s'objectivant en des comportements professionnels efficaces (Mc Clelland, 1961 ; Spencer, 1993).

De cette façon, la notion de caractéristiques psychologiques propre à la personne exerçant la fonction ainsi que les comportements activés dans le but d'atteindre une certaine performance quant aux objectifs qui ont été fixés dans un contexte défini sont réunis au sein de ce concept.

Enfin, soulignons trois critères qui doivent être réunis pour qu'on puisse considérer qu'un individu manifeste les compétences lui permettant de répondre de façon satisfaisante aux exigences de la situation professionnelle à laquelle il est confronté.

---

[13] Les définitions de la notion de compétences apportées par ces deux auteurs sont citées respectivement en p. 47 et p. 49 de la thèse.

Pour Masson et Parlier (2004), il est nécessaire :

- que cette personne dispose des *ressources* adaptées à cette situation. Il existe de multiples manières de rendre compte de la diversité de ces ressources de l'individu. Ce sont, tout d'abord, des caractéristiques psychologiques puis des connaissances acquises dans des situations d'apprentissage diversifiées (formation, mises en situation, analyse des pratiques…). Ce sont également des ressources disponibles dans l'environnement de travail (outils et méthodes de travail, sources documentaires, réseaux relationnels…).

- qu'elle dispose des *moyens* pour les engager. Ces moyens concernent tout à la fois le contenu de l'activité (nature des tâches, cadre d'autonomie et de responsabilité) ; l'organisation de travail (répartition équitable des responsabilités, enjeux partagés, modalités de coopération clarifiées) ; les conditions de travail (les risques professionnels réduits, charge de travail supportable…).

- qu'elle soit *motivée*, c'est-à-dire d'accord pour les engager dans la situation qu'elle rencontre. Ce qui signifie qu'elle a conscience des enjeux de la situation ; qu'elle y trouve de l'intérêt, que ce qui est attendu d'elle corresponde à ses valeurs professionnelles et que sa contribution soit reconnue.

Dans la suite de la thèse, il s'agira d'étudier la notion de compétences au regard de ces trois critères. La construction d'un modèle de compétences suffit-il à développer les collaborateurs ? Certainement pas. Nous étudierons dans quelle mesure, la motivation des managers et l'organisation jouent un rôle. Dans quelle mesure les managers recrutés sont-ils intéressés par leur poste ? Quels ressources et moyens l'organisation donne-t-elle à ces managers pour qu'ils puissent développer leurs compétences managériales et effectuer leur mission ?

3 - Les compétences managériales : présentation de modèles existants

Avant d'aborder la question des compétences associées à la fonction managériale, il faut définir ce que l'on entend par management.
La diversité des conceptions sur le management masque parfois des confusions entre plusieurs approches. Le management (ou « encadrement » en français) désigne la gestion des salariés subordonnés. Le terme anglais « manager » est parfois traduit en français par « cadre », mais nous distinguons bien ces deux notions car la notion de « cadre » en France fait référence à un statut juridique.

Les cadres ne gèrent pas forcément des équipes et inversement, certains encadrants n'ont pas le statut cadre. Il faut également différencier « managers » et « leaders », ces derniers étant des personnes ayant une influence sur les autres, au-delà du cadre de l'autorité formelle. Ce terme désigne la capacité à fédérer et à mobiliser les énergies autour d'une action collective, quelque soit le positionnement occupé dans la hiérarchie. Cette autorité informelle peut appartenir à différentes personnes, voire aux membres de l'équipe eux-mêmes, et est souvent temporaire.

Les managers ont, eux, une autorité formalisée dans l'organisation dont ils font partie.

En outre, à Air France, la position de « Leader » correspond à un poste référencé, centré sur la gestion des équipes au quotidien, qui peut paraître proche de celui du manager. Mais pour ce dernier, l'enjeu consiste davantage à accompagner ses équipes dans la durée. Un manager a en charge la gestion et le développement d'équipes de travail, dans le but de réaliser des objectifs de performance et d'efficacité fixés par l'organisation et obtenus pour partie par d'autres personnes que lui (Barabel et Meier, 2006).

De nombreux modèles ont déjà proposé une définition en termes d'actions de la fonction managériale. Plane (2003) expose les différents courants qui ont traversé le 20ième siècle jusqu'à nos jours.

Taylor (1911) puis Fayol (1917) ont apporté une vision mécaniste de la fonction de manager. C'est un chef technicien prévoyant et organisé. Il coordonne les opérateurs sur une chaîne de production et contrôle la réalisation du produit fini. La place accordée à l'imprévu est faible Les aspects socio-cognitifs, différentiels, motivationnels, émotionnels des individus ne sont pas pris en compte. On considère que les individus vont se consacrer à leurs tâches parce qu'on les a définies, qu'on les leur a demandées voire ordonnées.

Or, d'autres facteurs complexes entrent en jeu dans l'exercice des fonctions de manager au quotidien et influencent leur performance au travail. C'est ce qui fut largement reproché aux conceptions de Taylor et Fayol et a permis de voir apparaître d'autres manières d'appréhender le sujet.

Selon Rojot (2005), Follett (1941)[14] fut une des premières à critiquer cette approche mécaniste et l'apport d'une nouvelle vision. Elle reproche à l'Organisation Scientifique du Travail de Taylor (1911) de trop dépersonnaliser l'individu au travail. Elle développe sa théorie autour de l'importance de l'appartenance au groupe pour exister. Le manager possède donc une fonction d'intégrateur.

---

[14] Metclaf, H. C. & Urwick Lyndall, (1941), Dynamic Administration – The collected papers of Mary Parker Follett, Harpers & Bros Publishers, New York & London.

Elle préconise plutôt de considérer l'organisation comme un tout économique, opérationnel et social.

D'autres expériences bien connues comme celles effectuées par Mayo (1927-1932) dans les usines de Hawthorne de la Western Electric Company (Illinois) ont démontré l'influence de l'attention sociale pour le personnel, résumée sous le nom « d'effet Hawthorne ». Ainsi le manager par l'attention qu'il porte à ses collaborateurs pourrait avoir une influence sur leur motivation et leur performance. Roethlisberger et Dikson (1939) définissent son rôle de conseil, de proposition et d'écoute.

Deux conceptions du management semblent donc s'opposer : un management « organisationnel » centré sur la tâche d'une part et un management « social » privilégiant le rapport humain, le fonctionnement collectif et l'attention individuelle d'autre part. Ces deux visions bien différentes cherchent néanmoins à atteindre le même objectif : la performance et le gain de productivité.

Mintzberg (1973) revient lui aussi sur les modèles de Taylor (1911) et Fayol (1917), car selon lui, ils ne permettent ni de comprendre ni de définir ce que font réellement les managers au quotidien. En observant des managers au travail, il lui paraît impossible de relier les activités qu'il observe uniquement à l'une ou l'autre de ces fonctions de planification, de coordination, d'organisation ou de contrôle. Les travaux de Mintzberg, publiés entre 1973 et 1990, sur le rôle effectif des managers ont considérablement mis à mal cette représentation du rôle du manager. Ces quatre fonctions ne décriraient pas le travail de manager, mais au mieux, selon lui, qualifient certains objectifs à atteindre. En observant de manière systématique les managers en situation de travail, il apporte une tout autre vision des actions quotidiennes de ceux qui endossent les responsabilités au sein des organisations. Les tâches multiples, la séquence courte d'actions, la rapidité des prises de décisions, apparaissent plus réalistes que la vision distanciée proposée par la théorie.

En effet, Fauvet et Jaunet (2006) expliquent qu'être en situation de management implique d'atteindre des objectifs dans un cadre contraignant en termes de ressources et en s'appuyant sur les autres pour y parvenir. La performance économique, la pression du temps et des coûts, l'instabilité permanente placent le manager dans un processus d'injonctions de plus en plus complexe voire paradoxal. En outre, le manager porte une autorité formelle grâce à sa position dans l'organisation qui lui permet d'agir pour atteindre ses objectifs. Cette dernière lui donne le pouvoir de décider, de fixer les orientations, de confier les missions à ses collaborateurs, ce qui le place dans un cadre de relations interpersonnelles particulières.

Il occupe une place privilégiée d'accès à l'information. Sa position centrale le situe par définition comme un point d'entrée et de sortie. Il endosse des responsabilités et est partie prenante dans les prises de décision. Il s'appuie sur ses collaborateurs pour atteindre ses objectifs, ce qui implique une ascendance sur eux. Cette dernière se caractérise par la répartition des tâches qu'il leur confie, l'évolution individuelle, professionnelle et salariale qu'il peut accorder.

En accédant au statut de manager, l'individu acquière cette autorité formelle. Cependant, cette dernière ne suffit pas à assurer son rôle. Il est ensuite vital pour le manager d'asseoir cette autorité par une légitimité reconnue par ses pairs et ses collaborateurs.

C'est par ses actions, son comportement, ses décisions que le manager passe de l'autorité qui lui est conférée, l'autorité formelle à l'autorité réelle, celle qui lui permettra de se faire obéir, de fédérer ses équipes autour d'un projet. Ainsi, comment peut-on intégrer dans les modèles de management de nouveaux aspects qui reflètent ce positionnement particulier qu'occupe le manager ?

Mintzberg (1984, 2007) propose une autre manière d'envisager l'activité des managers, construite à partir de l'observation systématique de cinq directeurs, et validé par la suite sur une population plus vaste.

Cette approche fait apparaître non seulement des fonctions organisationnelles mais aussi un ensemble de rôles interpersonnels définis au nombre de dix et répartis en trois catégories principales :

- *Les rôles interpersonnels* parmi lesquels : la figure de proue, le leader, l'agent de liaison

- *Les rôles liés à l'information* parmi lesquels : l'observateur actif, le diffuseur, le porte-parole

- *Les rôles décisionnels parmi lesquels* : l'entrepreneur, le régulateur, le répartiteur de ressources, le négociateur

Le modèle de Mintzberg (1984, 2007) apporte une vision plus concrète de ce que recouvre l'activité de management. Cependant, il ne permet pas de comprendre ce qui différencie un très bon manager d'un manager moins performant. Il faut penser le management en termes de compétences pour cela.

L'introduction de la notion de compétences dans les conceptions du management

Boyatzis (1982) a proposé le premier modèle de compétences managériales éprouvé scientifiquement. Si d'autres auteurs, avant lui, ont analysé l'activité de manager, il est le premier à l'avoir fait en termes de compétences professionnelles, qu'il définit comme des caractéristiques individuelles sous-jacentes qui entraînent une performance professionnelle efficace ou supérieure. Son modèle de compétences est issu de plusieurs analyses empiriques. Par exemple, dans l'une d'elles, des managers ont classé une liste de caractéristiques individuelles (aptitudes, motivations, traits de personnalité, images de soi, connaissances) selon qu'elles mènent à une performance supérieure, simplement efficace ou bien qu'elles soient inutiles à la réussite dans le poste. Dans une seconde étude, dont la méthode s'inspire de celle des Incidents Critiques (Flanagan, 1954), Boyatzis (1982) demandait aux chefs de service de désigner les « bons » et les « moins bons » managers. Ces managers étaient interviewés lors d'un entretien structuré sur des événements où ils avaient été efficaces ou inefficaces (ils racontaient leurs comportements, leurs pensées, leurs sentiments pendant ces événements).

Les compétences dégagées par les premières analyses ont été reliées à des critères de performance dans le poste en apportant des éléments descriptifs comportementaux à partir des incidents critiques récoltés. Il aboutit à un modèle en six domaines de compétences à l'intérieur desquels il liste des compétences « seuil » (celles qui caractérisent les bons managers) et des compétences « supérieures » (celles qui caractérisent les meilleurs managers).

Modèle de Boyatzis (1982) en 6 domaines de compétences
Gérer des objectifs et organiser le travail
Leadership
Gérer la ressource humaine
Diriger des subordonnés
Se tourner vers les autres
Avoir des connaissances spécifiques

Tableau 1.1 Modèle de compétences managériales de Boyatzis (1982)

À la suite de Boyatzis (1982), d'autres auteurs ont ainsi construit des modèles empiriques des compétences managériales, avec des méthodes, des populations et des niveaux de complexité différents.

Yulk (1987) a développé un questionnaire dont les items correspondent à 13 comportements managériaux qu'il avait pu identifier grâce à une analyse factorielle préalable.

Modèle de Yulk (1987) en 13 comportements managériaux
Représenter l'entreprise
Contrôler l'activité
Développer les collaborateurs
Donner des objectifs clairs
Informer
Résoudre les problèmes
Organiser
Favoriser l'esprit d'équipe
Reconnaître
Motiver
Déléguer
Encourager
L'interface entre les équipes et la direction

Tableau 1.2 Modèle de compétences managériales de Yulk (1987)

Les managers devaient répondre à chaque item selon l'échelle suivante : *jamais, en général, dans une grande mesure*. Le questionnaire a montré une validité interne satisfaisante. Les juges, managers et subordonnés, ont montré un accord acceptable quant à l'évaluation des différentes dimensions. De plus, elles semblent corréler avec la performance managériale.

Borman et Brush (1993) présentent une taxonomie issue de l'analyse d'une vingtaine d'études empiriques basées pour la plupart sur la méthode des Incidents Critiques de Flanagan. Au départ 246 dimensions ont ainsi été collectées. Elles ont été classées par 25 psychologues du travail expérimentés dans la recherche sur les managers. Plus de 180 dimensions ont pu être classées dans des catégories basées sur des similarités de contenu perçues. Ces tris ont été utilisés pour construire une matrice de corrélation croisant l'ensemble des dimensions. Cette matrice a fait l'objet d'une analyse factorielle qui a permis d'aboutir à une solution en 18 facteurs qui ont ensuite été regroupés en quatre « méga-dimensions ».

Modèle de Borman et Brush (1993) en 4 « méga-dimensions » et 18 facteurs	
Les relations professionnelles, interpersonnelles et la communication	Communiquer efficacement et informer ses collaborateurs
	Représenter l'entreprise face aux clients et au public
	Maintenir de bonnes relations de travail
	Influencer autrui
	Coordonner le travail en équipe
Leadership et la supervision	Guider, diriger, motiver les subordonnés
	Surveiller et contrôler les ressources
	Former, coacher, et développer les compétences des subordonnés
Activités techniques	Posséder les compétences techniques nécessaires
	Organiser et planifier
	Effectuer les tâches administratives
	Prendre des décisions et résoudre des problèmes
	Gérer le personnel et maintenir la force de travail
	Déléguer
	Collecter et interpréter des données
Comportements personnels et aptitudes utiles	Faire preuve de pugnacité pour atteindre les objectifs fixés et surmonter les obstacles
	Gérer les situations de crises et le stress des collaborateurs
	Faire preuve d'engagement face à l'organisation

Tableau 1.3 Modèle de compétences managériales de Borman et Brush (1993)

Tett & al. (2000) reprochant une spécificité trop importante aux précédentes études ont fourni la synthèse de 12 modèles empiriques de la littérature, dont ceux de Borman et Brush (1993) et Yulk (1987). Ces modèles d'origine couvrent ainsi de nombreux postes et fonctions d'encadrement, observés dans des organisations de divers secteurs, et à des niveaux hiérarchiques différents. Les auteurs ont procédé à une première analyse de contenu en soumettant plus de 140 comportements managériaux à des membres de l'Academy du Management qui devaient les trier dans 47 dimensions préétablies.

À cinq autres groupes, ils donnèrent neuf titres de compétence. À chaque compétence correspondaient trois comportements qui étaient remis au hasard aux participants. Chaque participant avait donc 27 comportements à associer à chacune des neuf compétences. Cette approche leur a permis de proposer un modèle en 9 dimensions génériques avec 53 compétences managériales (par exemple « prise de décision, connaissance des problèmes, planification à court-terme, planification stratégique, motivation par la persuasion, prise d'initiative, compassion, coopération, etc »).

Modèle de Tett & al. (2000) en 9 compétences
Activités traditionnelles de la fonction
Compétences orientées vers la tâche
Compétences orientées vers les personnes
Fiabilité
Ouverture d'esprit
Contrôle émotionnel
Communication
Développement de soi et des autres
Sens aigu du travail

Tableau 1.4 Modèle de compétences managériales de Tett & al. (2000)

Burg et Jardillier (2001) ont proposé un inventaire de compétences d'après leur fréquentation quotidienne de managers. Cette liste recense une quinzaine d'activités majeures de management. Les compétences liées à ces activités y sont présentées en savoir, savoir-faire et savoir-être. Ainsi 130 compétences, hors compétences techniques, ont pu être dégagées. Les auteurs considèrent que ces compétences « non-techniques » de management s'apprennent pour la plupart (les savoirs et savoir-faire) et se travaillent pour toutes les autres (le savoir-être). Néanmoins cette liste ne se veut ni exhaustive, ni doctrinale, dans la mesure où elle ne résulte que d'observations, et non d'une analyse systématique.

Bartram (2005) présente quant à lui les résultats d'une méta-analyse à partir de 27 études de validité qui utilisent le concept « Great Eight Competencies », développé par Bartram (2002) lui-même. Ce modèle provient d'une analyse factorielle produite à partir de la collecte de scores de performances obtenus auprès de managers en situation de travail.

Modèle de Bartram (2005) en 8 compétences
Conduire et diriger
Supporter et coopérer
Interagir et se montrer présent
Analyser
Conceptualiser et créer
Organiser
S'adapter aux situations de stress
Entreprendre

Tableau 1.5 Modèle de compétences managériales de Bartram (2005)

La présentation de ces différentes recherches montre qu'il existe différentes méthodes pour créer un modèle de compétences. Les modèles, bien que peu éloignés les uns des autres, ne permettent pas pour autant de définir une conception univoque de l'activité managériale. On peut tout au plus en appréhender les aspects fondamentaux. Notons également que les éléments présentés dans ces modèles bien que dénommés sous le terme commun de « compétences » ne correspondent pas tous à la définition proposée plus avant. En effet, dans ces modèles, une compétence se formule indifféremment en termes de comportements, d'aptitudes, de traits de personnalité ou encore de valeurs. Mais l'ensemble de ces données n'est pas hiérarchisé pour favoriser la conception d'une interaction dynamique entre les caractéristiques psychologiques d'une part et les comportements d'autre part, et ce, en situation de travail. Les liens et l'organisation de ces différents éléments ne sont pas explicites. De fait, on a du mal à envisager concrètement ce que fait le manager quand on évoque, par exemple, la compétence générale « Communiquer ». Par quelles actions cela se traduit-il sur le terrain ? De la même manière, on ne sait pas ce qu'il mobilise en termes de caractéristiques individuelles.

Par ailleurs la notion de performance managériale est abordée à plusieurs reprises sans que l'on sache précisément à quoi elle fait référence. Quels sont les critères de performance choisis et comment les ont-ils été ?

La question de recherche sous-jacente est de savoir si on peut « importer » directement l'un ou l'autre de ces modèles de compétences, issus de la littérature scientifique, ou si l'on doit à chaque nouvelle situation de travail en construire un ad hoc ? Quels pourraient être les avantages et les inconvénients de l'une ou l'autre de ces démarches ?

Il s'agit de choisir une démarche « top down » ou « bottom up » telle que nous l'avons évoqué au début de ce chapitre en fonction des besoins pratiques mis en jeu. Dans ce cas, le choix se fait de manière pragmatique.

Ainsi, les différentes analyses du travail et les arguments qui ont présidé au choix de la démarche vont-t-ils être présentés, avant d'exposer la première étude de la thèse concernant l'analyse de la fonction managériale au sein de la DGES d'Air France.

II. Construction d'un modèle managérial « bottom-up »

1 - Les différentes analyses du travail

Rappelons que la mise en place de tout dispositif d'intervention en entreprise dont le but serait de développer les compétences des personnes nécessite de disposer d'un référentiel, en l'occurrence d'un modèle de compétences managériales. En effet, comment évaluer ou développer des compétences sans savoir de façon très précise quelles sont celles qui sont liées à la bonne tenue de ces postes d'encadrement ?
Tous les auteurs rappellent que l'analyse du travail doit être la première étape dans la mise en œuvre d'une sélection professionnelle (citons par exemple Algera et Greuter, 1998). Il en est de même dans le cadre de l'approche compétences. Zarifian (2004) explique, par exemple, qu'après avoir défini ce que l'entreprise entend par « compétence », il faut procéder à une analyse des situations de travail et en inférer les compétences effectivement mobilisées ou mobilisables.

Une fois rappelée la nécessité d'un modèle de compétences, il reste à choisir parmi trois possibilités :
- utiliser un modèle de compétences managériales de la littérature
- adapter un modèle de compétences managériales de la littérature au contexte de l'entreprise
- ou développer un modèle de compétences managériales spécifique à l'entreprise.

On pourrait être tenté de s'appuyer sur l'un des modèles de compétences disponibles (Boyatzis, 1982 ; Yulk, 1987 ; Borman et Brush, 1993 ; Tett & al, 2000 ; Burg et Jardillier, 2001 ; Bartram, 2005) et supposer que celles à développer chez les managers de l'entreprise correspondent à celles de l'une de ces taxonomies. Mais cela reviendrait à laisser de côté les particularités de l'entreprise qui sont susceptibles de moduler l'activité managériale. Rappelons en effet, qu'une compétence est toujours liée à un contexte spécifique.

En outre, elle ne se développe qu'en situation. Il est donc probable que les caractéristiques de l'entreprise (spécificités de l'activité, des populations, des contextes de travail, de la culture d'entreprise, de son histoire, etc) auront un impact sur les compétences indispensables aux managers pour qu'ils exercent leur activité au sein de l'entreprise. Il convient donc, à minima, d'adapter un modèle de la littérature au contexte de l'entreprise ou bien d'en développer un ad hoc. Cette dernière option a été retenue dans le cadre de cette thèse et ceci pour plusieurs raisons.

Selon Rogard (2004), l'application ou l'adaptation d'un modèle préexistant ne permet pas de prendre en compte la manière dont l'activité se structure dans l'organisation. On y oublie les aspects contextuels et organisationnels.

Or la volonté de l'entreprise Air France est d'utiliser une méthode systématique, qui permette de produire un outil fiable, c'est-à-dire un référentiel de compétences qui traduise parfaitement la réalité des postes étudiés. De plus, il faut que le référentiel puisse faire appel à une terminologie locale. En effet, la DRH dans les entreprises est souvent vue comme une organisation trop éloignée des préoccupations du terrain qui utilise un jargon qui ne correspond pas à la réalité des personnels. Pour qu'ils puissent s'approprier et utiliser le référentiel de compétences, il est indispensable que ce dernier reflète bien la réalité du terrain. Avant de présenter son modèle de l'activité managériale, Mintzberg (1984) écrivait d'ailleurs : « *Il faut dire clairement dès le départ que la conception des rôles du manager, présentée dans ce chapitre, est l'une des nombreuses possibles. Identifier des rôles est essentiellement un processus de rangement en catégories distinctes, une répartition dans une certaine mesure arbitraire des activités du manager en groupes d'affinités. Le résultat final doit être jugé en fonction de son utilité.* »

Le modèle doit donc être utile à l'entreprise et répondre à ses objectifs. Dans le cas présent, il doit se présenter en termes de comportements, afin que tous les salariés puissent se l'approprier, et que des dispositifs de développement des compétences puissent être mis en place sur sa base. L'avantage est d'obtenir un référentiel le plus proche possible des réalités. Néanmoins d'un point de vue conceptuel, il s'agira de vérifier que ce modèle ne s'éloigne pas trop des connaissances que l'on peut avoir sur le management. En effet, un modèle trop spécifique ou incohérent avec les données de la littérature devrait nous interpeller. En partant donc d'un cas particulier, d'une situation de travail spécifique, on peut définir concrètement le contenu de chaque compétence en termes de comportements observables. Il s'agira ensuite de poser la question de la généralisation du modèle.

A l'inverse, les modèles disponibles dans la littérature sont susceptibles d'être généralisés à toutes les populations, à toutes les entreprises, à tous les secteurs d'activité. Ils doivent donc nécessairement s'éloigner des spécificités des contextes pour se situer à un niveau plus général. Ce niveau ne correspond pas directement aux besoins de l'entreprise. En effet, il ne permet pas de construire les outils d'accompagnement RH demandés.

Pour réaliser une analyse de la fonction de manager et construire le modèle managérial de la DGES, une question d'ordre méthodologique s'est imposée à ce moment de l'étude. Nous devions choisir une approche d'analyse du travail.

D'après Barabel (2006, p. 498), sept principales méthodes d'analyse du travail peuvent être classées en trois familles.

1- Les méthodes d'observation directes effectuées par les managers eux-mêmes :
Méthode dite de l'agenda ou du journal, (Carlson, 1951 ; Burns 1957 ; Copeman 1963 ; Dubin et Spray 1964 : Horne et Lupton, 1965 ; Stewart, 1967)

2- Les méthodes d'observation indirectes réalisées par le chercheur ou le dirigeant lui-même :
Questionnaires, (Hemphill 1959 ; Pheysey 197 ; Morse et Wagner 1978 ; Alexander 1979 ; Mc Call et Segrist 1980 ; Pavett et Lau 1980,1983 ; Fondas 1992)
Entretien, (Delpeuch et Lauvergeon, 1986, 1988 ; Stewart, 1982)
Expérience personnelle du dirigeant (auto-observation), (Houghton, 1991)

3- Les méthodes d'observation directes réalisées par le chercheur :
Observation non structurée, (Drucker 1954 ; Dalton 1959 ; Luijk 1963 ; Sayles 1964, 1979 ; Wrapp 1967 ; Kotter 1982)
Observation structurée, (Guest 1956 ; Mintzberg 1973, 1984, 2007; Stewart 1982 ; Kurke et Aldrich 1983 ; Martinko et Gartner 1985)
Observation d'un échantillon d'activités/incidents critiques, (Flanagan 1954 ; Kay 1959 ; Mahoney, Jerdee et Caroll 1963, 1965 ; Luthans, Rosenkrantz et Hennessey 1989 ; Hannaway 1989).

Ces différentes méthodes ne sont pas équivalentes et se distinguent sur plusieurs aspects. Le choix de l'une d'elles orientera l'analyse du poste sur un critère ou un niveau d'analyse particulier. En effet, l'analyse du travail n'est pas une simple description du poste. C'est la procédure par laquelle des informations sont systématiquement obtenues sur les activités de travail et sur les caractéristiques individuelles nécessaires à la performance.

Cette notion est à distinguer de celle de description de poste, qui consiste en l'énoncé des tâches, des responsabilités et des conditions de travail (Fleishman & Quaintance, 1984).

Ce qui intéresse le psychologue du travail est moins l'étude de la tâche et de l'impact de l'activité humaine sur celle-ci, ce qui relève d'une approche ergonomique, que celle des compétences mises en œuvre pour l'effectuer. Elle permet de dégager les critères et les prédicteurs de la réussite professionnelle. Les « critères » sont les éléments qui définissent la réussite professionnelle et les « prédicteurs » sont les éléments d'évaluation sur lesquels on s'appuie pour faire cette prédiction. Connaissant le profil du poste c'est à dire les tâches à effectuer, les conditions de travail, les moyens fournis, on en déduit ce qui est attendu du candidat en termes de compétences et de caractéristiques humaines, c'est-à-dire, ce que l'individu doit activer pour être performant. Enfin, nous devrons vérifier que les prédicteurs utilisés sont valides pour identifier les bons candidats.

Les méthodes d'analyse de poste sont nombreuses. Des recherches en ayant comparé plusieurs ont montré qu'aucune n'était meilleure que d'autres (par exemple, Levine, Bennett et Ash, 1979 ; Levine, Ash et Bennett, 1980). Le choix d'une méthode d'analyse du travail ne doit donc être guidé que par son adéquation aux contraintes du contexte d'utilisation. La méthode choisie doit répondre aux objectifs fixés et en même temps correspondre aux moyens disponibles en termes de temps, de coût, de moyens, etc. Compte tenu de nos exigences (proximité avec la réalité du terrain, implication des managers dans le processus, définition de comportements observables, démarches de recueil et d'analyse systématique) et de la conception qui est la notre de ce qu'est une compétence, nous avons choisi la méthode des Incidents Critiques de Flanagan (TIC, Flanagan, 1954, Bownas et Bernardin, 1983).

2 - Le choix de la méthodologie

La Technique des Incidents Critiques (TIC) de Flanagan (1954)

Par « incident », Flanagan (1954, p. 166) entend *« toute activité humaine observable qui est suffisamment complète en elle-même pour qu'on puisse faire à partir d'elle des inductions et des prévisions sur l'individu qui accomplit l'action »*. Par « critique », il désigne *« un incident qui doit se produire dans une situation où l'intention de l'action paraît suffisamment claire pour l'observateur et où les conséquences de l'action sont assez évidentes »*.

Dans l'exposé de sa méthode, Flanagan (1954) ne parle pas de compétences, mais on peut facilement faire le lien entre sa définition des Incidents Critiques (IC) et celles de la notion de compétence. En effet, la TIC permet de relever des comportements observables, positifs ou négatifs, en situation de travail orientés vers un but pour atteindre une certaine performance. Les principales notions clés de la compétence se retrouvent donc dans cette approche : l'aspect comportemental, l'importance du contexte et de la situation de travail et le lien avec l'efficacité c'est à dire la performance. La TIC permet de rassembler des observations des comportements qui se sont révélés particulièrement efficaces ou inefficaces, directement auprès d'experts du poste. Le recueil d'un large échantillon d'IC définit l'activité.

Selon Algera et Greuter (1998), après que les IC aient été récoltés (généralement plusieurs centaines par poste) il s'agit de les regrouper en plusieurs catégories, dont le nombre est généralement compris entre 10 et 20. Cette étape de classement sollicite des experts du domaine qui regrouperont ensemble les IC qui semblent relever d'une même dimension de l'activité. Chacune d'elles constitue une Exigence Critique (EC) du poste. L'EC peut se définir comme une dimension liée à la performance dans le poste regroupant différents IC sollicitant le même type de comportements. Ces catégories établies par les personnes en poste elles-mêmes ou par des observateurs experts du poste constituent le point de départ de l'analyse des caractéristiques humaines mobilisées pour le poste. Chaque compétence est ainsi définie et correspond à des exemples de comportements observables positifs et négatifs, ce qui permettra d'obtenir les indicateurs de réussite en situation professionnelle. On part d'une situation donnée pour observer les comportements, en cela la méthode répond à une démarche « bottum-up », telle qu'elle est présentée par Loarer (2004).

Cette technique est donc tout à fait adaptée à la démarche entreprise dans cette recherche. L'inconvénient est qu'elle ne permet pas d'accéder aux caractéristiques psychologiques individuelles, ce qui manquera pour présenter un modèle de compétences complet. Par ailleurs, la question de la validité du modèle se pose. En effet, la taxonomie des IC exige le classement à partir d'un corpus d'IC qui dépend de la subjectivité de ceux qui les rapportent. Les différentes étapes de la récolte puis de la retranscription comportent également des biais qui peuvent, au fur et à mesure, déformer l'information. Ainsi, malgré tous les soins apportés aux différentes étapes du traitement les IC retenus ne sont pas tous aussi clairement formulés. En faisant appel au souvenir des participants, on fait émerger les IC les plus saillants, les plus extrêmes positivement ou négativement. C'est en cela qu'ils sont véritablement « critiques ». En revanche, on ne contrôle par l'interprétation ou la déformation du souvenir.

Par ailleurs, les IC ne sont pas tous de même qualité, ni tous aussi précis dans leur formulation. Il est envisageable qu'un IC nécessite la mobilisation de plusieurs compétences car une situation peut amener à l'apparition de plusieurs comportements. L'effort de catégorisation est alors vain puisque cela joue bien entendu sur le classement des IC dans les EC par la suite. Ceci peut expliquer pourquoi certains IC se retrouvent dans plusieurs EC différentes : dans ce cas l'énoncé imprécis de l'IC invite à une interprétation différente en fonction de celui qui le traite.

Enfin, le travail de taxonomie est difficile à standardiser. Ce dernier dépend de l'hypothèse et de la stratégie de classification choisie par l'intervenant au départ et de sa capacité à s'y tenir. Ainsi, doit-on toujours se demander :
- est-ce que le sujet a bien compris les consignes,
- est-ce qu'il conserve la même stratégie de classement tout au long de l'exercice,
- est-ce que les différentes classes sont traitées de manière équivalente puisque certaines EC plus claires pour le sujet peuvent devenir plus prégnantes et ainsi plus facilement mobilisables ?

Enfin le grand nombre d'IC à traiter peut entraîner une certaine lassitude et inviter le sujet à se démobiliser ce qui aura un impact sur la rigueur de son classement.

Malgré cela, un atout majeur de cette méthode est qu'elle est pragmatique. Elle ne suppose pas de modèle théorique à priori, mais part de l'observation des pratiques professionnelles. Le modèle dégagé ne sera ainsi pas biaisé par une conception *pré-établie* de ce que sont les compétences managériales. Cela répond bien à l'objectif d'établir un modèle de compétences propre à l'entreprise, afin d'en refléter toutes les particularités.

La TIC permet aussi d'obtenir une taxonomie claire à plusieurs niveaux. Le niveau le plus élevé est celui de la compétence exigée (ou EC) ; le niveau le plus bas est celui des comportements positifs et négatifs qui constituent ces compétences. Ainsi, aboutissons-nous à un modèle hiérarchique qui part du plus petit item, le comportement, et progresse jusqu'au regroupement de ces derniers en famille de pratiques managériales, pouvant elles-mêmes être regroupées en compétences à un niveau macro.

III. Une modélisation des compétences managériales sur la population d'AMDE (Buet, 2005)[15]

Une première étude concernant les managers de proximité à la DEGS a été effectuée au sein d'Air France en 2006. Elle avait pour objectif de définir les compétences de cette population suite aux résultats des analyses sociologiques de Traodec (2004). La méthodologie de l'étude ainsi que les principaux résultats sont présentés ci-dessous. Ils ont contribué à l'analyse des compétences des managers effectuée dans le cadre de la thèse sur l'ensemble de la ligne managériale de la direction.

1 - Pré-analyse sur les escales de province

Avant de débuter son analyse du travail, Buet (2005) a réalisé une pré-enquête auprès des douze escales de province dans le cadre d'un travail de recherche en collaboration avec l'Université Paris Descartes. Dans les fiches de postes des AMDE[16], les activités décrites sont l'encadrement de l'équipe, le traitement de l'activité opérationnelle et le traitement de l'information. Un référentiel de compétences présente les connaissances, les aptitudes, les savoir-faire et les qualités managériales requises pour le poste. Notons que l'historique de carrière des AMDE diffère selon la compagnie d'origine avant la fusion. A Air France, « le chef de groupe » passait un concours, alors qu'à Air Inter il devenait « superviseur » sur proposition hiérarchique. La dimension managériale semble poser des difficultés croissantes. Certains occultent cet aspect au profit de la technicité et des procédures. D'autres en comprennent la nécessité mais se trouvent démunis quant aux outils permettant de les aider.

Buet (2005) a construit un questionnaire permettant de confronter la description du poste avec les pratiques de terrain d'une part et le point de vue des chefs d'escale sur leur population d'AMDE d'autre part. Les réponses au questionnaire[17] permettent d'obtenir certains éléments éclairant pour la suite de l'analyse du travail. Douze chefs d'escale ont répondu.
Notons quelques points marquants parmi ces résultats[18].
Les éléments les plus stratégiques ne sont pas forcément ceux auxquels l'AMDE consacre le plus de temps. En effet, l'encadrement des équipes arrive en première position en termes d'importance stratégique et ce pour l'ensemble des escales.

---

[15] Annexes 4 *Résumé de l'étude de Buet (2005)*
[16] Annexes 4 *Analyse de la documentation-Guide filière*
[17] Annexes 4 *Questionnaire destiné aux chefs d'escale et Synthèse des réponses au questionnaire*
[18] Les statistiques ont été établies à un niveau d'analyse descriptif

L'analyse et la transmission d'informations puis la supervision des opérations et le traitement des irrégularités viennent en second. Mais, la supervision des opérations apparaît être clairement la situation qui accapare la plus grande partie du temps des AMDE (40% des réponses). Ce point de vue est partagé par l'ensemble des chefs d'escale. Ce qui diverge, c'est le temps passé à encadrer les équipes. Pour certains chefs d'escale, le temps consacré varie entre 30 à 50% alors que pour d'autres cela ne représente que 10 à 20%. On voit ici apparaître une première divergence sur ce que fait l'AMDE en fonction des escales.

Il apparaît, par ailleurs, que les chefs d'escale sont globalement satisfaits de la manière dont leurs AMDE traitent les irrégularités (retard, insatisfaction des clients, problèmes techniques..). En revanche, la manière dont ils encadrent les équipes pose les plus grandes difficultés.

En résumé, il ressort de ces premiers questionnements une problématique autour du *rôle managérial* de l'AMDE. C'est un élément stratégique de sa mission mais il n'y passe apparemment pas le temps le plus important et y rencontrent le plus de difficultés.
Comment se définit ce rôle managérial ? Quelles compétences l'AMDE doit-il mobiliser pour le mettre en œuvre ? Comment l'organisation lui permet-elle de l'exercer ?

2 - La modélisation des compétences pour la population des AMDE

Pour répondre aux questions posées, une analyse du travail par la TIC a été réalisée par Buet (2005). Un échantillon de 63 cadres a été interrogé sur les 12 escales de province[19]. La phase de collecte des IC a été réalisée par deux analystes formés à la méthodologie des IC[20]. Au total, 456 IC ont été récoltés. La phase de classement des IC s'est inspirée de la méthode de Carpenter (2000) qui définit le procédé comme consistant à répartir les IC en classes définies et dénommées qu'on nommera les Exigences Critiques (EC). Elle a mobilisé 17 experts qui ont travaillé à partir d'un corpus d'IC et selon des consignes standardisées. Chaque expert a pu classer les IC en autant de catégories qu'il le souhaitait. Il devait ensuite les nommer et les définir précisément.
Après qu'une première liste d'EC ait été mise à l'épreuve[21] une seconde liste d'EC[22] a été établie.

---

[19] Annexes 4 *Présentation des sujets de l'étude*
[20] Annexes 4 *Consignes lors de l'entretien-Planche de recueil des IC-Cartes de recueil des IC*
[21] Annexes 4 *Mise à l'épreuve de la première liste d'exigences critiques du poste*
[22] Annexes 4 *Seconde liste d'exigences critiques du poste*

À l'issue du processus de catégorisation des IC, un référentiel de compétences a été développé qui se présente de la façon suivante :

- 6 compétences : compréhension de son rôle, positionnement hiérarchique, compétences relationnelles, compétences managériales, capacités cognitives, et savoirs requis. Ces six notions ne renvoient pas toutes, à proprement parlé, à des compétences très précises. En revanche les exigences critiques qui les composent, sont directement issues de comportements observés en situation de travail. Ce sont elles qui ont une valeur ajoutée dans la construction des outils RH qui suivra.
- 22 Exigences Critiques : elles constituent le socle du modèle. La définition de chacune d'elles provient directement des Incidents Critiques qui la composent. Elles sont un résumé des centaines d'IC récoltés. Pour chaque EC, il existe des indicateurs, rédigés sous forme de comportements observables de ce qui correspond à un travail efficace (indicateurs positifs) ou inefficace (indicateurs négatifs) sur le poste pour un AMDE.
- 420 Incidents Critiques : comportements observés sur le poste d'AMDE et rapportés par les experts.

Avec cette première analyse, une démarche « bottom-up » a été menée pour décrire les compétences des managers de proximité. Cependant, elle se limite à l'étude des fonctions de managers de proximité. Or, la DGES compte une population plus étendue de managers qui se répartie selon plusieurs variables au sein de la direction. En effet, quatre niveaux de management s'y côtoient du manager de proximité qui manage les agents jusqu'au « Top Management », en passant par deux niveaux de management intermédiaires : le Chef de Service (CS) qui manage les AMDE et le Chef de Pôle (CP) qui manage les CS[23]. Le management s'exerce sur deux activités distinctes le Pôle Avion ou le Pôle Client. Les managers peuvent être affectés à trois secteurs géographiques différents : l'aéroport de Roissy-CDG, d'Orly ou sur les Escales de Province. Ainsi, d'autres questions restent-elles à investir pour bien appréhender la fonction managériale au sein de la DGES. Les études sociologiques (Troadec, 2004, Vaysse, 2007) nous ont appris, par ailleurs, que la représentation du rôle de manager n'est pas univoque au sein de cette direction. Les pratiques managériales ne sont pas homogènes et peuvent même parfois s'opposer (Vaysse, 2007). De fait, il apparaît intéressant de questionner la dynamique des relations et des représentations entre les différents niveaux de management.

---

[23] Annexes 5 *Fiche de poste des Chefs de Pôle-Fiche de poste des Chefs de Service-Fiche de poste des AMDE*

De plus, certains aspects méthodologiques dans l'application de la TIC peuvent être discutés. En effet, l'effort de taxonomie proposé par Buet (2005) s'appuie sur une approche exclusivement subjective. Les classements ont été effectués par des experts, ce qui représente la démarche la plus classique (Flanagan, 1954 ; Bownas et Bernardin, 1983) mais leur agrégation aussi. Or il existe des techniques d'analyse factorielle (Bownas et Bernardin, 1983 ; Borman et Brush, 1993) qui permettent de réduire la subjectivité à cette étape de l'analyse des IC. La procédure statistique apparaît comme une alternative à une analyse de contenu plus subjective. Le principe consiste à obtenir le classement d'un même groupe d'IC par un nombre important d'experts. On constitue dès lors une matrice constituée de tous les croisements possibles entre les IC. Pour chacun d'eux, on indique la fréquence selon laquelle deux IC ont été classés ensemble par les différents experts. La matrice ainsi constituée fait l'objet d'une analyse factorielle, telle l'Analyse des Correspondances Multiples. Cette dernière permet d'identifier un certain nombre de facteurs. Ces facteurs contiennent les IC qui ont été fréquemment et significativement classés ensemble par les experts. Ils peuvent être analysés comme un assortiment cohérent de comportements que l'on peut ensuite dénommer puis définir en les interprétant à l'aide d'une analyse de contenu. Dans cette démarche, le choix du nombre de dimensions dans le modèle final de compétences ainsi que le contenu est largement guidé par l'analyse statistique. Ce qui devrait minimiser les effets de la subjectivité, même si elle ne l'annule pas complètement et favoriser la construction d'un modèle plus valide en termes de structure.

En partant de ce principe, une première recherche a porté sur l'analyse de l'activité de la fonction managériale à la DGES.

IV. L'analyse de la fonction managériale à la DGES d'Air France
RECHERCHE N°1

1 – Objectif

L'objectif de cette première recherche est de construire un modèle de compétences pour les managers de la DGES en prenant en compte :
- les variables qui les caractérisent
- les interactions et la dynamique des relations entre les différents niveaux de management.

2 – Hypothèses

Hypothèse N°1 : Il existe des liens entre les compétences mobilisées et les différentes modalités des variables caractérisant les managers.

Trois variables ont été identifiées.[24]

La première variable concerne le *Niveau de management* et se décline en trois modalités. Le premier niveau de management concerne les managers de proximité, appelés AMDE ; ces derniers sont encadrés par des Chefs des Service (CS), eux-mêmes managés par des Chefs de Pôle (CP).

La seconde variable concerne le *Secteur géographique* et se décline en trois modalités. Le premier secteur est l'aéroport de Roissy-CDG (appelé Hub[25]); le second est l'aéroport d'Orly (Orly) et le troisième correspond aux douze escales de province (DEF).

La troisième variable correspond au *Pôle d'activités* et se décline en deux modalités. La première correspond au « pôle Avion » qui regroupe toutes les activités techniques autour des appareils et les opérations de coordination des vols. La seconde modalité fait référence au « pôle Client » qui regroupe toutes les activités d'accueil des clients, de l'enregistrement en aérogare jusqu'à l'embarquement.

---

[24] Annexes 5 *Organigramme type d'une escale*
[25] « Hub » est un terme anglais qui désigne une plate-forme de correspondance. Il est couramment utilisé dans l'entreprise Air France pour parler de l'aéroport de Roissy-CDG.

Variables étudiées	Modalités des variables
Niveau de management	AMDE
	CS
	CP
Secteur géographique	Hub
	Orly
	DEF
Pôle d'activités	Avion
	Client

Tableau 1.6 des variables étudiées dans la recherche N°1 avec leurs modalités

Hypothèse N°2 :

Pour un niveau de management donné et pour chacune des compétences, il existe un lien entre les représentations des collaborateurs (N-1) et celles des managers (N+1).

Il s'agit d'interroger les interactions qu'il peut y avoir entre les représentations des différents niveaux hiérarchiques. Deux points de vue différents sur ce qui rend un comportement managérial efficace ou inefficace sont à analyser : *un point de vue ascendant* qui est celui des personnes managées (N-1) ; *un point de vue descendant* qui est celui des managers. Suite aux études sociologiques (Troadec, 2004 et Vaysse, 2007), l'hypothèse est que les CS rapportent davantage d'IC négatifs que positifs concernant les AMDE.

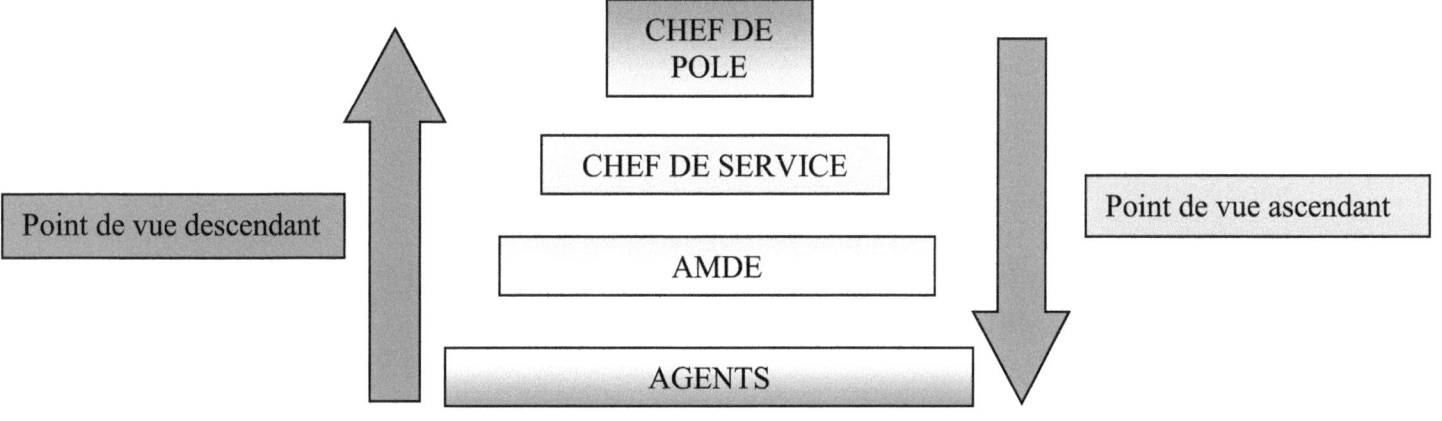

Schéma 1.7 d'organisation des différents niveaux hiérarchiques des managers et point de vue interrogé par la recherche

3 - Description de la population parente

Afin de construire un échantillon représentatif des managers, la population parente a été décrite à partir des trois variables considérées dans la présente recherche. Le tableau suivant présente les effectifs des managers de la DGES en fonction de ces variables.

	AMDE			CS			CP			Total
	HUB	ORY	DEF	HUB	ORY	DEF	HUB	ORY	DEF	
Avion	67	31	73	18	3	16	6	3	4	221
Client	184	57	93	23	5	16	6	2	4	390
Total	251	88	166	41	8	32	12	5	8	**611**
	505			**81**			**25**			**611**

Tableau 1.8 d'effectifs des différentes catégories des managers opérationnels de la DGES

Les AMDE, au nombre de 505, peuvent encadrer des équipes de 10 à 50 agents et techniciens. Leur manager, les 81 Chefs de Service (CS), représente le niveau de management intermédiaire. Ce sont des cadres qui gèrent des équipes de 10 à 500 personnes (agents, techniciens, AMDE). Les 25 Chefs de Pôle (CP) correspondent à un troisième niveau de management. Ce sont des cadres supérieurs qui gèrent de 50 à 700 personnes (agents, techniciens, AMDE, cadres).

Par ailleurs pour cette recherche, le point de vue de tous les niveaux de managés a été étudié. Ainsi, la population des agents d'exécution managés par les AMDE a été prise en compte pour les interviews.

Le tableau suivant présente les effectifs des agents en fonction des variables Secteur géographique et Pôle d'activités.

	AGENTS			Total
	HUB	ORLY	DEF	
AVION	1969	657	1474	4100
CLIENT	4823	1176	2241	8240
Total	6792	1833	3715	**12340**

Tableau 1.9 d'effectifs des agents opérationnels de la DGES

4 – Échantillon représentatif

La répartition des salariés sur les différents niveaux hiérarchiques suit une structure pyramidale classique, ce qui a rendu difficile l'échantillonnage des sujets. On passe en effet de plus de 12000 agents à 25 CP. De fait, il n'a pas été possible de respecter la proportionnalité des différentes catégories dans l'échantillonnage des experts pour la recherche.

Pour choisir le nombre d'entretiens à réaliser, les points de vue ascendants et descendants ont été considérés comme tout aussi intéressant les uns que les autres. Il a donc été décidé de mener le même nombre d'entretiens ascendants et descendants pour chaque niveau hiérarchique de management (par exemple : à propos des AMDE, nous avons interrogé autant d'agents que de CS). C'est l'effectif le plus bas, celui des CP (25) qui a donc déterminé le nombre d'entretiens de chaque type qui devaient être réalisés. Cependant, pour des raisons de confidentialité, la conduite des entretiens ascendants et descendants a été possible pour les AMDE et les CS, mais pas pour les CP. Seul le point de vue ascendant a été considéré pour cette population de managers. A propos des AMDE, 25 entretiens avec des agents et 25 entretiens avec des CS devaient donc, théoriquement, être menés ; il en a été de même, à propos des CS, avec 25 entretiens à recueillir auprès des AMDE et 25 entretiens auprès des CP ; et aussi, à propos des CP, avec 25 entretiens à effectuer auprès des CS. La répartition des entretiens sur les différents pôles et escales a été échantillonnée en fonction des effectifs réels. Ainsi, davantage d'entretiens ont eu lieu au Hub et au Pôle client, respectant ainsi la répartition réelle du personnel à la DGES.

Le nombre d'entretiens qui devait être réalisé en fonction des différents *Niveau de management (AMDE, CS, CP)*, du *Secteur géographique (Hub, Orly, DEF)*, du *Pôle d'activités (Avion, Client)* et du *Point de vue (N+1, N-1)* est présenté dans le tableau suivant.

Interviewés	Pôle d'activités	Secteur géographique			Total
		Hub	Orly	DEF	
CP sur CS	Avion	6	3	4	25
	Client	6	2	4	
CS sur CP	Avion	6	1	4	25
	Client	7	2	5	
CS sur AMDE	Avion	6	1	5	25
	Client	7	1	5	
AMDE sur CS	Avion	3	1	4	25
	Client	9	3	5	
Agents sur AMDE	Avion	4	1	3	25
	Client	10	2	5	
Total		64	17	44	**125**

Tableau 1.10 - Nombre d'entretiens prévus en fonction des variables

5 - La méthode

a) Le recueil des données

La méthode des Incidents Critiques (IC) de Flanagan (1954) a été choisie pour analyser la fonction managériale dans cette recherche.

Des entretiens semi-directifs et structurés ont été construits pour recueillir les IC.[26]

Les personnes interviewées devaient rappeler des comportements managériaux précis. Ces derniers devaient correspondre à des faits directement observés chez leur manager ou leur collaborateur. Ils devaient être identifiés par l'interviewé comme particulièrement efficaces ou inefficaces. En effet, l'action observée devait clairement avoir eu un impact positif ou négatif sur l'équipe encadrée par ce manager. Chaque entretien a été retranscrit sur une fiche contenant le numéro de l'IC, les variables considérées, la situation, le comportement managérial associé et la conséquence de l'action[27].

Le tableau ci-dessous indique le nombre d'entretiens réalisés, par rapport aux nombres d'entretiens théoriques, en fonction des différents *Niveaux de management (AMDE, CS, CP)*, du *Secteur géographique (Hub, Orly, DEF)*, du *Pôle d'activités (Avion, Client)* et du *Point de vue (N+1, N-1)*.

---

[26] Annexes 5 *Trame de l'entretien de recueil d'IC*
[27] Annexes 5 *Fiche de recueil des IC*

Sur les 125 entretiens prévus, 115 ont été réalisés. La décision d'arrêter les entretiens a été prise lorsque les IC recueillis sont devenus redondants.

Interviewés	Pôle d'activités	Secteur géographique			Total
		Hub	Orly	DEF	
CP sur CS	Avion	5/6	3/3	3/4	24/25
	Client	6/6	2/2	5/4	
CS sur CP	Avion	5/6	1/1	4/4	23/25
	Client	6/7	3/2	4/5	
CS sur AMDE	Avion	6/6	1/1	4/5	22/25
	Client	5/7	1/1	5/5	
AMDE sur CS	Avion	1/3	1/1	2/4	23/25
	Client	9/9	1/3	9/5	
Agents sur AMDE	Avion	5/4	1/1	1/3	23/25
	Client	10/10	2/2	4/5	
	Total	58/64	16/17	41/44	**115/125**

Tableau 1.11 - Nombre d'entretiens réalisés par rapport au nombre d'entretiens théoriques, en fonction des variables

Globalement, 591 IC ont été récoltés[28]. Les sujets interrogés ont rappelé en moyenne 8 IC par entretien.

Le tableau ci-après présente le nombre d'IC recueillis en fonction des variables de la recherche *Niveau de management (AMDE, CS, CP), Point de vue (N+1, N-1)* ainsi que la *Valence de l'IC (Négatif ou Positif)*.

---

[28] Annexes 5 *Exemples d'IC recueillis*

		IC		Total
		Négatifs	Positifs	
IC sur AMDE	venant de n-1	68	72	140
	venant de n+1	68	39	107
	venant de n	2	3	5
	sous total AMDE	*138*	*114*	*252*
IC sur CS	venant de n-1	56	56	112
	venant de n+1	32	62	94
	venant de n	2	14	16
	sous total CS	*90*	*132*	*222*
IC sur CP	venant de n-1	50	53	103
	venant de n	2	12	14
	sous total CP	*52*	*65*	*117*
	Total	**280**	**311**	**591**

Tableau 1.12 - Effectifs complets des IC recueillis en fonction de leur Valence (Positifs ou Négatifs), du Niveau de management (AMDE, CS, CP) et du Point de vue (N+1, N-1).

b) Le classement des IC

Une séance « test » de classement des IC a été menée avec des membres de l'équipe de recherche (la Responsable du développement managériale à Air France et deux stagiaires en Master 2 de psychologie du travail) pour déterminer la méthodologie à adopter. Cette séance de travail a montré qu'il était difficile de traiter plus de 250 IC en une seule fois. Il a été décidé de ne pas faire travailler les experts sur la totalité des 591 IC. Après l'analyse qualitative des IC, 91 ont été rejetés dans la mesure où ils pouvaient paraître redondants à ce stade de la recherche. Deux échantillons de 250 IC ont été construits, en veillant à ce que ces échantillons soient représentatifs de toutes les variables prises en compte (Valence de l'IC, Niveau hiérarchique, Secteur géographique, Point de vue, Pôle d'activités).

Pour le classement, 21 experts, issus du « top-management » de la DGES, ont été sollicités. Un groupe de 12 « top-managers » (GP1) a classé le premier échantillon de 250 IC, et un second groupe de 9 « top-managers » (GP2) a classé le deuxième échantillon de 250 IC.
Chaque expert recevait un paquet de 250 IC distribué en deux temps[29] :
- deux séries de 50 IC leur étaient d'abord distribuées successivement mais avec les mêmes consignes. Peu d'IC ont d'abord été donnés aux experts pour faciliter le tri et permettre l'émergence des catégories. Les mêmes IC étaient présentés à tous les

---

[29] Annexes 5 *Consignes des séances de classification des IC par les experts*

experts et dans le même ordre. Les experts avaient pour consigne de lire les IC, de créer des catégories et de classer les IC dans l'une d'elles. Ils devaient ensuite proposer une définition ;

- puis les 150 autres IC leur étaient présentés (mélangés au hasard, dans un ordre différent pour chaque expert) pour qu'ils les classent plus rapidement dans les catégories déjà créées à l'issue du classement précédent. Il leur était alors précisé qu'ils pouvaient modifier leurs catégories s'ils le souhaitaient, en créer de nouvelles, les subdiviser, etc.

Pendant les groupes de travail, force est de constater qu'en laissant les experts libres dans le choix de la logique de classification, certains créaient des taxonomies qui ne permettraient pas de résumer les IC en plusieurs répertoires de comportements : deux d'entre eux se sont contentés de séparer les IC positifs des IC négatifs, et un autre a séparé les comportements qu'il jugeait comme « normaux » de ceux qu'il considérait comme reflétant un très bon manager. Les classements de ces trois experts ont donc été supprimés des analyses ultérieures. Les 18 experts retenus ont créé en moyenne 7 catégories (min=4, max=9, ety=1,3).

c) L'analyse statistique des classements

Selon la méthode proposée par Bownas et Bernardin (1983) une matrice de similarité entre les IC a été construite pour chacun des classements des experts. Dix-huit matrices ont donc été constituées dont on peut voir un aperçu ci-dessous.

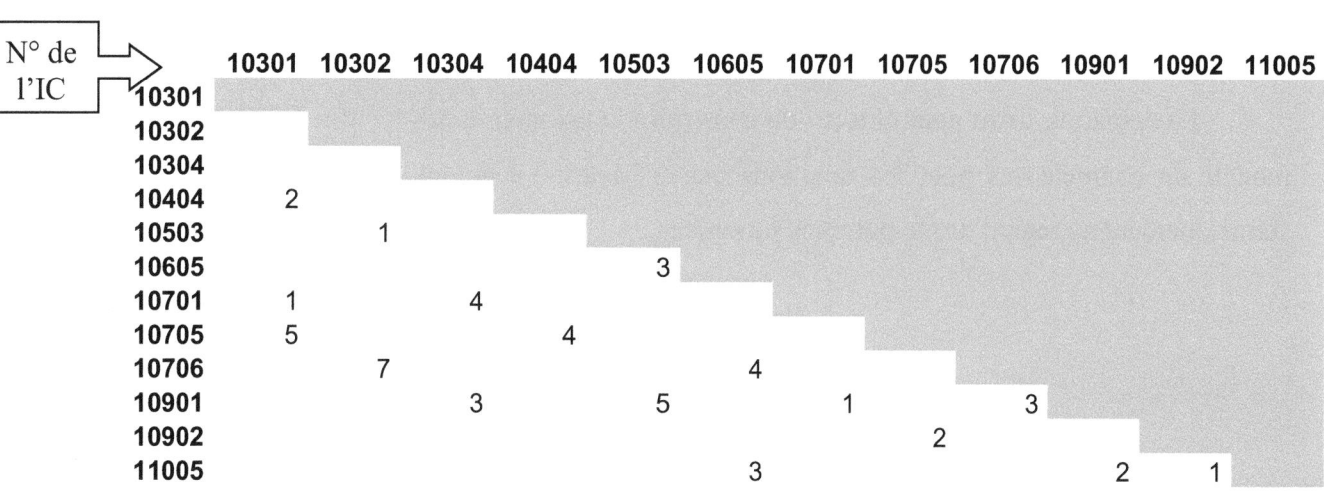

Tableau 1.13 - Aperçu de la matrice de similarité des 250X250 IC pour groupe d'experts donné

Ce tableau présente un aperçu de la façon dont les classifications des experts ont été saisies. Il présente en lignes et en colonnes les numéros des 250 IC classés par les experts (tableau symétrique) dans un groupe. Pour 2 IC classés dans la même catégorie par l'expert, un « 1 » a été inscrit à l'intersection de la ligne et de la colonne de ces 2 IC. Les tableaux des 9 experts de chaque groupe ont ensuite été sommés (superposés) pour aboutir à un tableau d'effectifs indiquant, pour chaque couple d'IC, le nombre d'experts ayant classé ces deux IC dans la même catégorie. Deux matrices d'effectifs, une pour GP1 et une pour GP2, ont ainsi été constituées.

Ces deux matrices ont été respectivement soumises à une Analyse des Correspondances Multiples (ACM) en l'occurrence. Ces analyses permettent de dégager des dimensions d'IC proches du point de vue de leur classement. Il s'agira ensuite d'analyser ces facteurs pour comprendre la structure des classements. Pour ce faire, les contributions relatives (CTR) à l'axe de chaque IC ont été analysées afin de retenir les plus significatives selon le critère statistique suivant : CTR≥1000/Nombre d'observations.
De plus, la Qualité de la représentation (QLT) a également été considérée avec une attente d'au moins 70% de variance expliquée. Les CTR de l'IC conservés ont été relevés ainsi que la position de l'IC sur l'axe (côté positif/négatif). Chaque IC, appartenant de cette manière significativement au facteur, a été lu et résumé en une courte phrase (par exemple : diffuser une information de façon erronée). Une analyse de contenu a ensuite été effectuée sur chacun des facteurs identifiés. Dans un second temps, une CAH[30] a été réalisée sur les IC afin d'affiner la dénomination des dimensions dégagées et, si possible, confronter les résultats de l'ACM.

La démarche avait pour objectif de construire la taxonomie des IC afin de proposer un modèle de compétences pour les fonctions managériales. Le modèle a ensuite été analysé statistiquement au regard des hypothèses formulées.

---

[30] Annexes 5 *Interprétation des facteurs de l'ACM du GP1et GP2 et correspondance avec les classes de la CAH*

6 – Résultats de la classification

L'Analyse des Correspondances Multiples (ACM)
et la Classification Ascendante Hiérarchique (CAH)

L'analyse a porté sur les 250 IC du GP1, puis sur les 250 IC du GP2.

	GP1		GP2	
	Valeur propre	% de variance expliquée	Valeur propre	% de variance expliquée
1	0.135	31%	0.176	22%
2	0.065	15%	0.134	17%
3	0.045	10%	0.084	10%
4	0.029	7%	0.063	8%
5	0.024	4%	0.04	5%

Tableau 1.14 - Valeurs propres et Pourcentages de variances expliquées
pour chacun des cinq premiers facteurs pour le Groupe 1 (GP1) et pour le Groupe 2 (GP2).

Les 5 premiers facteurs expliquent environ 70 % de la variance totale pour le GP1 et 64% de la variance totale pour le GP2, cependant une inflexion est à noter dès le troisième facteur.

Ainsi, trois facteurs ont-ils été retenus dans chaque groupe, pour des raisons statistiques (chute des valeurs propres). Avec ces trois facteurs, on explique déjà 56% de la variance totale pour le GP1 et 49% pour le GP2 tout en gardant un nombre satisfaisant d'IC contribuant à l'un ou l'autre des axes (par exemple, seulement 39 IC ont été exclus de l'analyse pour le GP1 car ils ne contribuaient à aucun des trois axes).

Suite à l'analyse de contenu des IC qui contribuent aux facteurs, il est apparu que chaque pôle (négatif ou positif) de chaque facteur avait du sens : six domaines de compétences ont donc été dégagés de l'ACM. Ils ont été nommés par référence aux noms des catégories créées par les experts pendant la classification. Les mêmes domaines de compétences ressortaient des deux ACM (GP1 et GP2), bien que dans des ordres différents (par exemple, le domaine « Reconnaissance » apparaissait sur le pôle positif du deuxième facteur dans le GP1, et sur le pôle négatif du premier dans le GP2).

Les Classifications Ascendantes Hiérarchiques (CAH) ont permis de dégager 12 classes de variables pour GP1 et 9 classes pour GP2. Le choix du nombre de classes retenues a été guidé par le nombre de facteurs issus de l'ACM et par l'interprétation itérative de l'arbre. Elles ont été analysées dans chaque groupe (GP1 et GP2). Cela a permis de retrouver les 6 domaines de compétences et, dans certains cas de mettre en lumière des sous-catégories d'IC, qu'on nommera « Facettes » à l'intérieur des domaines de compétences.

Facteur de l'ACM	Pôle de l'axe pour l'ACM	Nom du facteur suite à l'analyse de contenu	Classe de la CAH
FACTEUR 1	-	Positionnement hiérarchique *IC-Négatifs*	1
	+	Communication *IC- Positifs*	2
		Accompagnement et développement *IC- Positifs*	3
FACTEUR 2	-	Communication *IC-Négatifs*	4
		Communication *IC- Positifs*	5
	+	Reconnaissance *IC- Positifs*	6
		Reconnaissance *IC-Négatifs*	7
FACTEUR 3	-	Relationnel *IC- Positifs*	8
		Relationnel *IC-Négatifs*	9
	+	Organisation du travail *IC- Positifs*	10 et 11
		Organisation du travail *IC-Négatifs*	12

Tableau 1.15 - Interprétation des facteurs de l'ACM du GP1 et correspondance avec les classes de la CAH

Exemple N°1 : sur le côté négatif de l'axe 2, l'ACM permettait de dégager la dimension « communication » sans distinguer les IC négatifs des IC positifs, alors que la CAH permet quant à elle d'isoler deux catégories d'IC puisqu'ils se retrouvent dans deux classes distinctes.

Exemple N°2 : sur le côté positif de l'axe 3, l'ACM permettait de dégager la dimension « organisation du travail » contenant un certain nombre d'IC positifs. La CAH a permis d'aller plus loin dans l'analyse de ce facteur puisque les IC se distribuent selon deux classes.

On retrouve le même effet pour le GP2 comme le montre le tableau ci-après.

Facteur de l'ACM	Pôle de l'axe pour l'ACM	Nom du facteur suite à l'analyse de contenu	Classe de la CAH
FACTEUR 1	-	Reconnaissance *IC- Positifs*	1
	+	Positionnement hiérarchique *IC-Négatifs*	2 et 3
FACTEUR 2	-	Communication *IC- Positifs*	4
		Relationnel *IC- Positifs*	5
	+	Accompagnement et développement *IC- Positifs / IC-Négatifs*	6
FACTEUR 3	-	Relationnel *IC-Négatifs*	7
	+	Organisation du travail *IC- Positifs*	8
		Accompagnement et développement *IC- Positifs*	9

Tableau 1.16 - Interprétation des facteurs de l'ACM du GP2 et correspondance avec les classes de la CAH

Ce découpage des domaines de compétences en plusieurs facettes a été poursuivi de façon qualitative. En effet, à la lecture des IC il est bien apparu que l'on pouvait encore subdiviser les dimensions en facettes cohérentes. Puis les deux modèles (GP1 et GP2) ont été joints en un seul modèle en réunissant les IC de chaque facteur correspondant à une compétence identifiée. Les correspondances entre les deux modèles peuvent être observées sur le tableau n° 18 ci-après. Chaque dimension et facette sont déclinées en une liste d'indicateurs positifs et négatifs[31]. Un IC n'apparaît qu'une fois dans le modèle, il est rattaché à une facette, elle-même reliée à une compétence.

Facteur de l'ACM	Pôle de l'axe pour l'ACM	Classe de la CAH GP1	Nom du facteur suite à l'analyse de contenu GP1	Nom du facteur suite à l'analyse de contenu GP2	Classe de la CAH GP2
FACTEUR 1	-	1	Positionnement hiérarchique *IC-Négatifs*	Reconnaissance *IC- Positifs*	1
	+	2	Communication *IC- Positifs*	Positionnement hiérarchique *IC-Négatifs*	2 et 3
		3	Accompagnement et développement *IC- Positifs*		
FACTEUR 2	-	4	Communication *IC-Négatifs*	Communication *IC- Positifs*	4
		5	Communication *IC- Positifs*	Relationnel *IC- Positifs*	5
	+	6	Reconnaissance *IC- Positifs*	Accompagnement et développement *IC- Positifs / IC-Négatifs*	6
		7	Reconnaissance *IC-Négatifs*		
FACTEUR 3	-	8	Relationnel *IC- Positifs*	Relationnel *IC-Négatifs*	7
		9	Relationnel *IC-Négatifs*		
	+	10 et 11	Organisation du travail *IC- Positifs*	Organisation du travail *IC- Positifs*	8
		12	Organisation du travail *IC-Négatifs*	Accompagnement et développement *IC- Positifs*	9

Tableau 1.17 – Mise en correspondance des facteurs suite aux ACM et CAH conduites sur les groupes 1 et 2 (GP1 et GP2)

---

[31] Annexes 5 *Modèle de compétences managériales en 6 dimensions avec leurs facettes et leurs indicateurs positifs et négatifs.*

Le modèle général peut être résumé de la manière suivante :

DOMAINE DE COMPETENCES	FACETTES
POSITIONNEMENT HIERARCHIQUE (POSI)	Respecter la ligne hiérarchique
	Soutenir la direction
	Etre exemplaire
	Prendre ses responsabilités, agir quand c'est nécessaire
	Rester objectif et équitable
COMMUNICATION (COMM)	Diffuser les informations à son équipe
	Faire remonter les informations à sa hiérarchie
	Expliquer les décisions de la hiérarchie à son équipe, leur donner du sens
	Ecouter et prendre en compte ses collaborateurs
	Faciliter les échanges, la cohésion
RECONNAISSANCE (RECO)	Féliciter et remercier
	Accorder des dérogations et récompenses
RELATIONNEL (RELA)	Soutenir les équipes dans les difficultés (d'exploitation et personnelles)
	Créer des moments de convivialité au quotidien
	Respecter ses collaborateurs et leur montrer sa considération
	Etre attentif et compréhensif
	Etre présent et disponible
ORGANISATION DU TRAVAIL (ORGA)	Définir les rôles et missions de chacun
	Contrôler le déroulement de l'activité
	Prendre en compte les besoins, faciliter le travail
ACCOMPAGNEMENT ET DEVELOPPEMENT (ACCO)	Fixer des objectifs individuels, évaluer les comportements et faire des feedbacks
	Développer les compétences par un accompagnement individuel (coaching, conseils) et des formations
	Accompagner les parcours professionnels, les mobilités

Tableau 1.18 - Les six domaines du modèle avec leurs facettes

Le tableau ci-après répertorie le pourcentage d'IC par compétence du modèle.

	POSI	COMM	RECO	RELA	ORGA	ACCO	Total
% des IC	20	20	20	18	12	10	100

Tableau 1.19 - % d'IC par compétences

La répartition des IC dans les différentes compétences apparaît équilibrée d'un point de vue descriptif.

7 - Mise à l'épreuve de l'Hypothèse N°1 et N°2

Hypothèse N°1 : Il existe un lien entre les compétences identifiées et les variables caractérisant les managers.

Hypothèse N°2 : Pour un niveau de management donné, il existe un lien entre les représentations des collaborateurs (N-1) et celles des managers (N+1) ?

a) Méthode

Pour répondre à ces questions, la fréquence des IC ont été calculés pour chacune des dimensions en fonction de chaque variable considérée : *Valence de l'IC (Négatif ou Positif), le Niveau de management (AMDE, CS, CP), le Secteur géographique (Hub, Orly, DEF), le Pôle d'activités (Avion, Client) et le Point de vue (N+1, N-1)*. Compte tenu des résultats de cette analyse, une ACP a été conduite sur l'ensemble des variables citées plus haut, les 6 compétences et leurs facettes. Enfin, des analyses de Chi-2 ont été menées pour tester l'hypothèse de l'existence d'un lien entre les compétences du modèle, leurs facettes et les variables retenues.

b) Résultats

Analyse des pourcentages

Valence de l'IC	Positif	Négatif	Total
Nb d'IC	17	70	87
% d'IC dans le domaine	20	80	10
% d'IC global	53	47	10

Tableau 1.20 - Exemple de pourcentages calculés :
Répartition des IC du domaine « Positionnement Hiérarchique » en fonction de leur valence

Nous proposons ici une analyse descriptive dont nous livrons ci-après les résultats les plus intéressants :

- Le domaine « Positionnement Hiérarchique » est constitué majoritairement d'IC négatifs (80%, contre 47% des IC négatifs sur l'ensemble du modèle) et la part d'IC rapportés par les « n+1 » des managers est plus importante que lorsque cette proportion est calculée sur la totalité des IC (43% contre 30%). Il semble donc que ce soit un domaine de compétences assez important aux yeux des responsables hiérarchiques des managers. Ces IC sont plus souvent positifs que négatifs.

- Le domaine « Communication » concerne particulièrement les Chefs de service (49% des IC du domaine portent sur les CS, contre 33% de la totalité des IC), et moins les AMDE (21% contre 35%). Les IC sont fortement rapportés par les « n+1 » (41% contre 30% dans l'ensemble des IC).
- Le domaine « Reconnaissance » ressort très majoritairement des interviews des collaborateurs des managers (83% des IC Reconnaissance viennent des n-1, alors que c'est le cas de seulement 65% des IC du modèle) et est évoqué à partir d'IC positifs.
- De même, le domaine « Relationnel », est rapporté essentiellement par les n-1 (79% des IC Relationnel contre 65% dans le modèle).
- Le domaine « Organisation du travail » concerne très fortement les Chefs de Pôle (37% des IC du domaine, alors que 17% seulement des IC du modèle concernent les CP). Il est constitué d'IC positifs. Ce résultat peut être rapproché de la fiche de poste du CP, dont la mission générale est résumée ainsi : « dans le cadre de la politique et des orientations de l'escale, il organise et anime un pôle opérationnel ».
- Enfin, les domaines « Relationnel » et « Accompagnement et Développement» ne permettent pas de dégager de variables particulières. Les IC s'y distribuent de la même manière sur l'ensemble des dimensions. Peut-être s'agit-il d'une prérogative partagée par l'ensemble des niveaux hiérarchiques, l'ensemble des secteurs et qu'on n'y relève pas plus de comportements négatifs que positifs. Notons cependant que ce point est un élément qui avait été relevé lors des études sociologiques[32]. Le fait qu'il ne ressorte pas de manière prépondérante ne signifie pas qu'il ne soit pas important dans la fonction. En effet, en nombre d'IC il est autant présent que les autres domaines.

Analyse en Composantes Multiples

Les variables *Niveau de management (AMDE, CS, CP)*, *Secteur géographique (Hub, Orly, DEF)*, *Pôle d'activités (Avion, Client)*, *Point de vue (N+1, N-1)* et *Valence de l'IC (Négatif ou Positif)* ont été introduits dans l'analyse pour contribuer à la construction des axes. La nouvelle variable « Facettes » a été ajoutée en variable supplémentaire.

---

[32] Etudes évoquées en Introduction, Troadec (2004) et Vaysse (2007)

Les résultats de l'ACM permettent de retenir les 4 premiers facteurs en expliquant 45,87% de la variance totale.

Les graphiques suivants présentent la répartition des variables sur l'axe 1-2 puis 2-3.

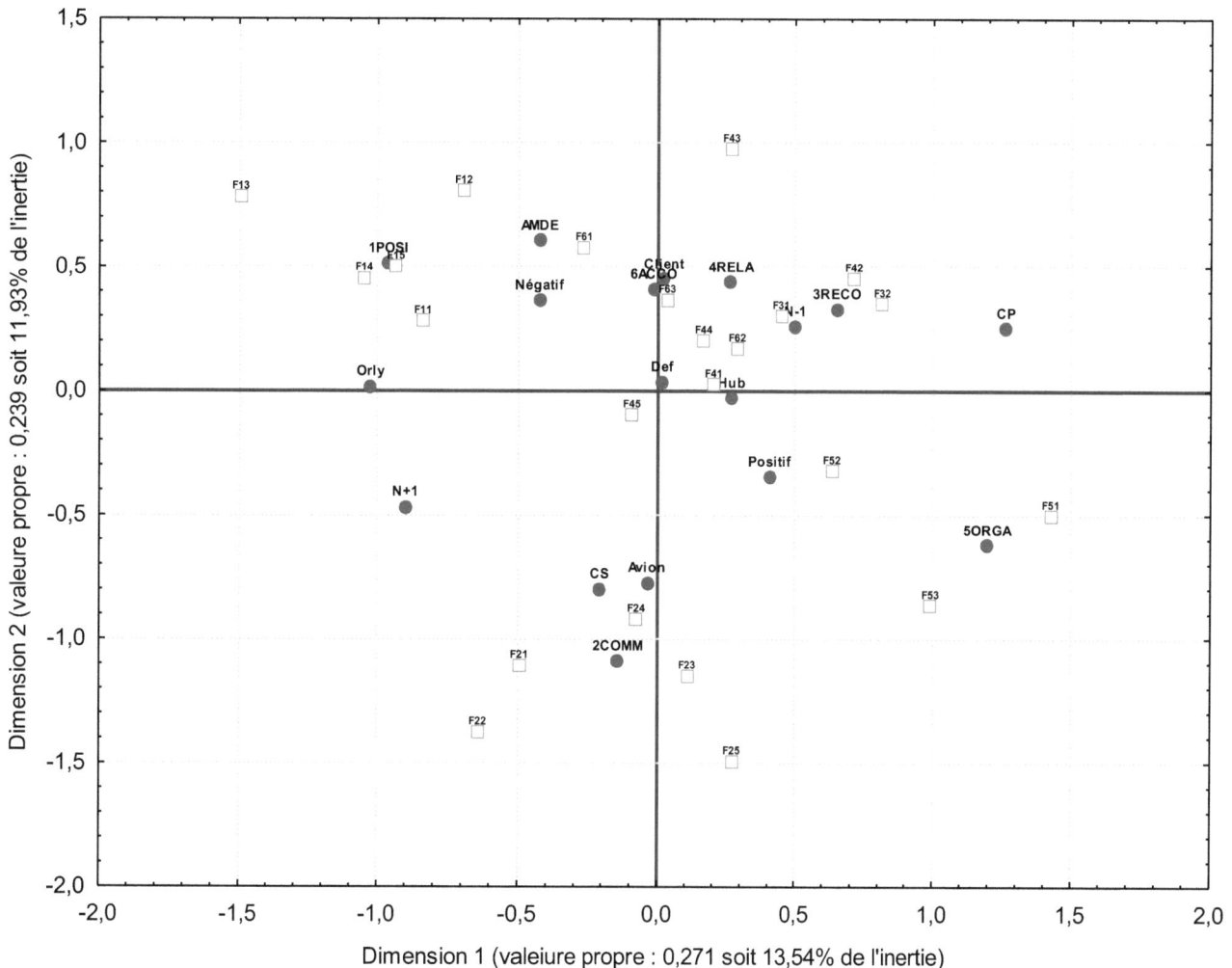

Tableau 1.21 - Répartition des variables sur l'axe 1-2

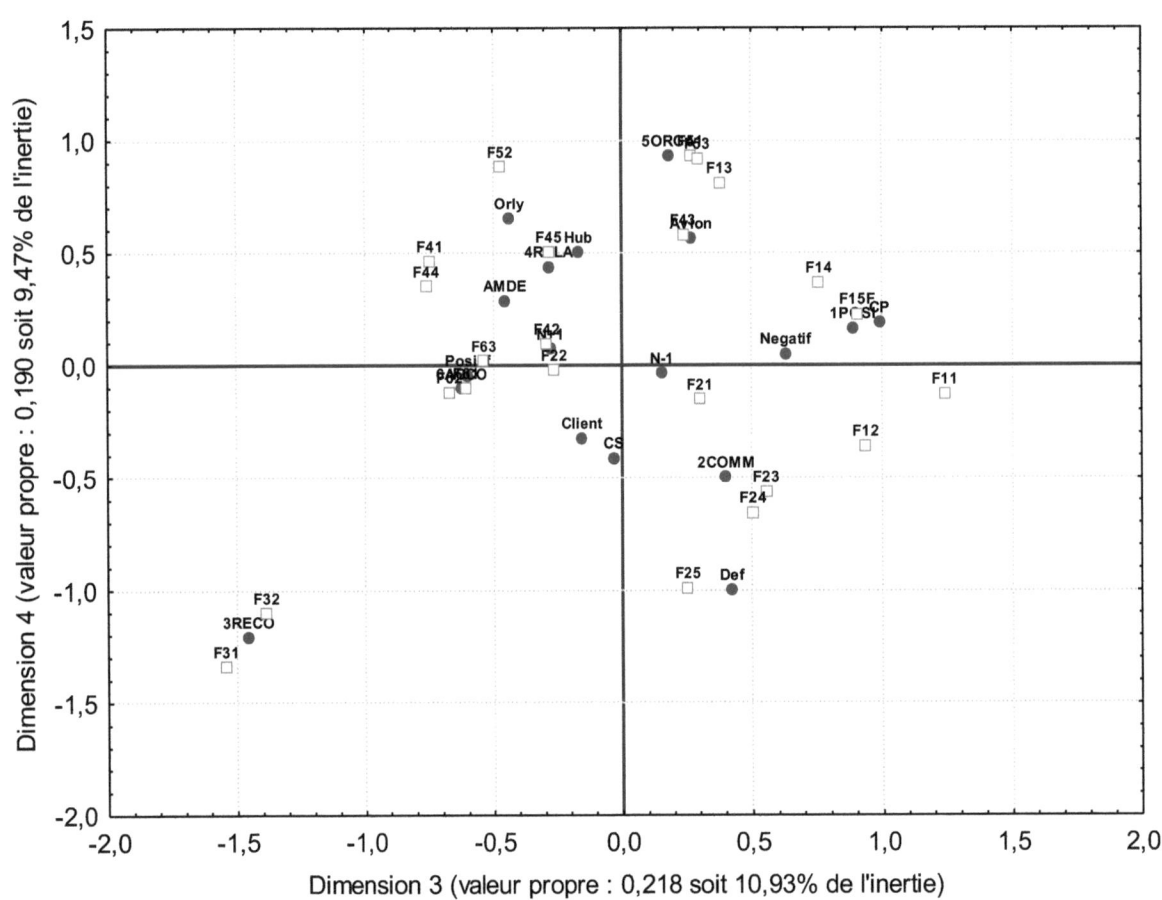

Tableau 1.22 - Répartition des variables sur l'axe 2-3

Analyse du nuage de points variables projetés sur le plan constitué à partir des axes 1-2 et 3-4

Les trois modalités de la variable *Secteur géographique* saturent fortement le premier axe avec une opposition entre l'escale d'Orly et le Hub, les escales de la DEF étant proche de l'origine.

L'axe 2 semble se caractériser par l'opposition du pôle Avion et du pôle Client.

Les facettes s'organisent de manière générale autour de leur compétence d'origine dans le modèle.

En outre, trois facteurs peuvent être dégagés.

Le premier facteur semble réunir les variables CS, Avion, Communication avec ses 5 facettes.

Le second facteur associe les variables AMDE, Positionnement hiérarchique avec ses 5 facettes, le secteur d'Orly, des IC négatifs.

On peut essentiellement retenir que l'axe 3 oppose les IC négatifs des IC positifs.

92

Analyse des Chi -2

Les analyses de *Chi* -2 vont permettre de tester deux hypothèses nulles.

Hypothèse nulle N°1 : il n'y a pas de lien significatif entre les compétences et les modalités des variables considérées par la recherche.

Hypothèse nulle N°2 : il n'y a pas de lien significatif entre les facettes de chacune des compétences et les modalités des variables considérées par la recherche.

Résultats pour la variable Secteur géographique

	POSI	COMM	RECO	RELA	ORGA	ACCO	Total
Hub	46	53	20	55	39	57	270
Orly	37	39	16	29	14	31	166
DEF	14	9	5	11	7	12	58
Total	97	101	41	95	60	100	494

Tableau 1.23 -de fréquences des IC par compétences et par secteur géographique

Pour la variable Secteur géographique, la valeur du [*Chi-2* (10) = 8,097 ; p=.61], NS, ne permet pas de conclure à l'existence d'un lien entre les compétences et les secteurs géographiques.

	Facettes de la compétence	Ddl	Valeur du Chi - 2	p	Significativité
C1	POSITIONNEMENT	8	18.25	<.01	S
C2	COMMUNICATION	8	11.42	≥.05	NS
C3	RECONNAISSANCE	2	0.078	≥.05	NS
C4	RELATIONNEL	2	7.676	≥.05	NS
C5	ORGANISATION	4	1.87	≥.05	NS
C6	ACCOMPAGNEMENT	4	2.202	≥.05	NS

Tableau 1.24 de résultats des calculs de Chi - 2 pour les facettes de chaque compétence en fonction de la variable secteur géographique

Pour les facettes des compétences Positionnement Hiérarchique, le Chi - 2 est significatif, on peut conclure à l'existence d'un lien entre les modalités de la variable Secteur géographique et les différentes facettes de la compétence, en particulier sur la facette « Respecter la ligne hiérarchique » qui réunit 10 IC au Hub et à la DEF contre 0 à Orly.

Résultats pour la variable Valence

	POSI	COMM	RECO	RELA	ORGA	ACCO	Total
Positif	18	56	32	58	44	57	265
Négatif	79	45	9	37	16	43	229
Total	97	101	41	95	60	100	494

Tableau 1.25 de fréquences des IC par compétences et par valence de l'IC

Pour la variable Valence, la valeur du Chi - 2 (5) = 69,877 (p≤.001) S, permet de conclure à l'existence d'un lien entre les compétences et la valence notamment pour la compétence Positionnement Hiérarchique qui compte 79 IC négatifs contre 18 positifs.

	Facettes de la compétence	Ddl	Valeur du Chi - 2	p	Significativité
C1	POSITIONNEMENT	4	3.911	≥.05	NS
C2	COMMUNICATION	4	11.059	<.05	S
C3	RECONNAISSANCE	1	0.394	≥.05	NS
C4	RELATIONNEL	4	45.82	<.001	S
C5	ORGANISATION	2	1.193	≥.05	NS
C6	ACCOMPAGNEMENT	2	12.87	<.001	S

Tableau 1.26 de résultats des calculs de Chi - 2 pour les facettes de chaque compétence en fonction de la variable valence de l'IC

Pour les facettes des compétences Communication, Relationnel et Accompagnement, le Chi - 2 est significatif, et permet de conclure à l'existence d'un lien entre les modalités de la variable Valence et les différentes facettes de la compétence.

D'un point de vue descriptif, pour la compétence Communication, c'est surtout la facette « Faciliter les relations » qui indique une différence avec 0 IC rapporté contre 9 IC positifs ; pour la compétence Relationnel, c'est surtout la facette « Soutenir les équipes dans les difficultés et Créer des moments de convivialité au quotidien » qui indiquent une différence avec respectivement 22 et 23 IC rapportés de manière positive contre 1 et 1 IC négatif. La facette « Respecter ses collaborateurs et montrer de la considération » est quant à elle rapportée davantage avec des IC négatifs (27 IC positifs contre 6 IC négatifs). Pour la compétence Accompagnement c'est la facette « Développer les compétences par un accompagnement individuel » qui montre le plus grand écart avec 30 IC positifs récoltés contre 8 IC négatifs.

Résultats pour la variable Pôle d'activités

	POSI	COMM	RECO	RELA	ORGA	ACCO	Total
Avion	32	44	9	26	24	25	160
Client	53	45	24	52	24	60	258
Total	85	89	33	78	48	85	418

Tableau 1.27 de fréquences des IC par compétences et par pôle

Pour la variable Pôle d'activités, la valeur du Chi2 (5) = 12,825 (p≤.05) S, permet de conclure à l'existence d'un lien entre les compétences et le pôle d'activités. D'un point de vue descriptif la différence entre les deux pôles se joue sur la compétence « Reconnaissance » et « Accompagnement » qui se dégage plutôt au Pôle Client.

	Facettes de la compétence	Ddl	Valeur du Chi - 2	p	Significativité
C1	POSITIONNEMENT	4	2.665	≥.05	NS
C2	COMMUNICATION	4	4.732	≥.05	NS
C3	RECONNAISSANCE	2	0.248	≥.05	NS
C4	RELATIONNEL	4	1.538	≥.05	NS
C5	ORGANISATION	2	2.006	≥.05	NS
C6	ACCOMPAGNEMENT	2	0.581	≥.05	NS

Tableau 1.28 de résultats des calculs de Chi2 pour les facettes de chaque compétence en fonction de la variable pôle d'activités

Les Chi - 2 sont non significatifs, on ne peut pas conclure à l'existence d'un lien entre les modalités de la variable Pôle d'activités et les différentes facettes de la compétence.

Résultats pour la variable Niveau de management

	POSI	COMM	RECO	RELA	ORGA	ACCO	Total
AMDE	44	21	16	38	9	39	167
CS	28	49	12	22	19	33	163
CP	13	19	5	18	20	13	88
Total	85	89	33	78	48	85	418

Tableau 1.29 de fréquences des IC par compétence et par niveau de management

Pour la variable Niveau de management, la valeur du [Chi2 (15) = (p≤.001)], S, permet de conclure à l'existence d'un lien entre les compétences et le niveau de management. D'un point de vue descriptif, la compétence « Communication » contiendrait davantage d'IC relative au CS.

	Facettes de la compétence	ddl	valeur du Chi - 2	p	significativité
C1	POSITIONNEMENT	8	14.899	≥.05	NS
C2	COMMUNICATION	8	14.937	≥.05	NS
C3	RECONNAISSANCE	2	2.105	≥.05	NS
C4	RELATIONNEL	8	20.39	<.001	S
C5	ORGANISATION	2	12.87	<.001	S
C6	ACCOMPAGNEMENT	4	8.519	≥.05	NS

Tableau 1.30 de résultats des calculs de Chi - 2 pour les facettes de chaque compétence de la variable niveau de management

Pour les facettes des compétences Relationnel et Organisation, le Chi - 2 est significatif, on peut conclure à l'existence d'un lien entre les modalités de la variable Niveau de management et les différentes facettes de la compétence. La facette « Respecter ses collaborateurs et leur montrer de la considération » contient moins d'IC concernant les CS (2 IC) que les AMDE (16) ou les CP (10). Pour la compétence Organisation, c'est surtout les IC concernant le CP qui se dégage sur la facette « Définir les rôles et les missions de chacun ».

Résultats pour la variable Point de vue

	POSI	COMM	RECO	RELA	ORGA	ACCO	Total
N-1	54	58	33	70	46	69	330
N+1	41	37	6	23	10	24	141
Total	95	95	39	93	56	93	471

Tableau 1.31 de fréquences des IC par compétences et par point de vue

Pour la variable Point de vue, la valeur du Chi - 2 (5) = 12,825 (p≤.05) S, permet de conclure à l'existence d'un lien entre les compétences et le point de vue, notamment pour la compétence Reconnaissance, Relationnel, Organisation et Accompagnement qui comptent respectivement 33, 70, 46 et 69 IC provenant des N-1 contre 6, 23, 10 et 24 des N+1.

	Facettes de la compétence	Ddl	Valeur du Chi - 2	p	Significativité
C1	POSITIONNEMENT	4	1.18	≥.05	NS
C2	COMMUNICATION	4	10.517	<.05	S
C3	RECONNAISSANCE	1	1.118	≥.05	NS
C4	RELATIONNEL	4	5.12	≥.05	NS
C5	ORGANISATION	2	1.11	≥.05	NS
C6	ACCOMPAGNEMENT	2	2.102	≥.05	NS

Tableau 1.32 de résultats des calculs de Qui2 pour les facettes de chaque compétence de la variable point de vue

Pour les facettes de la compétence Communication, le Qui2 est significatif, on peut conclure à l'existence d'un lien entre les modalités de la variable Point de vue et les différentes facettes de la compétence, notamment pour la facette « Ecouter et prendre en compte » qui compte 25 IC provenant des N-1 contre 9 des N+1.

8 - Résumé des résultats

Le tableau récapitule l'ensemble des données significatives qui permettent de décrire le modèle de compétences managériales à la DGES.
Les résultats principaux des trois analyses statistiques *(Analyse descriptive des pourcentages, ACP et analyse des CHI2)* y figurent afin de confronter les résultats.

ANALYSE	VARIABLES	COMPETENCES DU MODELE					
		POSI	COMM	RECO	RELA	ORGA	ACCO
DESCRIPTIVE	*Valence IC*	négatifs				positifs	
	Point de vue	N-1	N+1	N-1			
	Niveau de management		CS			CP	
ACP	*Valence*	négatifs				CP	
	Point de vue			N-1			
	Niveau de management	AMDE	CS				
	Secteur géographique	Orly					
	Pôle d'activités		Avion	Client			
	Facettes descriptives	« Rester objectif » « Prendre ses responsabilités »		« Remercier » « Féliciter »		« Contrôler le déroulement de l'activité » « Définir les rôles »	« Confier des responsabilités »
Chi - 2	*Valence*	négatifs					
	Point de vue			N-1	N-1	N-1	N-1
	Niveau de management		CS				
	Pôle d'activités			Client			Client
	Facettes descriptives	"Respecter la ligne hiérarchique" Aucun IC à ORLY	"Ecouter et prendre en considération" plutôt rapporté par des N-1 "Ecouter et prendre en compte ses collaborateurs" plutôt rapporté avec des IC Positifs		"Soutenir ses équipes, Créer des moments de convivialité" plutôt rapporté avec des IC Positifs "Respecter ses collaborateurs" plutôt rapporté avec des IC Négatifs avec plus d'IC portant sur des AMDE et des CS	"Définir les rôles" avec plus d'IC provenant des CP	"Développer les compétences" avec plus d'IC Positifs

Tableau 1.33 récapitulatif des résultats principaux pour chaque compétence du modèle et pour chaque type d'analyse

Ces résultats invitent à retenir les points suivants.

La compétence « Positionnement Hiérarchique » est liée à des IC de valence négative et ce dans les trois analyses.

La compétence « Communication » est liée à des IC portant sur de CS sur deux des trois analyses.

La compétence « Reconnaissance » est liée à des IC rapportés par des personnes managés et à des IC du Pôle Client.

La compétence « Organisation » est liée à des IC portant sur des CP

Les résultats de l'ACP ont montré que les IC peuvent être assez différents du point de vue de leur profil entre le Hub et Orly puisqu'ils s'opposent sur l'axe. Notons que cet élément n'a pas été confirmé par l'analyse de Chi-2 sauf pour une facette de la compétence « Positionnement hiérarchique » : "Respecter la ligne hiérarchique" qui ne compte aucun IC à Orly.

L'ACP oppose par ailleurs les IC du Pôle Avion et du Pôle Client, cette différence a été confirmée par le calcul du Chi2 en particulier pour la compétence « Reconnaissance et Accompagnement » présentant plutôt des IC relatifs au Pôle Client.

9 - Discussion

Le nombre d'entretiens menés peut sembler important mais il a permis de récolter un matériau exhaustif dans la mesure où les IC recueillies ont fini par apparaître redondants. C'est d'ailleurs pour cette raison que 115 entretiens sur les 125 prévus initialement ont été menés. De plus, il faut rappeler que les entretiens ne concernaient pas l'analyse d'un seul poste, mais de la fonction managériale de trois niveaux hiérarchiques différents ce qui obligeait à prendre en considération un grand nombre de variables pour l'échantillonnage des entretiens.

La principale difficulté rencontrée vient de la complexité de la fonction de manager, qui est difficilement analysée par la méthode des incidents critiques. *« Le travail d'encadrant n'est pas un travail comme un autre [...]. Il est très peu palpable, visible, traçable, mesurable.*

Difficile de le chronométrer, difficile de le quantifier, d'en évaluer les produits. Même la réussite n'y est pas aisée à évaluer, car l'appréciation d'une décision prise ou d'un projet mis en œuvre, varient selon que l'on adopte une vue à court, à moyen ou à long terme. » (Mispelblom Beyer, 2006). La TIC s'est montrée assez efficace pour des postes très techniques, ou de production. Mais, concernant les managers, il n'a pas été facile de recueillir des incidents réellement *critiques* au sens de Flanagan (1954). C'est-à-dire des actions dont l'intention et les conséquences étaient évidentes. Dans quelle mesure peut-on être sûr du lien de causalité entre une action isolée d'un manager et le ressenti de son équipe ? Et dans quelle mesure peut-on être sûr que le vécu de l'équipe à cet instant a un impact sur sa performance au travail ? De nombreux autres facteurs peuvent entrer en ligne de compte.

Faire s'exprimer les interviewés sur les conséquences de chaque action managériale racontée, a parfois abouti à des récits incertains rendant ainsi les IC relativement « artificiels ». Par ailleurs, les interviewés n'ont pas toujours connaissance de tous les éléments d'une situation pour juger de l'adéquation ou non du comportement du manager à la situation (le manager avait-il d'autre choix que de se rétracter après avoir pris cette décision ? Pourquoi n'a-t-il présenté aucun agent à la sélection AMDE ?...). Les IC restent toujours subjectifs dans une certaine mesure.

Concernant la phase de classification des IC par les « top-managers », il faut souligner la difficulté de l'exercice qui leur était proposé. La simple lecture de 250 IC était déjà en elle-même une tâche fastidieuse. Parvenir à en dégager l'organisation logique et à les classer demandait un effort cognitif important. C'est très probablement ce qui explique pourquoi 3 des experts ont réalisé une taxonomie simple en 3 ou 4 catégories. En effet, dans l'exercice de classification, plus on crée de catégories, plus on se situe à un niveau détaillé d'analyse, et plus l'exercice est compliqué, car il faut s'interroger plus longuement sur la catégorie dans laquelle ranger chaque IC. Comme les experts devaient traiter une grande quantité d'IC, ils ont choisi une catégorisation moins fine. C'est peut-être ce qui explique pourquoi l'ACM amène à un niveau très « méta », celui des 6 domaines de compétences qui au fond ne sont pas très éloignés des compétences du modèle initial de Buet (2005). L'analyse du poste d'AMDE menée Buet (2005), avaient permis d'interviewer les n+1 et portait sur la totalité du poste d'AMDE et pas uniquement sur ses aspects de management. Le modèle de compétences qui avait été élaboré à l'issue fait donc apparaître plusieurs compétences qu'on ne retrouve pas dans celui élaboré pour cette thèse : compréhension de son rôle, capacités cognitives, savoirs requis.

On retrouve un domaine de compétences « Positionnement hiérarchique », mais qui ne recouvre pas exactement les mêmes aspects que celui du modèle de compétences managériales : on n'y retrouve pas l'équité et l'objectivité nécessaires aux managers dans le traitement de leurs équipes, ni le respect des autres managers. On retrouve aussi dans le référentiel AMDE un domaine de « Compétences Relationnelles », qui renvoie beaucoup au facteur « Communication » de notre modèle ainsi qu'à un aspect du facteur « Relationnel » : *« être attentif à ses collaborateurs »*. Dans les « Compétences Managériales » des AMDE figurent le charisme, la capacité à fédérer et la capacité d'adaptation (qui ne sont pas ressortis dans notre modèle), et le développement des collaborateurs (qui correspond à un facteur dans notre modèle). En outre, les compétences du modèle correspondent en partie à ce qu'on peut trouver dans les modèles classiques de la littérature. La compétence Organiser se retrouve dans les modèles de Boyatzis (1982), Yulk (1987) et Bartram (2005). Yulk (1987) et Tett (2000) dégagent une compétence Développer les collaborateurs et Reconnaître. Tett (2000) et Bartram (2005) évoquent la compétence Communication. En revanche dans notre modèle l'ensemble des compétences correspondent à des comportements observables. De plus, ce qu'il y a de nouveau, c'est ce qui est sous-jacent à ces domaines. Les IC récoltés et classés sont autant d'exemples de ce qui se pratique sur le terrain.

Par ailleurs, nous savons que les compétences présentées au sein du modèle ne doivent pas se chevaucher, qu'elles doivent avoir une bonne cohérence interne et que l'ensemble doit être exhaustif. Rappelons que le nombre conséquent d'entretiens menés et la redondance d'IC récoltés nous assure de l'exhaustivité des résultats. On peut également s'approcher d'un modèle où les domaines de compétences tendent à être homogènes, car 21 experts ont classé les IC, et l'analyse statistique des classifications en a dégagé le tronc commun. Par conséquent les IC qui ont été regroupés dans un même domaine sont bien cohérents entre eux. C'est l'apport principal de l'analyse des correspondances comparativement au tri libre et subjectif.

Pour ce qui concerne l'indépendance des compétences, on ne peut trancher la question aussi catégoriquement. De nombreux IC ont pu contribuer à la fois à plusieurs facteurs de l'ACM.

On peut en déduire soit que ces IC comportaient plusieurs aspects distincts, relevant de plusieurs domaines de compétences soit que ces IC ne comportaient qu'un seul aspect mais qui pouvait être rattaché à plusieurs domaines. Ce qui signifierait que les domaines ne sont pas toujours parfaitement indépendants. L'analyse qualitative des facteurs et des exigences n'ayant pas toujours été évidente, retenons cette interprétation.

Malgré les limites méthodologiques, un modèle de compétences managériales qui présente de nombreux avantages pour le DGES a pu être élaboré. Aux managers qui nous ont objecté qu'il n'y avait pas une seule bonne façon de manager mais une infinité (autant qu'il y a de managers), la recherche permet d'apporter des éléments de réponse. Il existe vraisemblablement des données généralisables sur ce qui est attendu des managers à la DGES.

« Etre un bon manager à la DGES », c'est savoir :
1. se positionner comme un membre de la hiérarchie, qui respecte son périmètre d'autorité, qui prend ses responsabilités et traite ses collaborateurs avec équité, organiser et contrôler le travail de son équipe.
2. communiquer les orientations de l'entreprise à l'équipe en leur donnant du sens et en sachant prendre en compte les réactions de l'équipe.
3. reconnaître le travail accompli par l'équipe
4. respecter ses collaborateurs, les traiter avec considération
5. veiller à ce qu'ils évoluent dans l'entreprise et acquièrent des compétences.

Chacun de ces six domaines de compétences est fondé sur des situations observées dans toutes les escales, dans tous les pôles d'activité, et à tous les niveaux hiérarchiques. Par conséquent, on peut supposer que ces six grandes directions sont communes à tout le secteur de l'Exploitation. Même si les managers ont leur propre personnalité, leur style de management, ils ne doivent à priori pas trop s'éloigner de ces grands principes pour rester de bons managers au sein de l'entreprise.

L'objectif de la recherche était de construire un référentiel reflétant les spécificités de l'entreprise. Mais à l'intérieur même de la DGES, il y a différents contextes de travail. L'organisation du travail, la culture, les mentalités ne sont pas les mêmes au Hub et à Marseille, à la Piste et au Passage, etc. Ce modèle permet également d'apporter des éléments de réponse à la question suivante : les compétences managériales nécessaires sont-elles les mêmes aux différents niveaux hiérarchiques ? Est-ce équivalent d'encadrer une équipe d'agents, tout un service, ou tout un pôle d'une escale ? De façon globale, les IC recueillis à propos de chaque niveau managérial se sont bien répartis sur l'ensemble des 6 domaines de compétences identifiés. Mais certains domaines semblent plus importants à certains niveaux et quelques liens ont été dégagés entre les compétences et les modalités des variables.

Un autre avantage du modèle tient au fait qu'il couple les points de vue des n+1 et des n-1 des managers. La méthodologie choisie pour la construction du modèle de compétences a permis d'inclure la vision des personnes managées, ce qui est rare dans l'analyse de l'activité. Elle a permis de dégager deux domaines de compétences qui pourraient sembler comme allant de soi mais qui étaient très importants aux yeux des personnes managées : reconnaître le travail et l'investissement de ses collaborateurs, et soigner le relationnel avec eux (respect, considération, convivialité, compréhension,…). Ces aspects sont absents de la plupart des référentiels de compétences managériales. Pourtant, si l'on se réfère aux facteurs de motivation au travail décrit par Herzberg (1993), trois sources principales de motivation au travail peuvent être relevées. *La motivation extrinsèque* : elle provient des conséquences de l'activité comme les récompenses, la reconnaissance de son travail par la hiérarchie. Herzberg inclut la reconnaissance, source de satisfaction au travail, dans les facteurs motivateurs. Maslow (1954) parle de besoins de reconnaissance et d'estime. *La motivation intrinsèque hédonique* : elle provient du travail en lui- même, que l'on trouve intéressant, attractif, où l'on puisse avoir de l'autonomie et s'auto-réaliser. Herzberg identifie la responsabilité et la nature du travail dans les motivationnels. Maslow (1954) place les besoins d'autoréalisation au dernier niveau de la pyramide des besoins. *La motivation intrinsèque normative* qui correspond au fait de s'intégrer dans la communauté sociale de l'entreprise en s'appropriant ses normes et valeurs. Maslow (1954) parle de besoins sociaux de relation et d'appartenance au groupe. Alderfer (1972) de besoins de rapports sociaux et Herzberg (1993) de relations interpersonnelles comme facteurs motivateurs.

Il y a là une certaine correspondance avec le modèle issu de cette recherche. La motivation extrinsèque définie comme le besoin de reconnaissance et d'estime, les besoins sociaux de relation et d'appartenance correspondent aux pratiques managériales du modèle liées à la Reconnaissance et aux Relations interpersonnelles. Le troisième facteur de motivation au travail, qui tient à la satisfaction retirée du travail en lui-même, est également présent dans le modèle de compétences managériales sous les facettes « Confier des responsabilités » et « Donner de l'autonomie ». En apparence, le modèle de compétences peut paraître assez trivial. Il semble évident que le management nécessite de communiquer, d'organiser le travail, de reconnaître le travail, etc. Pourtant, le fait d'avoir recueilli presque 50% d'incidents critiques négatifs prouve que ces principes ne sont pas intériorisés par tous les managers de l'entreprise, et qu'il est par conséquent utile de les énoncer (ou de les rappeler).

De plus, ces grandes directions à donner au management ne figurent pas toutes dans les référentiels de compétences de l'entreprise[33]. En effet, comme tous les cadres ne sont pas managers, seule une partie du référentiel est centrée sur les aspects managériaux. Quelques compétences proches de celles du référentiel managérial y sont mais très peu : engagement, donner du sens, compréhension des autres, courage, aisance relationnelle. Les aspects de « Communication », « Reconnaissance », « Positionnement hiérarchique » n'y apparaissent pas. La seule correspondance directe entre les deux modèles correspond à la compétence « Développer l'autre ». De plus, ce référentiel est plus orienté sur les aptitudes que sur les comportements, ce qui le rend plus difficile à opérationnaliser pour la DGES. Mais suffit-il de savoir quels comportements adopter pour être capable de produire ces comportements en situation ? Comment le manager peut-il prendre le temps d'organiser des moments de convivialité avec son équipe s'il n'est pas présent en même temps qu'elle ? Comment peut-il observer son équipe pour lui faire des feedbacks, s'il est happé par d'autres activités ? Comment peut-il faire des points réguliers avec chacun des membres de son équipe s'il encadre trente personnes ? Comment peut-il différencier la reconnaissance quand son hiérarchique interdit de le faire au nom de la « paix sociale » ? Pour faire changer les comportements, il faut déjà que les conditions « externes » à la personne (contextuelles) y soient propices.

Il faut également que la personne possède les pré-requis des comportements à mettre en œuvre. Une question importante est soulevée ici. Comment développer les compétences ? Peut-on les développer ? Est-ce que tous les salariés de l'entreprise peuvent devenir des managers performants s'ils sont placés dans des conditions adéquates, qu'on leur explique quelles compétences ils doivent acquérir et qu'on les forme ?

Comment mener un briefing collectif argumenté quand on a des difficultés à prendre la parole en public ou qu'on n'a aucune capacité d'argumentation ? Comment être attentif à ses collaborateurs et leur montrer sa considération quand on n'est pas du tout ouvert aux autres ? Nous l'avons vu plus haut, les compétences ne se construisent pas sans ressource et des différences individuelles relatives à la nature, à l'efficience ou à la disponibilité de ces ressources peuvent aboutir, dans des conditions situationnelles identiques, à des différences importantes dans les compétences développées et dans les performances obtenues (Loarer, 2004). Le référentiel de compétences centré sur les comportements peut être appréhendé comme le point de départ d'une réflexion sur les liens entre ces compétences et les caractéristiques individuelles (personnalité, aptitudes cognitives, etc...).

---

[33] Annexes 6 *Référentiel de compétences pour les cadres d'Air France*

Il faudrait alors déterminer quels sont les pré-requis nécessaires au développement des compétences managériales clés, c'est-à-dire ce qui constitue le potentiel d'une personne susceptible d'évoluer vers une fonction de manager. Cela permettrait d'affiner la prédiction de la performance professionnelle de salariés qui n'ont encore jamais été en situation d'encadrer des équipes au moment où ils sont sélectionnés. Dans le modèle de prédiction de la réussite professionnelle, dit « par généralisation » de Campbell (1990), le comportement professionnel est prédit à partir du comportement observé pendant la sélection. De fait, la construction d'un dispositif de sélection des AMDE a reposé sur ce principe. Cette approche apporte des informations précieuses sur les candidats.

En effet, s'ils sont capables de présenter à l'oral un projet de l'entreprise, ils sauront le faire face à leur équipe : la prédiction repose sur un lien direct entre ce qui est observé et ce qui attendu de la part du candidat.

D'un autre point de vue, une évaluation des caractéristiques psychologiques permettrait une évaluation fondée quant à elle sur une approche classique de la prédiction par trait, qui prédit les compétences à partir des caractéristiques individuelles. Elle serait utile dans un objectif de développement des compétences et de détection du potentiel managérial des agents et des cadres qui n'encadrent pas encore, et donc d'accompagnement des parcours professionnels. Dans la seconde partie de cette thèse, le lien entre les compétences abordées sous l'angle du comportement en situation de travail et les caractéristiques psychologiques sera interrogé afin de compléter le modèle et de se rapprocher davantage de la définition des compétences que nous avons choisie, c'est à dire des comportements observables en situation mais aussi un ensemble de caractéristiques personnelles (personnalité, intelligence, motivation, et intérêts).
De plus, le référentiel de compétences développé dans la thèse va permettre de construire des outils de détection, d'évaluation et de développement des compétences managériales qui vont maintenant être présentés et analysés.

DEUXIEME PARTIE :

Construire et valider des outils de détection et de sélection de compétences managériales
Un exemple appliqué sur les managers de proximité : AMDE

I. Le dispositif de détection de potentiel et de sélection des managers à la DGES d'Air France.
RECHERCHE N°2

Dans la première recherche de la thèse, un modèle de compétences managériales a été développé. Pour répondre à la demande de l'entreprise, il fallait ensuite construire et valider les outils qui permettraient de détecter, sélectionner et développer les compétences des managers. Il s'agit donc de tenter de répondre à cette question en l'étudiant sur le terrain de la présente recherche à la DGES d'Air France. Le fait d'avoir obtenu un modèle de compétences pas trop éloigné de ceux proposés dans la littérature scientifique, mais en même temps spécifique aux caractéristiques de l'entreprise, permet d'aborder la question de l'opérationnalisation d'un modèle cohérent avec les connaissances actuelles sur le management mais en même temps suffisamment fin dans sa construction pour refléter certains aspects du contexte de l'entreprise, ce qui permettra de générer des items pour construire les différents outils. Ainsi, comme le soulignent Aubret et Gilbert (2003), il est possible d'étudier les compétences tout en conservant la rigueur nécessaire à toute démarche scientifique. *« Cette notion peut être appréhendée grâce à un ensemble d'indicateurs judicieusement choisis pour la représenter »* (p. 32). Il s'agit de définir de façon empirique ce qui permet d'approcher les compétences. En particulier, il faut identifier les prédicteurs observables qui permettront d'inférer leur niveau de maîtrise chez les personnels. L'ensemble de ces outils mesurent des caractéristiques psychologiques qui constituent des « ressources » sur lesquelles s'appuient les personnels pour développer leurs compétences.

Pour évaluer les compétences, plusieurs outils sont à la disposition du psychologue. Beaujouan (1998) a publié une synthèse de trois enquêtes sur l'utilisation des outils d'évaluation : celle de Bruchon-Schweitzer et Ferrieux (1991), portait sur soixante cabinets et quarante entreprises françaises ; celle du cabinet SHL (1992), portait sur quarante-huit des cinq cent plus grandes entreprises françaises et celle de Shakleton (1991), portait sur cinquante-deux organisations françaises. Les résultats montrent que les tests et les questionnaires sont utilisés dans 22% des procédures de sélections étudiées dans les enquêtes. La validité de ce type d'épreuves est, selon les résultats de Schmidt (1998), de .51 pour les tests d'aptitudes et de .31 pour les tests de personnalité sur la dimension conscience ; pour Sadalgo (1999), elle est de .43 pour les tests d'aptitudes, de .32 pour les tests de personnalité sur la dimension conscience et de .18 sur la dimension stabilité émotionnelle.

L'entretien est utilisé dans 92% des cas. Cependant, il faut noter que ce dernier peut prendre des formes différentes. Il est le plus souvent non structuré et sa validité n'est alors que de .38 selon Schmidt (1998) et .33 selon Sadalgo (1999) ; alors que l'entretien structuré, c'est à dire centré sur les faits et les comportements en situations professionnelles présente des coefficients de validité qui peuvent atteindre .51 et .44 respectivement pour ces deux auteurs.

Un outil semble particulièrement adapté à l'évaluation des compétences, parce qu'il permet de refléter la complexité de cette notion. Lévy-Leboyer (2005) décrit les épreuves de mise en situation professionnelle comme *« un échantillon de travail, une ou des tâches choisies parce qu'on pense, de préférence sur la base d'une analyse du travail, que l'essai est représentatif de la ou les tâches que le candidat devra effectuer dans l'exercice de son activité professionnelle »* (p. 223). L'évaluation est fondée sur le postulat que le comportement observé pendant la mise en situation professionnelle, considérée comme une simulation des activités liées au travail réel, se reproduit dans les situations de travail ultérieures. L'hypothèse est celle d'une certaine stabilité des comportements, ce qui permet une approche par généralisation des comportements. Des méta-analyses comme celle de Schmidt, Gooding, Noe, et Kirsch (1984) concluent à une validité synthétique de .40 pour ces épreuves. En particulier, Thornton, Gaugler, Rosenthal et Bentson (1985) montrent que les coefficients de validité sont comparables quels que soient les critères utilisés. On peut noter que la méta-analyse de Roberston et al. (1982) révèle une corrélation de .28 entre les tests « in basket » et la réussite globale. Il constate, en outre, une validité de .75 entre les résultats dans les tests « in basket » et la description du comportement dans une tâche précise sollicitant les mêmes aptitudes du test. Ces résultats sont plutôt encourageants. Si dans la thèse, l'analyse du travail a permis de dégager des aptitudes et des compétences requises et si les épreuves de mise en situation ont été rigoureusement construites à partir d'une telle analyse, alors la procédure de sélection peut prétendre atteindre un certain niveau de validité prédictive. Les épreuves de mise en situation bénéficient également d'une bonne validité apparente c'est à dire que les candidats ont le sentiment d'être jugés sur une base équitable par rapport au poste. Ils ont également le sentiment d'avoir appris quelque chose sur eux-mêmes, ce qui les conduit à apprécier favorablement ce type d'épreuves (Lévy-Leboyer, 2005). Il s'agit d'être attentif à cet aspect des épreuves de mise en situation lors de leur construction. Chacune doit être construite de manière spécifique et à partir d'une analyse rigoureuse du travail. La bonne validité apparente de l'épreuve ne doit pas être le seul critère d'utilisation de l'outil. Il s'agit d'approfondir l'analyse afin de vérifier toutes les qualités psychométriques sur le plan empirique.

Une recherche réalisée par Rogard, Caroff, Bouteiller et Mercier (2003) auprès d'entreprises et de cabinets conseils, a permis de réunir des informations intéressantes sur la construction et l'utilisation de ces épreuves de simulation dans la sélection professionnelle. Les résultats de cette étude montrent que l'apparition des épreuves de simulation est plutôt récente : 68% des cabinets et entreprises ayant répondu à l'enquête ne l'utilisent que depuis les années 90. Leur utilisation se fait le plus souvent pour le recrutement des personnes (68% des personnes interrogées). Néanmoins, Beaujouan (2001) a constaté que les Assessment Centers, qui bénéficient d'une validité satisfaisante, sont encore peu utilisés en France. Cependant, il note un développement de ce type de procédure qu'il explique par la prise de conscience de la part des entreprises de l'utilité de prendre des décisions sur la base d'outils pertinents et valides, l'évolution du management vers davantage d'objectivité et la diffusion plus large des résultats de recherches scientifiques dans les entreprises.

L'évaluation des compétences est donc le point d'entrée pour détecter, sélectionner puis développer les compétences.

Dans cette partie de la thèse, une procédure de détection de potentiel et de sélection et de développement des compétences managériales qui a été construite va être présentée ainsi qu'une démarche de validation.

1 - Détecter les potentiels managériaux

    a) Des problématiques actuelles : la détection de potentiels et le développement de talents managériaux

Commençons par préciser les définitions proposées par la psychologie. D'après Lubart (2006), dans le langage courant, de nombreux termes désignent les personnes qui manifestent des capacités exceptionnelles. On entend parler de « surdoué », de « génie », et plus couramment dans les entreprises de « haut potentiel » et de « talent ». Les deux premiers termes renvoient à la notion de don. Une approche « déterministe » est privilégiée, tout se passant comme si l'individu était programmé génétiquement et possédait donc intrinsèquement des caractéristiques particulières et exceptionnelles. Le terme de « haut potentiel » renvoie à une disposition mais ne présente pas cette connotation particulière. Il présente l'avantage d'une certaine neutralité conceptuelle et d'être moins entaché de présupposés.

La notion de « talent », quant à elle, fait référence à des productions exceptionnelles, elle « *désigne la capacité atteinte lorsqu'un potentiel s'est réalisé dans un domaine d'excellence particulier* », Lautrey (2004, p. 222).

La notion d'aptitude ou de capacité qui s'apparenterait à celle de « haut potentiel » et celle de performance qui renvoie à celle de « talent » peuvent être différenciées. Le haut potentiel serait donc un talent en devenir, si l'expression de ses capacités se manifestait de manière effective et si la production obtenue atteignait une expertise de niveau exceptionnel.

Haut potentiel et talent :
Modèle Différenciateur du Don et du Talent de Gagné (2004)

Il existe aujourd'hui plusieurs modèles théoriques permettant de définir ces concepts et proposant des démarches pour les identifier. Le Modèle Différenciateur du Don et du Talent de Gagné (2004) qui provient du domaine de l'éducation mais peut être transposé à la détection de Haut Potentiel au Talent en Psychologie du Travail. Cette approche peut être qualifiée de multidimensionnelle. Elle prend en compte, l'intelligence générale certes mais aussi la personnalité, les intérêts, la motivation, les émotions. Dans ce modèle, le « don » désigne l'expression spontanée d'aptitudes naturelles supérieures dont le niveau et le développement sont partiellement contrôlés par des facteurs génétiques, dans quatre domaines différents : intellectuel, créatif, socio affectif et sensorimoteur. Par contraste, le « talent » désigne la maîtrise d'aptitudes et de connaissances supérieures, systématiquement entraînées ou développées dans un domaine d'application. Sans entrer dans une présentation détaillée du modèle, rappelons seulement que le processus développemental par lequel le « don » se transforme en « talent » repose sur l'apprentissage et la pratique systématique. Ce processus peut être facilité ou contrecarré par des facteurs intrapersonnels (les caractéristiques physiques et mentales, les caractéristiques d'autogestion : conscience de soi et des autres, motivation) et des facteurs environnementaux (le milieu : physique, social, culture) qui interviennent comme autant de catalyseurs. Une autre particularité de ce modèle est qu'il prévoit qu'un facteur de hasard interagit directement avec les autres composantes. La notion de haut potentiel trouve sa place entre les deux, le haut potentiel s'appuyant sur ses « dons » pour fournir une performance exceptionnelle dans un domaine donné et devenir alors un talent.

Pour aller plus loin, essayons de décrire les capacités, les aptitudes dont on parle ici ? Quels sont les traits caractéristiques des individus à haut potentiel ? De quelle manière ces caractéristiques s'expriment-elles dans les activités professionnelles ?

b) Caractéristiques des hauts potentiels : les critères classiques en GRH

Dans la littérature, Falcoz (2001) affirme qu'il est assez courant de trouver des critères tels que le diplôme, la mobilité inter-fonctionnelle, internationale, et inter-unité, la rapidité de progression, l'augmentation continue de responsabilités pour définir les individus à hauts potentiels. Il n'est pas rare par ailleurs de voir apparaître dans les procédures de recrutement des tests psychotechniques permettant de mesurer les aptitudes intellectuelles des candidats, quand bien même ces derniers seraient diplômés de grandes écoles. Les performances intellectuelles sont connues comme prédisant le mieux la performance au travail (Schmidt et Hunter, 1998). On comprend donc que ceux qui ont la responsabilité de choisir les candidats potentiellement les plus performants portent leur attention sur de tels critères facilement mesurables et identifiables. Cependant, les recherches de Schmidt et Hunter (1998) sur les prédicteurs de la performance au travail montrent que l'intelligence générale explique seulement 16% de la variation des performances individuelles. Quels facteurs participent donc aux 84% restant ? Les autres variables pourraient faire appel à d'autres caractéristiques psychologiques comme la personnalité, la motivation, les intérêts et aussi à la manière dont la personne choisit de réaliser sa tâche ou utilise des stratégies pour parvenir à atteindre ses objectifs. Encore une fois, la notion de compétences permettrait de réunir l'ensemble de ces facteurs et d'apporter des données sur une part de la variance inexpliquée.

D'autre part, le potentiel et le talent s'inscrivent dans un processus dynamique d'apprentissage et de développement (Gagné, 2004). Ils ne se décrètent pas une bonne fois pour toute et peuvent se déployer sur de multiples aspects. Ils s'identifient relativement à des attentes particulières et ils dépendent du contexte, de l'effort, de l'apprentissage, de la motivation, de l'accès à la bonne information, de la manière dont on les exploite et dont on apprend à les valoriser. Pour transposer au domaine de l'entreprise, le potentiel et le talent s'enrichiraient tout au long d'un parcours professionnel et à chaque niveau de poste. Ainsi une personne présente un certain potentiel si elle a des performances exceptionnelles à un poste donné (talent) tout en présentant des caractéristiques nécessaires à l'attribution d'un poste de niveau supérieur ou de même niveau mais qui nécessitera l'acquisition de nouvelles compétences. Elle pourra alors devenir un talent sur ce nouveau poste, et présenter une nouvelle fois les caractéristiques pour un poste d'un niveau toujours différent.

La question du talent et celle du potentiel se reposent donc à chaque nouvelle étape du parcours professionnel.

Comment proposer des techniques et des procédures de gestion RH, à partir de cette présentation des concepts, qui permettraient de détecter et développer les hauts potentiels de l'entreprise ?

Selon Marbach (1999), une approche par le potentiel se distingue de l'approche par les savoir-faire car l'évaluation des compétences y est antérieure à leur mise en œuvre effective. L'évaluation du potentiel correspond en effet à un pronostic de réussite, alors que le constat de compétences relève d'un diagnostic. Ce type d'approche par le potentiel fournit, selon lui, des indications intéressantes pour le recrutement ou la gestion de carrière.

Comme le souligne Fesser (2002), il ne s'agit pas en effet d'évaluer la compétence qui sous-tend une performance constatée mais de détecter celle qui pourra sous-tendre une performance attendue. L'auteur définit le potentiel comme la capacité à développer, dans un délai satisfaisant, des compétences d'un degré supérieur. Comme la compétence, le potentiel rend performant dans l'accomplissement de telle tâche ou de telle mission. Mais à la différence de la compétence, le potentiel n'a pas encore fait ses preuves, sa mise en œuvre n'est pas effective. Il est donc l'objet d'un pronostic sur la base d'observations qui seront réalisées sur le poste actuel ; il fera ou non ses preuves lors d'une tâche ou d'une mission nouvelle, souvent à un niveau d'activités supérieur.

A notre connaissance, la littérature aborde cette question principalement lorsqu'il s'agit de détecter, dans les entreprises, les personnels dits à hauts potentiels. Les évaluateurs s'appuient selon Fesser (2002), sur la présence de signes tels que la renommée du diplôme, comme indicateur des capacités d'apprentissage et d'intégration, ou bien encore de la mobilité professionnelle, comme signe d'adaptabilité ou d'employabilité. Ces inférences ne sont pas réellement éprouvées scientifiquement. Elles ne correspondent pas non plus à la définition des compétences de Mac Clelland (1961) pour qui, ni les diplômes, ni les aptitudes, ne permettent de prédire la performance au travail d'un individu. Pour lui, le meilleur prédicteur de la réussite professionnelle est celui qui échantillonne des critères de performance.

Le potentiel, le talent et les compétences se définissent par rapport à une tâche ou à une mission donnée. Le premier possède une valeur pronostic, et permet de situer le niveau de l'individu en amont de la mise en pratique effective et attendue de ses compétences. Le second permet d'attester la performance.

Ainsi, deux démarches peuvent être menées pour les gestionnaires en ressources humaines : détecter ces potentiels à un niveau de poste n-1 et évaluer la performance à un niveau de poste n. Ceci implique donc pour une situation n de travail de définir les éléments constituant des prérequis et susceptibles d'être mesurés à un niveau n-1 (celui du potentiel) et les éléments indicateurs de performance à un niveau n (celui du talent). Ce processus est continu et se réitère à chaque fois qu'on se pose la question pour un poste, une fonction ou mission particulière. La seconde manière est d'appliquer ce modèle à la mobilité horizontale. Finalement, ce raisonnement peut être activé chaque fois qu'une personne change de poste et doit acquérir de nouvelles compétences.

Dans la thèse, la question se pose par rapport à des promotions internes, le cycle de détection de potentiel et de sélection est présenté sur le schéma ci-après en prenant en compte l'exemple de la promotion interne.

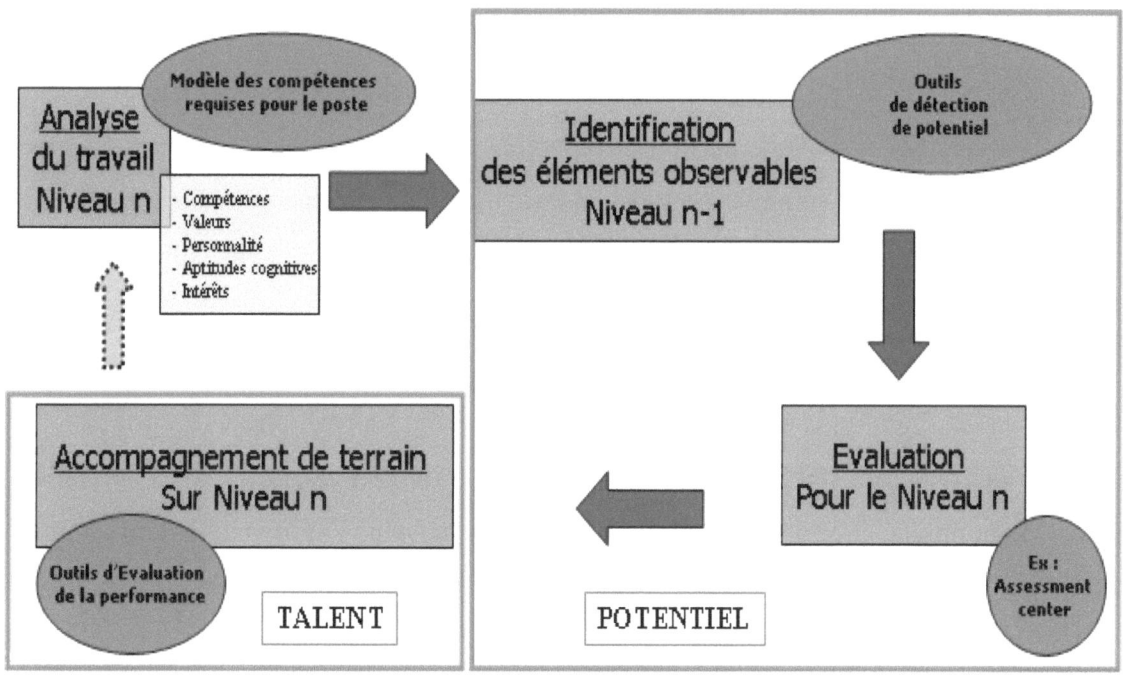

Schéma 2.1 : Processus de Détection de Potentiel et d'Évaluation des Talents,
Exemple de la promotion interne (Gennari-El Hicheri et Caroff, 2010)

Comme il est indiqué sur ce schéma, en partant d'en haut à gauche :

– Pour un poste donné (niveau n), il s'agira de définir en amont, par une analyse approfondie du travail ce qui participe à la réussite de la mission en termes de comportements, de connaissances, d'aptitudes, de traits de personnalité etc…

– Puis il faut identifier les éléments qui sont mesurables à un niveau inférieur (n-1) et construire l'outil de détection de potentiel qui permettra de les observer en situation de travail.

– Quand les prérequis sont identifiés à un niveau n-1, il s'agit de vérifier s'ils le sont aussi à un niveau nécessaire pour le poste de niveau n. C'est alors qu'un dispositif de sélection peut être mise en place.

– Ensuite, la personne promue sera évaluée sur son poste afin d'apprécier sa performance. La question du potentiel pour un autre poste peut alors se reposer.

La démarche est donc cyclique et se repose à chaque moment du parcours professionnel. Elle permet d'accompagner les personnels à chaque étape de leur développement de carrière.

La priorité de la DGES s'est d'abord portée sur les managers de proximité qui occupent une place stratégique dans l'organisation. Comme le souligne Livian (1996), ils sont proches des équipes, éloignés des sommets de la hiérarchie, ils ont pour mission de faire appliquer sur le terrain la politique et les décisions prises par la direction. Par ailleurs, l'analyse sociologique de Troadec (2004) a montré qu'ils sont souvent évincés dans les prises de décision. Il s'agit de leur redonner de la place et de l'autonomie. La Direction initie donc sa démarche de détection du Haut Potentiel managérial dans le cadre du Projet Maîtrises.

Dans le projet de thèse, l'objectif fixé pour cette catégorie de managers était d'approcher au plus près la notion de compétences, pour détecter sur le terrain, à un niveau antérieur au poste d'AMDE, quelles sont les ressources des compétences attendues pour cette fonction. En effet, à la DGES les managers de demain seront issus du terrain puisque la population des managers de proximité se constitue au moyen de la promotion interne. Ils exerceront des fonctions de manager pour la première fois de leur vie professionnelle. L'objectif est donc de détecter, dans les équipes, ceux qui présentent les meilleures dispositions pour une réussite sur le poste. Il s'agit donc d'aller évaluer, sur un poste n-1, les éléments mesurables et observables qui seront sollicités sur un poste de manager. Le processus de Détection de Potentiel et d'Evaluation des Talents (Gennari-El Hicheri et Caroff, 2010) présenté est donc celui mis en place et testé à Air France dans le cadre de la seconde recherche de la thèse.

2 – Construction, utilisation de l'outil de détection de potentiel à la DGES d'Air France

Le référentiel de compétences (Buet, 2005), décrit dans la première partie de cette thèse, a servi de socle à la construction de la procédure de détection et de sélection. En effet, l'analyse de la fonction managériale réalisée dans la première partie de la thèse a permis de dégager un modèle en 6 compétences. Ces dernières sont partagées, dans l'ensemble, par les différents niveaux de la ligne managériale. Dans le cadre de la thèse, compte tenu des problématiques révélées par les études sociologiques (Troadec, 2004 ; Vaysse 2007) autour de la population des AMDE, la DRH a demandé que la démarche compétences soit d'abord appliquée sur ce niveau de ligne hiérarchique. Buet (2005) avait construit un modèle spécifique pour cette population, les deux modèles de compétences ne sont pas éloignés l'un de l'autre et celui de Buet (2005) permettait d'avoir recours à des IC spécifiques de la population AMDE et aussi à d'autres aspects de la fonction qui ne sont pas des aspects managériaux. En cela, il était plus complet pour construire un dispositif adapté à la population AMDE.

Principe de la démarche de détection de potentiel

La phase de détection de potentiel s'effectue sur le terrain et se déroule dans le temps, ce qui permet de recueillir certains éléments qui ne pourraient être observés seulement en phase de sélection. Il s'agit d'observer les agents, au jour le jour, dans des situations de travail réel. Ceci permet d'évaluer un certain nombre de compétences indispensables pour leur poste d'agent mais que l'on pourrait retrouver sur le poste d'AMDE reflétées à un autre niveau. Par ailleurs, les valeurs d'entreprise difficilement abordables en sélection sont plus faciles à observer au quotidien. Parmi les vingt-deux exigences critiques du modèle de Buet (2005), les plus significatives pour le poste et dont l'évaluation semble envisageable lors de la détection et des épreuves de sélection ont été retenues. Ce choix a été fait par un groupe de travail réunissant 15 AMDE expérimentés qui avaient pour consignes de sélectionner les exigences critiques. L'outil de détection de potentiel vise donc à mesurer 16 indicateurs prédictifs d'une potentielle performance managériale. Huit exigences critiques du modèle ont été renommées « compétences » car elles répondaient véritablement à la définition théorique adoptée. Les 8 autres qui n'y répondaient pas strictement ont été renommées « valeurs professionnelles ».

En l'occurrence, il s'agissait plus d'attitudes des employés vis à vis des politiques de l'entreprise. Le tableau ci-dessous présente la dénomination de chacune des compétences et valeurs professionnelles de l'outil de détection de potentiel.

8 COMPETENCES	8 VALEURS PROFESSIONNELLES
Anticipation	Avoir Conscience du Contexte
Analyse	Avoir le Sens de l'Économie
Résolution de problème	Avoir le Sens du Client
Adaptabilité	Avoir Souci Permanent de la Sécurité
Travail en équipe	Assumer ses responsabilités
Relationnel	S'engager dans les projets AF
Engagement-Force de Conviction	Être Exemplaire
Organisation	Être Équitable

Tableau 2.2 : Les 8 compétences et les 8 valeurs professionnelles de l'outil de détection de potentiel[34]

Une grille d'observation et d'évaluation[35] contenant ces indicateurs ainsi qu'une grille d'entretien pour évaluer la motivation de l'agent à devenir AMDE a été construite avec eux pour qu'ils l'utilisent dans leurs équipes. L'objectif principal est de pouvoir guider la prise de décision d'un AMDE lorsqu'il oriente un des membres de son équipe vers le processus de sélection. Ainsi, le principe d'utilisation du dispositif repose sur la possibilité de mettre les agents en situation ou de les observer directement dans l'exercice de leurs activités de travail au quotidien et cela, au regard des critères mentionnés par l'outil.

L'AMDE attribue alors un score à la compétence ou à la valeur sur une échelle de 1 à 3. Le chiffre « 1 » désigne l'évaluation d'une compétence *en cours d'acquisition*, « 2 » *acquise* et « 3 » *maîtrisée*. Les valeurs sont désignées quant à elles par le chiffre « 1 » pour *partiellement*, « 2 » *suffisamment* et « 3 » *totalement partagée*.

L'AMDE a tout le temps qu'il souhaite pour faire évoluer son observation et réaliser son évaluation. Un dossier est prêt à être proposé pour une sélection lorsque la majorité des compétences et valeurs de la grille sont évaluées à un niveau 3.

---

[34] Annexes 7 *Définitions des 8 Compétences et des 8 Valeurs professionnelles*
[35] Annexes 8 *La grille d'observation et d'évaluation de la détection de potentiel AMDE*

Cet outil est donc un support d'aide à la décision lorsque l'AMDE veut évaluer le potentiel de son équipe pour le poste d'AMDE et de management puisqu'il lui permet d'identifier les éléments sur lesquels faire travailler son collaborateur.

3 - Recueil et analyse des données

Sujets

La mise en place de la détection de potentiel à la DGES a permis de recueillir 364 dossiers d'agents détectés par leur AMDE.

Ces dossiers proviennent pour 70% de l'aéroport de Roissy (HUB), 15% des Escales de province (DEF), 10% de l'aéroport d'Orly et 5% d'autres secteurs.

Analyse descriptive des données

Les tableaux 2.3 et 2.4 présentent les moyennes des scores obtenus pour chacune des compétences de la grille de détection de potentiel.

	Statistiques Descriptives pour les 8 Compétences				
	N Actifs	Moyenne	Minimum	Maximum	Ecart-type
Anticipation	364.00	2.94	2.00	3.00	0.24
Analyse	364.00	2.84	2.00	3.00	0.37
Résolution de problème	364.00	2.88	2.00	3.00	0.32
Adaptabilité	364.00	2.90	2.00	3.00	0.30
Travail en équipe	364.00	2.95	2.00	3.00	0.22
Relationnel	364.00	2.90	2.00	3.00	0.30
Engagement-Force de Conviction	364.00	2.80	2.00	3.00	0.40
Organisation	364.00	2.91	2.00	3.00	0.28

Tableau 2.3 : Scores obtenus aux 8 compétences de la détection de potentiel

Statistiques Descriptives pour le 8 Valeurs professionnelles					
	N Actifs	Moyenne	Minimum	Maximum	Ecart-type
Avoir Conscience du Contexte	363.00	2.78	2.00	3.00	0.41
Avoir le Sens de l'Economie	362.00	2.75	2.00	3.00	0.43
Avoir le Sens du Client	362.00	2.94	2.00	3.00	0.24
Avoir Souci Permanent de la Sécurité	363.00	2.87	2.00	3.00	0.34
Assumer ses Responsabilités	364.00	2.91	2.00	3.00	0.28
S'Engager dans les projets AF	363.00	2.85	2.00	3.00	0.36
Etre Exemplaire	364.00	2.91	2.00	3.00	0.28
Etre Equitable	362.00	2.91	2.00	3.00	0.28

Tableau 2.4 : Scores obtenus aux 8 valeurs de la détection de potentiel

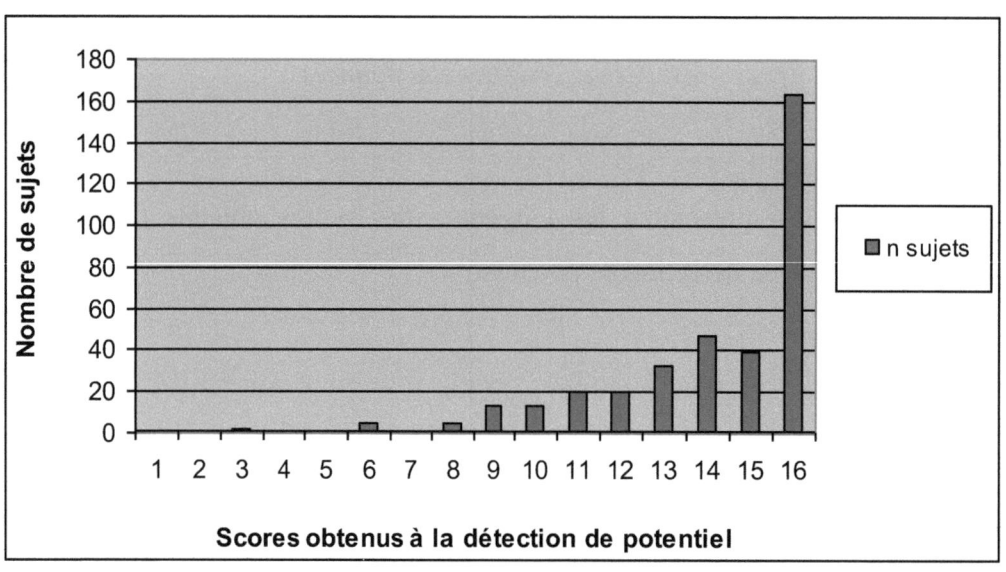

Histogramme 2.5 : Distribution des scores totaux obtenus à la grille d'évaluation de détection de potentiel

L'ensemble de ces résultats descriptifs montre que les managers ne présentent pas de candidats ayant des scores à « 1 » qui indiquent une compétence en cours d'acquisition. Cependant, seulement 45% des sujets présentent des dossiers où tous les indicateurs sont évalués à un niveau « 3 » c'est à dire des compétences ou valeurs maîtrisées sur le poste. Les autres candidats présentent une à treize fois la note « 2 », qui correspond à un niveau acquis sur le poste.

Hypothèse

Il existe des profils de candidats différents pour les 8 compétences et les 8 valeurs de la grille de détection de potentiel.
- Une catégorie de candidats regroupe les agents qui ont un profil de compétences maîtrisées sur leur poste et qui partagent totalement les valeurs de l'entreprise. Cette catégorie présente des résultats majoritairement à « 3 » dans la grille d'évaluation.
- D'autres candidats ont un niveau plus bas sur certaines compétences et / ou certaines valeurs. La note « 2 » apparaît plusieurs fois dans le dossier de détection. Les valeurs sont les éléments les plus difficiles à évaluer par des comportements observés. En effet, il s'agit davantage d'attitudes, d'opinions ou de croyances des personnes. C'est sans doute sur cet aspect de la grille que certains managers ont pu avoir des difficultés à accorder la note « 3 » qui correspond au fait de partager « totalement » la valeur professionnelle en question.

Classification Ascendante Hiérarchique des données de la détection de potentiel

Pour tester l'hypothèse, une CAH a porté sur les notes obtenues par les agents lors de la phase de détection. Elle permet de dégager 3 classes selon le critère de la « chute des valeurs propres ».

La classe 1 regroupe 164 sujets qui ont obtenus un score de « 3 » aux 16 indicateurs (compétences et valeurs) de la grille d'évaluation. On peut considérer qu'ils « maîtrisent » les compétences et partagent « totalement » les valeurs requises par leur poste.

Une nouvelle analyse, excluant ces sujets, a été relancée sur les 192 autres candidats.

La figure 2.6 présente l'arbre de catégorisation des candidats qui ne maîtrisent pas toutes les compétences et les valeurs de l'entreprise.

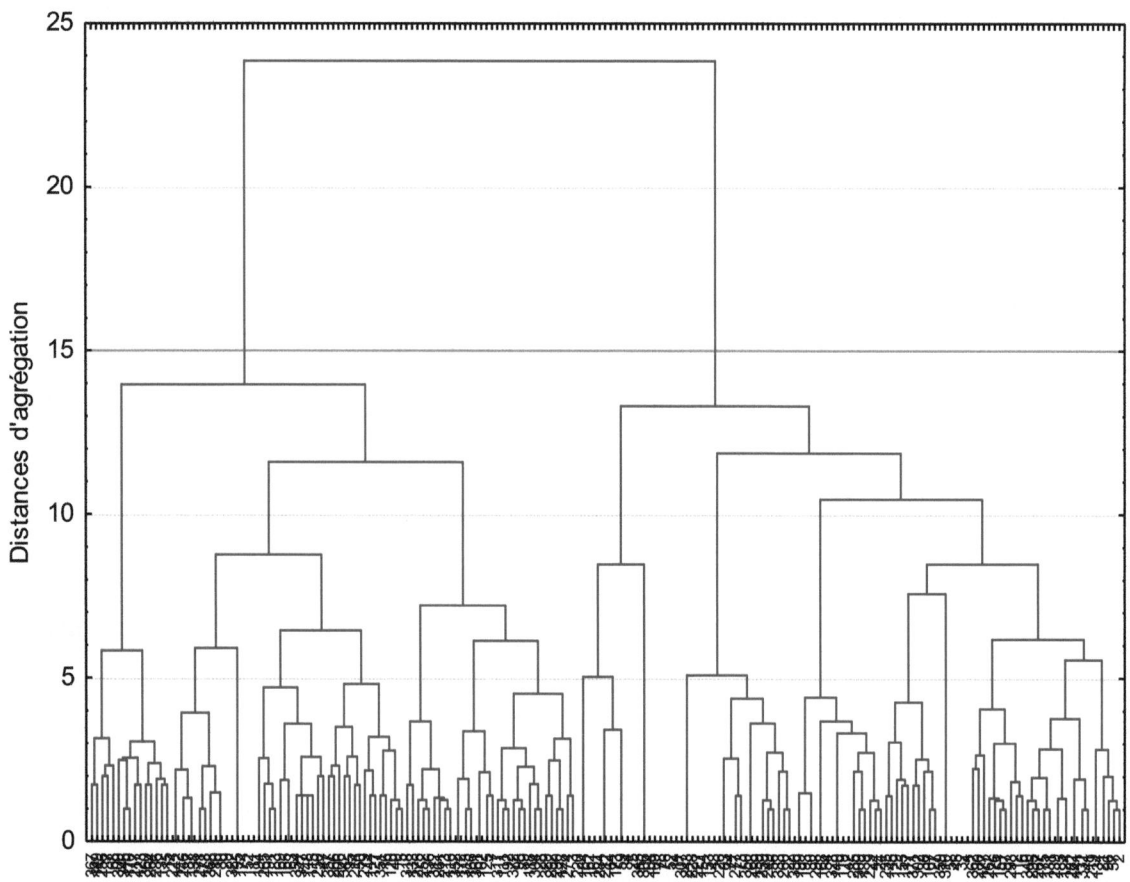

Figure 2.6 de la CAH avec 192 Sujets

Deux classes peuvent être dégagées, nommées 2 et 3 et qui contiennent respectivement 91 et 101 Sujets. Elles représentent des sujets qui ont au moins une note inférieure à « 3 ».

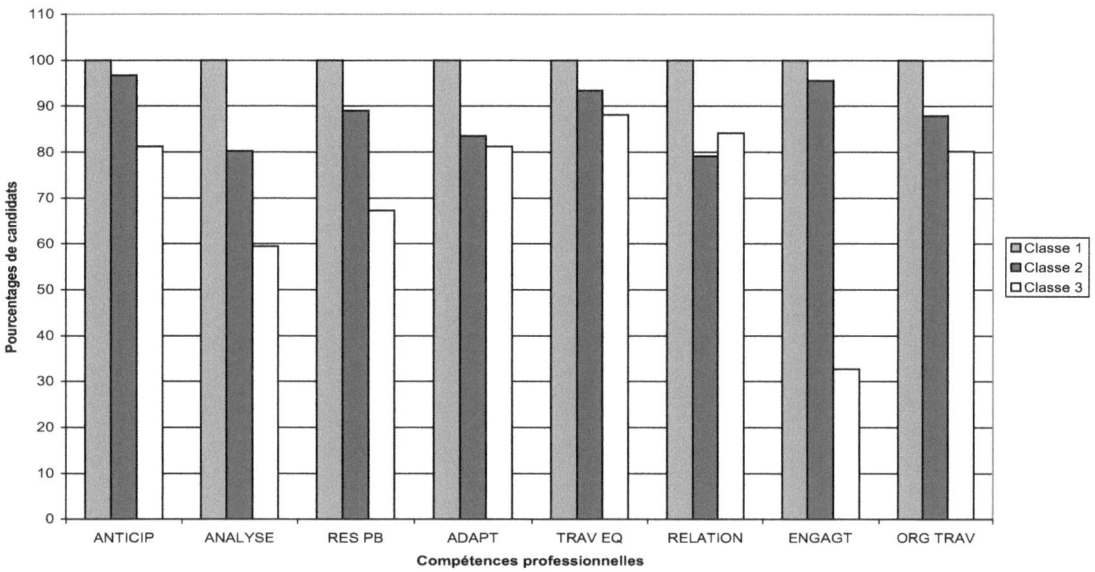

Graphique 2.7 des % de candidats dans chacune de des classes de la CAH pour les 8 compétences de la Détection de Potentiel

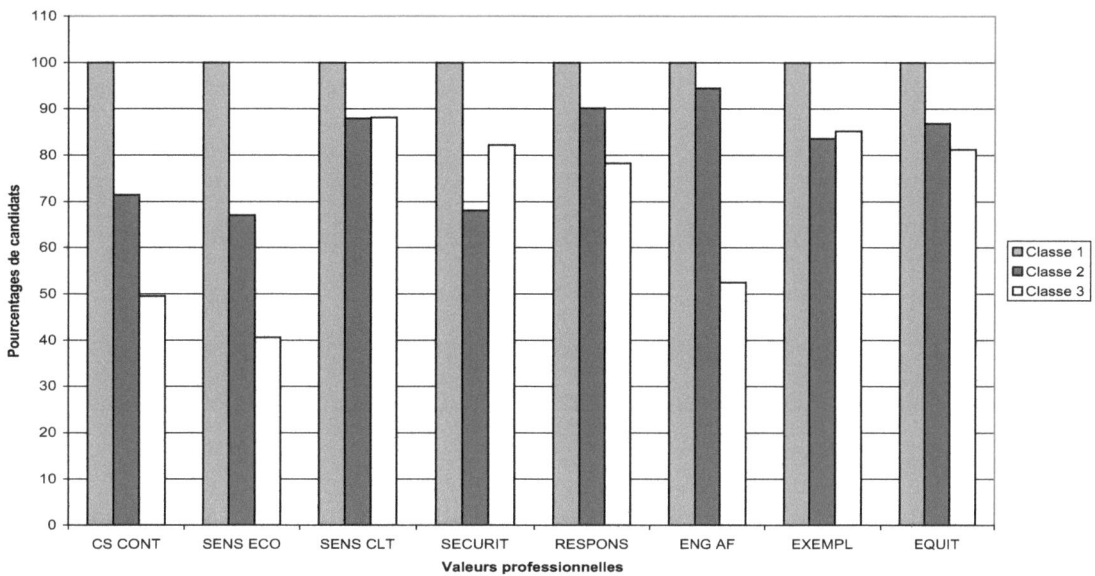

Graphique 2.8 des % de candidats dans chacune de des classes de la CAH pour les 8 valeurs professionnelles de la Détection de Potentiel

Analyse des Chi-2 pour chaque compétence et chaque valeur sur les classes 2 et 3

	Indicateurs de la détection de potentiel	Ddl	Valeur du Chi2	p	Significativité
COMPETENCES	Anticipation	1	11.36	<.001	S
	Analyse	1	9.74	<.001	S
	Résolution de problème	1	12.95	<.001	S
	Adaptabilité	1	0.18	≥.05	NS
	Travail en équipe	1	1.58	≥.05	NS
	Relationnel	1	0.81	≥.05	NS
	Engagement-Force de Conviction	1	80,89	<.001	S
	Organisation	1	2.10	≥.05	NS
VALEURS PROFESSIONNELLES	Avoir Conscience du Contexte	1	9.58	<.001	S
	Avoir le Sens de l'Economie	1	13,44	<.001	S
	Avoir le Sens du Client	1	0.001	≥.05	NS
	Avoir Souci Permanent de la Sécurité	1	5,11	≤.05	S
	Assumer ses Responsabilités	1	5	≤.05	S
	S'Engager dans les projets AF	1	42.31	<.001	S
	Etre Exemplaire	1	0.097	≥.05	NS
	Etre Equitable	1	1,11	≥.05	NS

Tableau 2.9 de résultats des calculs de Chi2 pour chaque compétence et valeur professionnelle en fonction des classes de la CAH

Pour quatre compétences et cinq valeurs professionnelles, le calcul du Chi2 est significatif à .05 voire .001. On peut conclure à l'existence d'un lien entre ces indicateurs et la classe d'attribution de la CAH. Il y a une différence de profil entre ces deux classes.

La classe 2 se caractérise par des scores plus bas sur la valeur professionnelle « Avoir un Souci Permanent de la Sécurité ».

La classe 3 se caractérise par des scores plus bas sur les compétences « Anticipation », « Analyse », « Résolution de problème », « Engagement-Force de Conviction » et sur les valeurs professionnelles « Avoir Conscience du Contexte », « Avoir le Sens de l'Économie », « Assumer ses responsabilités », « S'engager dans les projets AF ».

La CAH effectuée sur les compétences et les valeurs professionnelles permet de distinguer deux classes. La classe 2 est surtout un groupe de niveau intermédiaire, il présente une compétence à un niveau significativement en dessous du niveau « maîtrisé ». La classe 3 représente des candidats qui ont été orientés vers la sélection avec plusieurs scores à « 2 », ils ne maîtrisent donc pas tous les prérequis de leur poste.

Le groupe de candidats orientés vers la procédure de sélection par le biais de l'outil de détection n'est donc pas homogène quant à ses compétences ou ses valeurs professionnelles en tant qu'agents. Trois classes au moins de sujets ont été dégagées de l'analyse statistique. Il s'agira de suivre ces différentes catégories de candidats quant aux résultats qu'ils obtiendront en sélection.

Pour cela, la procédure de sélection AMDE construite à la DGES dans le cadre de cette thèse va être présentée.

4 - Principe de la sélection AMDE : l'Assessment Center comme réponse à l'évaluation des compétences managériales

Un Assessment Center a donc été construit pour évaluer les compétences managériales des candidats au poste d'AMDE. Un rappel des principes puis une présentation de la procédure vont être proposés avant d'analyser les qualités psychométriques de l'outil.

a) L'Assessment Center : définition

Les Assessment Centers sont des procédures d'évaluation qui utilisent, entre autres épreuves, des simulations et qui reposent sur le principe de la multi évaluation.
Beaujouan (2001) décrit les « Assessment Centers », appelés aussi centres d'évaluation, ou encore bilan comportemental (Ernoult, 1984), comme *« une situation d'évaluation des personnes dans un contexte professionnel avec une définition en amont des critères d'évaluation, des dimensions et des compétences en fonction de l'objectif de l'évaluation, l'utilisation de méthodes d'évaluation différentes et le recours à différents évaluateurs, l'utilisation large d'exercices de simulation et de mise en situation professionnelle dans lesquels on observera les comportements des candidats et une restitution des résultats lors d'un entretien entre l'évaluateur et l'évalué »* (p. 72). Les principes de base sont donc : la participation de plusieurs évaluateurs qui utilisent la même méthodologie, ont conscience des limites de leur jugement et qui confronteront les résultats de leurs observations et l'évaluation de chaque compétence dans plusieurs situations. Le bilan comportemental doit permettre de faire apparaître plusieurs fois les comportements recherchés. On parle de procédure multicritères, multi-épreuves et multi-évaluateurs. Ernoult, Gruere, Pezeu (1984) soulignent

que « *l'élaboration de cette procédure implique qu'on vérifie systématiquement la logique du processus d'ensemble* » (p 85).

Selon Ernoult et al. (1984) le bilan comportemental se divise en six étapes. La préparation, qui nécessite une analyse du poste, le choix et la définition des critères d'évaluation, le choix et la construction des simulations et/ou des questionnaires et/ou des entretiens structurés, la formation des évaluateurs. La passation des épreuves doit déboucher sur l'évaluation consensuelle par les juges. Enfin, un compte rendu est remis au candidat et à l'entreprise.

Le choix et la construction des épreuves ont pour objectif de reproduire, au moins en partie, les situations de travail les plus importantes décrites par l'analyse du poste et de solliciter les comportements attendus. Cette démarche dépend aussi d'autres éléments tels que le temps disponible consacré à l'évaluation, les éléments déjà disponibles sur le candidat et l'objectif du bilan (sélection, formation...). Plusieurs types d'exercices pourront être développés pour constituer ce type de procédure : l'exercice « in basket », la recherche d'information, l'exposé oral préparé ou non préparé, le travail de groupe et l'entretien de recherche de faits (Thorton et al., 1985).

Chaque dimension retenue lors de l'analyse du travail sera donc mesurée, à plusieurs reprises, au travers ces différentes épreuves.

b) La validité des Assessment Centers

Les méthodes utilisées en recrutement ne sont pas toujours les plus valides (Schimdt et Hunter, 1998 ; Beaujouan, 2001). Cependant, il est important de noter que les Assessment Centers tendent à être de plus en plus utilisés. En effet, depuis sa première utilisation par l'industrie en 1956 par AT&T, un grand nombre d'entreprises utilise cette méthode (Gaugler, Rosenthal, Thornton III, & Bentson, 1987). Gaugler et al. (1987) estiment que plus de 2700 entreprises l'utilisent pour divers objectifs : recrutement, identification des compétences managériales, développement des compétences... Ces Assessment Centers sont de plus en plus utilisés pour évaluer notamment les compétences managériales (Jansen & Vinkenburg, 2006). Qu'en est-il de leur validité ?

La validité prédictive

L'engouement pour les Assessment Centers a généré un grand nombre de recherches concernant leur efficacité. Les divers résultats tendent à montrer qu'ils ont une forte validité prédictive pour un grand nombre de critères tels que le potentiel d'évolution, ou la détermination d'une promotion (Gaugler & al, 1987).

Les coefficients peuvent varier de -.25 à .78. Dans leur étude, Gaugler et al. (1987), ont réalisé une méta-analyse à partir de 50 études sur la validité prédictive des Assessment Centers. Selon eux, cette validité serait de .37. Mais cette qualité psychométrique varie en fonction de l'objectif du centre d'évaluation : elle est de .48 lorsqu'il est utilisé à des fins de recherche et de .30 lorsqu'il est utilisé pour promouvoir un collaborateur. Le coefficient de validité prédictive varie également en fonction du critère utilisé : il est de .37 quand ce dernier porte sur la performance au travail et de .53 quand il touche au potentiel de réussite. Ces résultats vont dans le sens de l'étude menée par Cohen, Moses, et Byham (1977), qui montrent que les Assessment Centers prédisent mieux un potentiel (.63) qu'un critère de performance (.33).

Michigan Bell (1962, cité par Huck, 1973) a comparé 40 managers promus à partir d'un Assessment Center à 40 managers promus avant sa mise en place. Les résultats montrent que 62,5% des managers ayant été sélectionnés avec l'Assessment Center sont évalués de façon très satisfaisante dans leur nouveau poste, contre 35% pour ceux ayant été sélectionnés sans. De plus, les résultats montrent que 67% des managers ayant été sélectionnés avec l'Assessment Center sont reconnus comme possédant les capacités nécessaires pour le niveau de management supérieur, contre 35% pour ceux n'ayant pas été sélectionnés de cette manière. Ces résultats indiquent que les Assessment Centers améliorent la validité prédictive pour déterminer le potentiel managérial par rapport à d'autres techniques.

Hinrich (1978) a suivi, pendant huit ans, des managers d'une société de marketing ayant été évalués avec un Assessment Center. L'objectif était d'évaluer la validité prédictive de ce dernier. Le critère était le niveau atteint des candidats dans l'entreprise un an après avoir passé la sélection puis huit ans après. L'auteur a trouvé que la validité prédictive était meilleure après huit ans (.46) qu'après un an (.26). Ces résultats s'expliquent aussi par un effet d'augmentation de la variation des scores dans le critère au cours du temps.

Lévy-Leboyer (2005) conclue également à une validité prédictive plutôt satisfaisante de ce type de procédure. Elle cite une étude longitudinale convaincante de Bray et Grant, réalisée entre 1966 et 1974, au cours de laquelle les auteurs ont conservé les résultats d'un centre d'évaluation sur 123 diplômés et 144 cadres. Huit ans après, 82% des diplômés et 75%

des cadres qui avaient été promus à des fonctions de cadre moyen avaient été correctement identifiés lors des épreuves d'entrée.

La prédiction atteignait 88% des diplômés non promus et 95% des cadres des autres candidats non promus identifiés lors des épreuves d'entrée. Lévy-Leboyer note que les résultats, présentés par Bray et Grant (1966), évitaient toute « contamination de critères ». En effet les résultats aux tests avaient été gardés confidentiels pendant toute la durée de l'étude. Cependant, lorsque ceci n'est pas le cas on peut s'interroger sur le choix des différents critères et notamment sur celui de la réussite professionnelle en termes de promotion professionnelle. D'autres auteurs comme Kimoski et Strickland (1977) ont critiqué l'utilisation de ce critère de validation prédictive, défendant l'idée que les promotions dépendent d'autres facteurs que ceux mesurés lors des tests de recrutement.

Par ailleurs, les Assessment Centers ont une validité différente selon leur contenu (Beaujouan, 2001). En effet, Gaugler et ses collaborateurs (1987) ont montré que ces dispositifs sont d'autant plus valides que le nombre d'exercices différents augmente. Wollowick et McNamara (1969) ont étudié la validité prédictive de différentes épreuves (test de personnalité, mises en situation et les caractéristiques individuelles tels que la communication écrite, les capacités de persuasion, la résistance au stress…). Le critère utilisé était le degré de responsabilités managériales atteint des managers trois ans après leur évaluation. Les auteurs ont montré que la validité prédictive était de .45 pour les tests de personnalité seuls, de .41 pour les caractéristiques individuelles seules et de .39 pour les mises en situation seules. Quand les trois types d'épreuves étaient assemblés, la validité prédictive globale atteignait .62. Ainsi, associer différentes épreuves contribue à augmenter la validité prédictive comme c'est le cas dans le modèle de régression où la qualité de la prédiction augmente quand on augmente le nombre de prédicteur susceptible d'expliquer le critère. Ce résultat peut tout de même varier en fonction de la qualité des exercices et tests utilisés.

Gaugler et al. (1987) ont montré par ailleurs que la validité prédictive d'un Assessment Center est meilleure lorsque les évaluateurs sont des psychologues. Cependant, d'autres études ne trouvent pas ce même résultat. Par exemple, Greenwood et McNamara (1967) ont montré que la répartition des notes pour des évaluateurs psychologues est équivalente à celle d'évaluateurs managers Mais pour ce faire, les évaluateurs doivent être formés pour évaluer correctement les candidats. Ils doivent, par exemple, connaître les concepts à évaluer, les critères qui doivent être utilisés et comment les apprécier lors des mises en situation (Thomson, 1969).

Selon Hough et Oswald (2000), pour augmenter les qualités psychométriques d'un centre d'évaluation, il faut chercher à mesurer un petit nombre de concepts, distincts les uns des autres, utiliser des définitions concrètes des concepts que l'on cherche à évaluer, utiliser un cadre de références normé (grilles de cotation et évaluateurs formés pour utiliser ces grilles), et choisir plusieurs types d'exercices différents.

La validité de construction

Il s'agit d'identifier les relations qui existent entre les dimensions au sein d'une même épreuve et à travers les différentes épreuves qui composent un Assessment Center. Pour ce faire, on peut mener deux types d'analyses statistiques : des analyses de validité convergente (ou divergente) et des analyses factorielles. Il y a validité convergente lorsqu'une corrélation forte apparaît entre les évaluations d'une même dimension obtenues dans différents exercices. Au contraire, il y a validité divergente lorsqu'une corrélation faible apparaît entre les évaluations de différentes dimensions à l'intérieur d'un même exercice.
Une méta-analyse de Woehr et Arthur (2003) portant sur 32 études de validités convergentes et divergentes, présentant les résultats de 48 Assessment Centers, montre une validité convergente de .34 et une validité discriminante de .55. Cette dernière corrélation est beaucoup trop forte pour conclure à l'indépendance des variables. Ces résultats posent problème car on constate très souvent cette mauvaise validité discriminante. Les résultats de différentes études posent de sérieuses questions sur la capacité de l'évaluateur à produire des jugements différenciés selon les dimensions. Ces auteurs interprètent ces résultats par le fait que les évaluateurs n'ont vraisemblablement pas de représentation claire et commune des compétences. Ceci confirme la nécessité de définir préalablement et de façon la plus exhaustive possible les dimensions qui seront à évaluer. Beaujouan (2001) note à ce propos qu'un effet de halo apparaît souvent dans les centres d'évaluation. L'impression globale laissée par le candidat détient sur tous les critères d'évaluation et limite l'objectivité du jugement. Woehr et Arthur (2003) ont cherché à expliquer ce phénomène. Ils ont identifié certaines variables susceptibles d'avoir un effet sur la validité de construction d'un Assessment Center. Parmi elles, ils ont testé l'effet du type d'évaluateur en comparant les évaluations de supérieurs hiérarchiques avec celles des psychologues.

Dans cette recherche, la validité convergente est plus importante quand les évaluateurs sont des psychologues que lorsqu'il s'agit des responsables hiérarchiques (.45 *vs* .39) et la validité discriminante est plus satisfaisante quand les évaluations proviennent des psychologues que des responsables hiérarchiques. En outre, des résultats d'analyses factorielles (Rolland, 2001), ont permis de constater que les dimensions mesurées dans les épreuves ne sont pas toujours indépendantes. Selon Rolland (2001), les observateurs évaluent en fait plus la performance générale que chacune des compétences isolément. Gaugler et Thornton (1989) ont également montré que le nombre de compétences à évaluer est parfois trop important provoquant une certaine surcharge cognitive qui ne permet pas de traiter correctement les informations et de les dissocier en fonction des différentes dimensions à traiter.

Les analyses factorielles portant sur la validité de construction des Assessment Centers reposent souvent sur l'hypothèse de deux types de facteurs : des facteurs de type « dimension », chacun d'entre eux représentant l'évaluation d'une dimension psychologique à travers plusieurs exercices et des facteurs de type « épreuve » ou « méthode », chacun d'entre eux représentant l'évaluation de toutes les dimensions d'un même exercice. Les différentes études révèlent le plus souvent l'existence d'un « facteur épreuve ». Sackett et Dreher (1982) l'ont vérifié sur les données de trois organisations regroupant 549 sujets. Bycio, Alvares, Hahn (1987) aboutissent aux mêmes conclusions avec les données d'un Assessment Center auquel a participé 1170 candidats. Et Roberston, Gratton, Sharpley (1987) arrivent aux mêmes conclusions avec les données de 4 Assessment Centers.

Toutes ces données montrent de nouveau une absence de différenciation des dimensions psychologiques que sont supposées mesurer l'Assessment Center. Lievens et al. (2001) ont permis d'apporter des informations sur la structure factorielle des Assessment Centers en procédant à des analyses confirmatoires, sur un ensemble de 34 études, dans le but de tester 4 modèles différents selon que les évaluations dans les Assessment Center reflètent :
- uniquement des facteurs « dimensions »,
- uniquement des facteurs « épreuves »,
- des facteurs « épreuves » et un facteur « général de performance »[36],
- des facteurs « épreuves et des facteurs « dimensions ».

---

[36] Un score global sur l' Assessment Center qui différencie les sujets qui obtiennent de bons résultats des autres

Les résultats montrent que les deux premiers modèles ne sont pas vérifiés. Le modèle le plus approprié serait celui comportant des facteurs épreuves et des facteurs dimensions.

Validité apparente

Rappelons que les épreuves de mise en situation bénéficient également d'une bonne validité apparente c'est à dire que les candidats ont le sentiment d'être jugés sur une base adéquate par rapport au poste. Ils ont également le sentiment d'avoir appris quelque chose sur eux-mêmes, ce qui les conduit à apprécier favorablement ce type d'épreuves. L'apparente bonne validité de l'épreuve ne doit pas être le seul critère d'utilisation de l'outil, il s'agit d'approfondir l'analyse afin de vérifier toutes les qualités psychométriques.

5 – L'Assessment Center construit à la DGES

Après la phase de sélection, le niveau d'exigences est situé maintenant sur celui du poste d'AMDE. L'idée centrale était de placer le candidat en situations concrètes, disponibles grâce aux Incidents Critiques récoltés par Buet (2005), pour évaluer ses compétences managériales. De plus, les prédicteurs pourraient donc correspondre aux compétences du modèle. Il a néanmoins fallu choisir parmi les 22 compétences de ce modèle celles qui seraient les plus pertinentes à évaluer en sélection. En effet, par définition, les candidats ne pratiquent pas encore le métier d'AMDE. Certaines compétences n'ont donc pas encore eu l'opportunité d'être activées. Ainsi, les savoirs requis, tels que *détenir les notions techniques minimales* et *détenir les notions RH nécessaires* ; la compréhension de son rôle, c'est-à-dire *connaître son rôle, prendre des initiatives attendues d'un AMDE* et *améliorer/innover*, enfin être *attentif aux agents* dans les compétences relationnelles dans les compétences managériales, semblent-ils difficilement mesurables en sélection. Pour certaines exigences critiques, il apparaît difficile de recueillir des faits observables. Le positionnement hiérarchique, caractérisé par *adhérer à la politique Air France, s'engager dans les projets Air France*, faire *preuve de courage, intervenir avec discernement* et *être exemplaire* n'a pas été retenu dans le cadre de cette évaluation. De fait, 10 compétences ont été retenues pour la sélection. Elles sont présentées dans le tableau ci-dessous.

Cette sélection a été réalisée avec des AMDE et des Chefs de service en poste afin de ce qui apparaissait comme possible d'être évalué en sélection et en même temps le plus important pour le poste.

MODELE DE BUET (2005)[37]	
EXIGENCES CRITIQUES	**COMPETENCES**
Prendre du recul / savoir analyser	Planifier / organiser
Etre attentif / savoir anticiper	
S'organiser / savoir planifier	
Faciliter les relations / garantir les échanges	Coopérer / travailler en équipe
Maîtriser son affectivité	Maîtriser ses réactions
Gérer le conflit	
Avoir du charisme	Influencer / convaincre
Fédérer / donner du sens à l'action	
Savoir s'adapter aux personnes	S'adapter
Savoir s'adapter aux situations	

Tableau 2.10 : Exigences critiques et compétences évaluées lors de l'Assessment Center

Une sixième compétence générale a été ajoutée « communiquer / s'exprimer » comprenant « expression orale » et « expression écrite » sur demande de la DRH.

Sujet

La construction de l'Assessment Center a permis de réaliser une première session de recrutement des AMDE de la DGES auprès de 63 agents du pôle Trafic[38] de l'aéroport Roissy-CDG. Chaque journée de recrutement réunissait 6 à 8 candidats évalués par 3 ou 4 évaluateurs. Au total, ce sont 20 cadres opérationnels et RH qui ont participé à cette session « test ».

Matériel

Une première version de l'Assessment Center contenait quatre épreuves[39].

Une épreuve de Mise en Situation Orale (MSO1) qui vise à mesurer les compétences « organiser/planifier », « influencer/convaincre », « maîtriser ses réactions », « communiquer/s'exprimer et s'adapter ». Le métier d'AMDE nécessite en effet de s'approprier les projets de l'entreprise afin de pouvoir les transmettre et les expliquer à ses équipes.

---
[37] Annexes 4 *Modélisation des compétences AMDE (Buet, 2005)*
[38] Ce pôle gère la coordination des vols arrivée et départ des avions en aérogare
[39] Annexes 9 *Matrice d'évaluation de l'Assessment Center AMDE*

Ainsi, cette mise en situation orale se présente-t-elle sous la forme d'un « jeu de rôle » dans lequel le candidat se met à la place d'un AMDE et l'évaluateur à celle d'un supérieur hiérarchique. La consigne générale de l'épreuve est la suivante : « *nous sommes en période de grands changements pour l'entreprise et de nombreux projets font leur apparition. Vous êtes AMDE et vous avez rendez-vous avec votre hiérarchie dans 30 minutes afin de lui présenter le projet que vous aurez à démultiplier. Votre hiérarchie souhaite s'assurer que vous serez capable de présenter ce projet à votre équipe et de répondre aux questions susceptibles d'être posées par vos agents. Vous devez préparer votre entretien et présenter à votre responsable ce que vous souhaitez dire à vos équipes* ». Le candidat est évalué sur sa prestation orale. L'évaluateur dispose d'une grille d'observation contenant les compétences ainsi que leurs indicateurs, relatifs aux exigences critiques, afin d'orienter son attention sur les comportements qui doivent être observés dans cette épreuve. Une fois que le candidat a terminé l'épreuve, le juge doit l'évaluer sur une grille de cotations correspondante. Plusieurs scores sont recueillis par compétence. Ils ont été nommés « indicateurs » et sont évalués sur des échelles en 5 points. Un score global par compétence, nommé « critère », est évalué sur une échelle en 9 points.

Une seconde épreuve de Mise en Situation Orale (MSO2) vise à évaluer les cinq mêmes compétences que celles mesurées dans la première épreuve mais à partir d'une situation différente. Le métier d'AMDE demande d'exercer des fonctions de manager. Il doit, par exemple, prendre des décisions vis-à-vis de ces agents en termes d'avancements ou de sanctions. Cette mise en situation orale se présente donc sous la forme d'un « jeu de rôle » dans lequel le candidat endosse la mission d'un AMDE et l'évaluateur celle d'un supérieur hiérarchique. Le principe de l'épreuve est le suivant : « *nous sommes en période de préparation de la campagne d'avancement. Vous êtes AMDE et vous avez rendez-vous avec votre hiérarchie dans 30 minutes afin de lui présenter votre plan d'accompagnement concernant trois agents de votre équipe. Préparez vos dossiers et vos arguments. Vous présenterez ensuite vos décisions à votre manager* ».
L'évaluateur dispose à nouveau d'une grille d'observation et d'une grille de cotation construite sur les mêmes principes que ceux utilisés par l'épreuve précédente.

Un Entretien de groupe (EG) vise à mesurer les compétences « coopérer / travailler en équipe », « influencer / convaincre », « organiser / planifier », « maîtriser ses réactions », « communiquer / s'exprimer » et « s'adapter ».

La fonction d'AMDE s'exerce au contact permanent des équipes de travail et nécessite de prendre en charge une mission qui doit être réalisée collectivement chaque jour. L'entretien de groupe se présente de la manière suivante : *« Vous faites partie d'une expédition. A la suite d'un évènement imprévu, vous vous retrouvez isolé avec les autres personnes de l'expédition. Vous devez choisir l'équipement indispensable pour votre survie et celle du groupe. L'exercice consiste à classer quinze objets par ordre de première nécessité. Mettez le chiffre 1 en face de celui qui vous semble le plus important, 2 en face du suivant, et ainsi de suite jusqu'à 15 en face de celui qui vous paraît le moins utile. »* Durant les dix premières minutes le candidat doit travailler individuellement pour réaliser son classement. Il peut également préparer les arguments ou explications qu'il soumettra au reste du groupe durant la seconde partie de l'épreuve. Durant les trente minutes suivantes les candidats doivent travailler en groupe dans le but d'obtenir un classement consensuel aussi proche que possible de la solution idéale.

L'évaluateur doit observer deux candidats au sein du groupe. Les grilles d'observation et de cotations construites sur les mêmes principes que précédemment.

Une Epreuve in- basket (IB) vise à mesurer les compétences « organiser / planifier », « coopérer / travailler en équipe », « communiquer / s'exprimer » et « s'adapter ». Cette épreuve a été construite avec l'aide de deux AMDE, afin de s'approcher le plus possible d'une situation réelle de travail et de rendre crédibles les différentes informations reportées dans les documents. La fonction d'AMDE requiert d'organiser, de planifier, d'analyser d'être attentif aux informations annonciatrices d'un problème et aussi de déléguer, de transmettre les informations à ses équipes et de faciliter les relations. La première partie de l'épreuve in basket se présente de la manière suivante : *« Vous allez devoir jouer le rôle d'un AMDE, en poste depuis 5 ans, et qui est amené à effectuer un remplacement d'une semaine dans une escale où il n'a jamais travaillé auparavant. Vous arrivez à l'hôtel le dimanche 25 novembre à 19h en prévision de votre prise de service du lendemain à 5h30. Des documents ont été laissés à votre attention à la réception de l'hôtel par l'AMDE qui a effectué la vacation du dimanche matin. Vous disposez des informations nécessaires pour préparer votre vacation et planifier les actions que vous comptez entreprendre à votre arrivée sur l'aéroport. »* La seconde partie de l'épreuve in basket se présente de la manière suivante : *« Vous venez d'arriver à l'escale le lundi matin à 5h20 afin de prendre votre service. Sur votre bureau, l'AMDE de la vacation de la veille au soir vous a laissé certaines consignes et vous disposez également des télex arrivés durant la nuit. À l'aide de ces informations vous allez pouvoir entreprendre les actions nécessaires pour mener à bien votre vacation. »*

L'objectif pour le constructeur de l'épreuve était de produire un ensemble de documents parmi lesquels se trouveraient des informations indispensables à la bonne planification de la vacation et des distracteurs. Une seule réponse d'organisation est possible, car chaque action est contrainte par un impératif horaire. De plus, chaque façon de gérer une situation difficile est prévue par une procédure d'application locale transmise dans les documents qui limite la marge d'actions de chacun. Le candidat a donc à organiser de manière *« théorique »* sa vacation du lendemain, à s'adapter aux *« situations réelles »* de la vacation et à préparer son briefing de début de vacation dans lequel il transmettra toutes les informations nécessaires au bon déroulement de la journée à ses équipes. Le candidat rend une feuille de réponse pour la première partie sur laquelle figure son plan d'actions pour le lendemain. Il rend ensuite deux feuilles de réponse pour la seconde partie : le plan d'actions qu'il a effectivement réalisé et un briefing de début de journée rédigée sous forme de rédaction. L'évaluateur dispose d'une grille de cotations détaillée qui lui permet de repérer les éléments attendus dans les feuilles de réponse du candidat. Il cote par « 1 » lorsque l'élément est apparu et par « 0 » lorsqu'il est absent. Les différents indicateurs sont additionnés pour former un score composite par compétence mesurée.

Les épreuves orales se sont déroulées le matin et dans l'ordre suivant pour l'ensemble des candidats : Mise en Situation Orale 1, Mise en Situation Orale 2 et Entretien de Groupe. L'après-midi a été consacrée à l'épreuve écrite In Basket. Une réunion de synthèse avec les évaluateurs a clôturé chaque journée d'évaluation. L'objectif était de cette réunion était d'obtenir un consensus pour chaque candidat quant aux scores attribués aux compétences dans les épreuves orales. Cette réunion était animée par un psychologue pour l'ensemble de la session de sélection. Les notes obtenues à l'épreuve in basket ont été ajoutés dans un second temps au score consensuel pour obtenir le score final par compétence.

En complément de l'Assessment Center, un *questionnaire de satisfaction* a été proposé aux candidats et aux évaluateurs. Dans ce questionnaire, la perception que les candidats et les évaluateurs pouvaient avoir de la nouvelle sélection a été interrogée. En particulier, il s'agissait de savoir si les candidats avaient eu le sentiment de pouvoir exprimer leurs compétences pour devenir AMDE, si les situations de travail semblaient crédibles à leurs yeux et à ceux des évaluateurs, s'ils étaient globalement satisfaits de la journée d'évaluation et de son déroulement.

Analyse de la matrice de corrélations Multi Traits Multi Méthodes[40] effectués à partir des scores aux compétences sur les quatre épreuves de l'Assessment Center.

Analyse de la validité des épreuves

La matrice de corrélations Multi Traits Multi Méthodes a été calculée à partir des scores bruts pour chaque compétence (échelle en neuf points) obtenus sur les quatre épreuves de l'Assessment Center. Dans cette analyse, le modèle de compétences (Buet, 2005) sert de référence pour la lecture des résultats.

Les corrélations mono traits – multi méthodes (corrélations entre les scores obtenus pour une même dimension dans différentes épreuves) permettent d'évaluer la validité convergente. Une corrélation forte est donc attendue entre les épreuves pour une même compétence. Ici, les corrélations sont faibles, voire proches de 0 (comprises entre -.02 et .22 ; NS). La validité convergente n'est donc pas confirmée sur la procédure d'évaluation.

Les corrélations multi traits – mono méthode (corrélations entre les dimensions d'une même épreuve) permettent d'évaluer la validité divergente à l'intérieur d'une même épreuve. On attend donc des corrélations proches de 0 entre des compétences différentes évaluées dans une même épreuve. Pourtant, dans les trois épreuves orales, les corrélations sont fortes (comprises entre .58 et .80) entre les différentes compétences à l'intérieur d'une même épreuve. La validité discriminante n'est pas satisfaisante. Cependant notons que dans l'épreuve in basket, contrairement aux épreuves orales, les corrélations entre les différentes compétences sont globalement nulles (entre -.03 et .07). Ceci tend à montrer une certaine validité divergente pour cette épreuve.

On ne peut donc ni conclure à une validité discriminante des compétences à l'intérieur des épreuves ni à une validité convergente des compétences à travers les épreuves. Un facteur « épreuve » semble se dégager. Cependant, au regard de ces premiers résultats, il semble que les évaluations dans les épreuves orales et l'épreuve in basket aient une structure différente. L'analyse de cette matrice de corrélation semble ne pas confirmer la validité du modèle de compétences. Les épreuves orales vont ainsi être analysées indépendamment de l'épreuve in basket afin de dégager la structure factorielle de chacune des épreuves avant d'analyser la structure factorielle de la procédure globale.

---

[40] Annexes 10 *Matrice Multi Traits Multi Méthodes*

Analyse de la structure des épreuves orales à partir des scores aux indicateurs.[41]

Cette analyse porte sur les scores attribués par les évaluateurs dans les différents indicateurs (échelles en cinq points).

Mise en Situation Orale 1 (projet Air France)

- Analyse en Composantes Principales sur les indicateurs de l'épreuve.

Une Analyse en Composantes Principales sur les indicateurs de l'épreuve MSO1 a été menée. Au regard du tableau des valeurs propres on peut retenir les trois premiers facteurs en considérant le critère de Kaiser (valeur propre supérieur à 1). Ainsi, 73% de la variance totale est expliquée. Cependant, en considérant les poids factoriels de chaque variable sur ces trois axes, on observe une saturation très forte de tous les indicateurs sur le premier axe factoriel qui représente à lui seul 54% de la variance totale. De plus l'examen du nuage de points ne laisse pas apparaître de regroupement particulier de variables isolées et identifiables sur les autres facteurs. Ainsi, c'est plutôt la solution en un seul facteur qui a été retenue. Ce dernier pourrait être un facteur épreuve. L'évaluation dans cette épreuve est unidimensionnelle, elle décrit un facteur général de la performance.

Mise en Situation Orale 2 (cas de management)

- Analyse en Composantes Principales sur les indicateurs de l'épreuve.

Une Analyse en Composantes Principales sur les indicateurs de l'épreuve MSO2 a été menée. Au regard du tableau des valeurs propres, les deux premiers facteurs sont retenus en considérant le critère de Kaiser (valeur propre supérieur à 1). Ainsi, 69.53% de la variance totale est expliquée de cette manière. Cependant, en considérant les poids factoriels de chaque variable sur ces deux axes, on observe une saturation très forte de tous les indicateurs sur le premier axe factoriel qui représente à lui seul 61.33% de la variance totale. De plus l'examen du nuage de points ne laisse pas apparaître de regroupement de variables isolées et identifiables sur les autres facteurs. Ainsi, avons-nous plutôt décidé de ne retenir qu'un seul facteur. L'évaluation est unidimensionnelle.

---

[41] Annexes 10 *Analyse factorielle sur les indicateurs des épreuves MSO1-MSO2- EG*

Epreuves de groupe

- Analyse en Composantes Principales sur les indicateurs de l'épreuve.

Nous avons mené une Analyse en Composantes Principales sur les indicateurs de l'épreuve de groupe. Au regard du tableau des valeurs propres on pourrait retenir les trois premiers facteurs en considérant le critère de Kaiser (valeur propre supérieur à 1). Ainsi, 73.76% de la variance totale est alors expliquée. Cependant, en considérant les poids factoriels de chaque variable sur ces deux axes, on observe une saturation très forte de tous les indicateurs sur le premier axe factoriel qui représente à lui seul 54% de la variance totale. Cette saturation est toujours plus forte (entre .28 et .90) que sur le deuxième axe (sauf pour l'indicateur I1COO qui présente une corrélation de .28 avec le premier axe et sature davantage l'axe 2 avec une corrélation de .76). Néanmoins, l'examen du nuage de points ne laisse pas apparaître de regroupement de variables isolées et identifiables. Ainsi, avons-nous plutôt décidé de ne retenir qu'un seul facteur. L'évaluation est unidimensionnelle.

Analyse de la structure de l'épreuve in basket.[42]

Nous procèderons à une analyse centrée sur les items relatifs à chaque dimension à mesurer.
La fonction d'AMDE demande d'organiser le travail de son équipe, si bien qu'en organisant l'AMDE fait preuve également de coopération, sept items sont donc bidimensionnels par construction dans cette épreuve. L'épreuve in basket est constituée de 59 items dont 36 items mesurent la compétence *organiser/planifier*. Quatre items mesurent *communiquer* et 14 items mesurent *s'adapter* dont 12 items mesurent la compétence *coopérer/travailler* en équipe dont sept mesurent également *organiser/planifier*.
Avant de pratiquer l'analyse de la structure interne de l'épreuve, une sélection des items en fonction de leur pouvoir discriminant va être effectuée.

Sélection des items en fonction de leur pouvoir discriminant.

L'objectif de cette analyse est d'éliminer les items trop discriminants, c'est-à-dire ceux pour lesquels soit très peu, soit beaucoup de candidat répondent.

---
[42] Annexes 11 *Analyse factorielle IB ACP*

L'analyse des pourcentages de bonnes réponses effectuée sur les 59 items a permis de déterminer leur pouvoir discriminant. L'intervalle [20% ; 80%], en dehors duquel un item n'est pas conservé, a servi de critère de sélection. Ceci nous a permis de conserver 24 items pour *planifier/organiser*, 4 items pour *coopérer / travailler en équipe*, 1 item pour *communiquer* et 5 items pour *s'adapter*.

Coefficient de Kuder-Richardson sur la dimension organiser/planifier.

Les items sont déséquilibrés par le fait que dès la construction de l'épreuve, nous avons cherché à mesurer avant tout la capacité à organiser et à planifier du candidat, nous avons ainsi multiplié les items représentant cette dimension.

Néanmoins, afin de rééquilibrer la répartition des items en vue de procéder à une analyse factorielle sur cette épreuve, nous avons calculé un coefficient de Kuder-Richardson sur les items dichotomiques de la dimension *organiser/planifier*. Ainsi, réduisons-nous le nombre d'items de cette dimension en fonction de la consistance interne.

Le calcul de cet indice nous permet d'apprécier la consistance interne de la dimension considérée. Ici, le coefficient de Kuder-Richardson s'élève à .71. Malgré une valeur assez élevée, nous avons choisi de supprimer les items qui font chuter la consistance interne en procédant à une démarche itérative. Nous ne conservons donc que cinq items pour la dimension organiser/planifier, ce qui rééquilibre le nombre d'items par dimension tout en conservant un indice notable de .66 (ce qui reste acceptable compte tenu de la longueur du test).

Analyse de la structure des indicateurs par une Analyse en Composantes Principales.

Une Analyse en Composantes Principales sur les 15 items sélectionnés, dont cinq pour la dimension *organiser / planifier,* quatre pour la dimension *coopérer / travailler en équipe,* un pour la dimension *communiquer* et cinq pour la dimension *s'adapter.*

Les principaux critères de sélection du nombre de facteurs donnent des résultats sensiblement différents. Conserver tous les facteurs dont la valeur propre est supérieure à un entraînerait un nombre trop élevé de facteurs (six facteurs). La plus nette inflexion de la courbe des valeurs propres se situe après le troisième facteur. Nous ne conserverons donc que ces trois facteurs car cela remplit davantage l'exigence de parcimonie. Nous avons divisé par cinq le nombre de facteurs initiaux, et nous expliquons alors 45% de la variance totale.

*Saturation des items sur les deux facteurs **après rotation VariMax**.*

La rotation VariMax permet de maximiser les rapprochements de chaque item sur l'un des facteurs en augmentant dans le même temps la distance avec les autres facteurs. Une saturation forte des items relatifs aux compétences *organiser / planifier* sur le premier facteur est observée alors que sur le deuxième axe sont réunis les items relatifs aux compétences *communiquer* et *adapter* enfin sur le troisième axe, on trouve les items relatifs à la compétence *coopérer*.

Notons qu'un item de *organiser / planifier* saturent les trois axes fortement (22ORGA), un item de *coopérer* saturent fortement le premier axe (5COO), que deux items de *adapter* saturent fortement les deux premiers axes (9-10COO) et que 11ADA sature le premier axe. Ces items ne respectent pas totalement la structure énoncée plus haut.

Nous concluons à une structure tridimensionnelle dans cette épreuve in basket régie par la répartition et la construction des items en fonction des différentes dimensions à mesurer. On peut souligner que l'axe 2 représente majoritairement la compétence « *adapter* » dans la mesure où la compétence « *communiquer* » n'est mesurée que par un seul item. Ces résultats restent néanmoins à prendre avec mesure car nous n'expliquons alors que 45% de la variance totale.

Analyse de la structure des indicateurs et des compétences sur l'ensemble de la procédure.[43]

Dans un premier temps, nous avons analysé la structure interne de chaque épreuve prise indépendamment. Nous proposons, maintenant, d'analyser la structure de la procédure Assessment Center prise dans sa globalité. Pour cela, nous nous situerons à nouveau à deux niveaux d'analyse, le premier concernera le niveau des indicateurs, le second celui des compétences. Dans la mesure où l'analyse de la structure interne de chaque épreuve orale a montré l'existence d'un facteur unique dans chacune d'elles nous proposons de construire deux scores globaux par épreuve. Le premier score sera la somme des indicateurs (noté SI) et le second sera la somme des scores en compétences (noté SC). Pour l'épreuve in basket, les items ont été sommés selon les trois facteurs issus de l'analyse factorielle. Nous présentons donc la matrice d'inter corrélations entre les quatre épreuves.

Les quatre épreuves sont indépendantes. Les facteurs de l'in basket concernant respectivement les compétences *organiser / planifier, communiquer / adapter* et *coopérer,* ne corrèlent avec aucune des épreuves orales. Ils semblent donc que les épreuves orales mesurent d'autres dimensions que nous ne pourrons définir dans cette étude.

Validité apparente de la procédure.[44]

L'appréciation des candidats

Les résultats au questionnaire montrent que les candidats ont trouvé :
- les consignes des épreuves claires dans toutes les épreuves (91%),
- les épreuves crédibles quant à l'évaluation pour un poste d'AMDE (92%).

L'épreuve la plus appréciée des candidats est celle de mise en situation orale relative au traitement de cas de management (54%). L'épreuve la moins appréciée est l'épreuve de mise en situation relative à l'exposé d'un projet Air France (46%). Pour 69% des candidats le sentiment d'avoir pu exprimer leurs compétences pour devenir AMDE a été exprimé. Enfin, 82% d'entre eux ont été satisfaits du déroulement de la journée d'évaluation.

---

[43] Annexes 12 *Corrélations entre les scores indicateurs et compétences procédure*
[44] Annexes 13 *Résultats du questionnaire de satisfaction candidats et évaluateurs*

L'appréciation des évaluateurs

Les résultats au questionnaire montrent que les évaluateurs ont trouvé :
- les consignes claires (97%),
- les supports d'évaluation (grille d'observation, de cotation et fiche de synthèse) facile à utiliser (91%),
- leur rôle facile à jouer (81%),
- les mises en situation crédibles (100%),
- le processus de sélection meilleur que le précédent (95%).

Enfin, 83% des évaluateurs ont été satisfaits de la journée d'évaluation.

Discussion et objectifs de développement sur cette première version de l'outil

La recherche a mis en évidence l'existence de quatre épreuves indépendantes. Les résultats de la littérature ont montré des corrélations parfois plus fortes pour les différentes dimensions d'une même épreuve qu'entre les différentes mesures d'une même dimension à travers les épreuves. Woher et Arthur (2003) présentaient une corrélation synthétique d'une dimension mesurée dans différents exercices de .34 alors que la corrélation synthétique des différentes dimensions au sein d'un même exercice s'élevait à .55. Dans cet Assessment Center les corrélations à l'intérieur d'une même épreuve sont bien plus importantes (jusqu'à .80) et les corrélations d'une même dimension entre les épreuves sont bien plus faibles (jusqu'à .00). Ainsi, dans les épreuves orales, la structure multifactorielle attendue n'est pas établie. Un seul facteur par épreuve a été identifié. Rolland (2001) avait démontré que les dimensions mesurées dans les épreuves ne sont pas toujours indépendantes. Il concluait que les observateurs évaluent plus une performance générale que les compétences indépendamment. Il semble qu'un effet de halo, comme le soulignait Beaujouan (2001), soit observé. L'impression globale ou la première impression influence l'évaluation des différentes compétences. Un facteur épreuve s'est dégagé des trois épreuves orales. Posons l'hypothèse selon laquelle chaque épreuve mesure au mieux une performance professionnelle générale qui pourra servir d'indicateurs à la validation prédictive de l'épreuve lorsque des critères d'évaluation en poste pourront être dégagés et appliqués sur ces soixante-trois sujets.

L'Analyse en Composantes Principales avec rotation VariMax sur l'épreuve in basket, même si seulement 45% de la variance est expliquée, a permis de dégager trois facteurs régis par la construction des items en trois dimensions, respectivement « *organiser / planifier* », « *adapter / communiquer* » et « *coopérer* ».

Les épreuves de mise en situation n'ont pour aucune des trois mis en évidence les dimensions du modèle de compétences à mesurer dans chacune d'elles contrairement à l'épreuve in basket. Ce dernier, qui répond davantage au principe de construction des tests, permet de dégager une structure proche du modèle théorique, avec l'identification de dimensions indépendantes. Le facteur humain qui intervient dans les épreuves de mise en situation par l'intervention d'un évaluateur pourrait être la cause de cette uniformisation de l'information. L'évaluateur n'arriverait pas à se forger une vision claire de chaque compétence et évalue alors, une impression globale plutôt que des dimensions indépendantes. La formation des évaluateurs joue un rôle capital et doit permettre de lever cette difficulté. Les évaluateurs formés seront plus à même de dissocier chez le candidat les informations correspondantes à chaque compétence. Dans cette recherche, les évaluateurs sont des supérieurs hiérarchiques opérationnels ou issus des ressources humaines. Ils ont reçu une formation d'une demi-journée au cours de laquelle leur a été exposé le principe de la nouvelle sélection, de l'Assessment Center et de chaque épreuve. Néanmoins, ils n'ont véritablement découvert les grilles d'observation, de cotations et les sujets des épreuves que le jour même de l'évaluation (ceci dans un souci de confidentialité). Les résultats de la littérature montrent que les évaluateurs expérimentés identifient davantage les différentes compétences à évaluer dans une épreuve que les évaluateurs non expérimentés. À partir de là et en améliorant également la structure des épreuves, on peut espérer que plus les évaluateurs seront confrontés à ce type de procédure d'évaluation, plus ils apprendront à développer une expertise qui leur permettra d'identifier plus clairement les différentes dimensions. Un second facteur pourrait être à l'origine de cette difficulté à identifier les différentes compétences. Il s'agit de la mise en forme des grilles d'observations et de cotations. En effet, par souci de standardisation, nous avons construit les grilles de manière que chaque compétence soit évaluée sur le même principe visuel. Cependant, cette présentation a peut-être trop uniformisé la perception qu'on peut avoir de chaque grille, gommant ainsi les différences et la présence de plusieurs dimensions à identifier. Une présentation avec des codes couleurs ou une mise en page qui permette aux évaluateurs de distinguer rapidement sur les grilles les différentes compétences serait peut-être à envisager.

Enfin, la structure du référentiel de compétences initial n'a pas été vérifiée empiriquement à cette étape de la démarche ; on ne sait donc pas si les compétences sont indépendantes ou si elles peuvent être hiérarchisées grâce à la présence de facteurs obliques.

Si certains d'entre eux présentent des liens, il est alors normal de les retrouver lors de l'analyse de la validité de construction. Néanmoins dans notre cas, ces liens sont trop forts pour ne conclure qu'à cette seule hypothèse.

Les questionnaires de satisfaction rendent compte de la validité apparente de la procédure de sélection. Les études montrent que les épreuves de mise en situation bénéficient en général d'une bonne validité apparente. Les candidats ont le sentiment d'être jugés sur une base adéquate par rapport au poste. Cette forme de validité, si elle n'a de validité que le nom, apprécie un facteur psychologique susceptible d'influencer la validité empirique de la procédure. En effet, si la validité apparente est bonne, alors le candidat et l'évaluateur s'impliqueront davantage dans la passation. Par ailleurs, l'enjeu était important dans la mesure où était proposé à l'entreprise Air France un nouveau processus de sélection qui a pour objectif de perdurer dans le temps et d'être amélioré. En effet, pour construire un outil dont les qualités psychométriques pourraient être confrontées empiriquement, il fallait pouvoir poursuivre cette recherche au sein de l'entreprise. Ainsi, la procédure de sélection pourra-t-elle être réutilisée et par ce fait, améliorée de façon à aboutir à des outils psychométriquement satisfaisants du point de vue de la validité empirique.

Les résultats du questionnaire de satisfaction sont néanmoins à nuancer car ils sont souvent entachés de biais même lorsqu'ils sont anonymes. En effet, au sein de l'entreprise il est difficile de recueillir des avis qui pourraient aller à l'encontre des objectifs de cette dernière, en particulier au moment d'une évaluation qui conduit à une évolution de carrière. Malgré cela les candidats ont eu majoritairement le sentiment d'avoir pu exprimer leurs compétences pour devenir AMDE.

Une seconde version de l'outil a donc été construite suite à ces premiers résultats. Des modifications ont été apportées au dispositif de sélection Assessment Center. Elles ont porté pour une grande partie sur les grilles d'observations et de cotations des évaluateurs de manière à les aider à se centrer davantage sur les comportements attendus liés à chacune des compétences évaluées.

Le nouveau dispositif va maintenant être présenté avant de fournir les résultats des analyses de validité sur ce dernier.

Évolution et analyse de l'Assessment Center AMDE à la DGES d'Air France

Suite à l'analyse précédente le modèle de compétences a été révisé et huit nouvelles compétences suivantes ont finalement été retenues, notamment parce que les indicateurs apparaissent plus facilement observables en situation. Ces compétences sont présentées dans le tableau 2.11.

LES 8 COMPETENCES EVALUEES LORS DE LA SELECTION	ABREVIATION	DEFINITIONS
Faciliter les relations/garantir les échanges	ECH	Développer un réseau d'échanges et de relations cordiales au sein des différents services. Garantir la cohésion de l'escale et de la compagnie.
Etre acteur dans la transmission d'informations	INFO	Rechercher, collecter et diffuser spontanément les informations nécessaires.
Avoir du charisme	CHA	Être reconnu et respecté par ses agents. Être un meneur que les agents ont plaisir à suivre au quotidien et à accompagner dans les projets.
Fédérer/donner du sens à l'action	FED	Être capable de réunir plusieurs individualités autour d'un projet commun. Savoir expliquer les conséquences globales d'une action locale.
Connaître son rôle	ROLE	Avoir connaissance et conscience des attentes d'AF envers ses AMDE. S'adapter à la politique de fonctionnement décidée par le chef d'escale.
Savoir s'adapter	ADA	Savoir adapter son discours et son argumentaire à la personne à laquelle il s'adresse. Faire preuve de souplesse et de flexibilité.
Développer l'autre	DEV	Saisir chaque opportunité d'améliorer ou d'encourager les performances de ses agents. Être cohérent dans l'intensité des récompenses ou des sanctions apportées en réponse au comportement qu'il observe.
Organiser/planifie	ORGA	Savoir organiser sa vacation et planifier les principales étapes d'un projet. Se fixer des priorités adaptées à celles de l'escale et des autres collaborateurs.

Tableau 2. 11 : Compétences évaluées lors de l'Assessment Center.

Sujets

Au total, 372 candidats ont passé la sélection, 203 femmes et 169 hommes dont 74% proviennent du HUB, 11% d'Orly et 12% de la DEF, (3% autres).
Les évaluateurs sont 14 cadres opérationnels et 10 cadres des ressources (certains apprécient l'exercice et reviennent plusieurs fois).

L'Assessment Center a été déployé sur 49 journées de sélection dans lesquelles 8 candidats ont été examinés par jour.

Le taux de réussite global est de 50%. (51% pour le HUB, 56% pour la DEF, 42% pour Orly).

Matériel

L'Assessment Center est composé de quatre épreuves (deux épreuves « in-basket », une épreuve de groupe et une épreuve de présentation orale) qui vont être présentées. Chacune des épreuves a été retravaillée (supports, consignes et grilles d'observation et de cotation)[45].

L'épreuve de groupe (EG)

C'est une épreuve orale qui dure une demi-heure. Trois thèmes, totalement indépendants du métier d'AMDE, servent de supports à l'évaluation. Le thème utilisé pour l'épreuve est tiré au sort lors de chaque journée de sélection. A titre d'exemple pour illustrer les différents types de thème, l'épreuve de groupe intitulé « Dans le désert » est présentée aux candidats de la façon suivante : « *Vous faites partie d'une expédition en 4X4 dans le désert marocain. A la suite d'une violente tempête de sable le cortège de voitures se trouve disloqué et vous vous retrouvez isolé avec les autres personnes de l'expédition dans une voiture en panne d'essence. Quelques heures avant la tombée de la nuit vous vous décidez à rejoindre à pied votre campement situé à 15 kilomètres de là et vous devez choisir l'équipement indispensable pour ce voyage parmi ceux contenu dans le coffre de la voiture. L'exercice consiste à classer ces quinze objets par ordre de première nécessité.* »

L'épreuve se déroule en deux phases successives. Dans un premier temps, les candidats disposent de dix minutes pour réaliser individuellement leur classement des différents objets (une boite d'allumettes, des aliments concentrés, cinquante mètres de corde de nylon, un couteau multifonctions, un appareil de chauffage fonctionnant à l'énergie solaire, etc.). Ils peuvent également préparer les arguments ou justifications qu'ils soumettront au reste du groupe durant la seconde partie de l'épreuve. Ils doivent ensuite travailler en groupe, échanger leurs points, dans le but d'obtenir un classement consensuel aussi proche que possible de la solution idéale. Pour cette seconde partie de l'épreuve, les candidats disposent de vingt minutes.

---

[45] Annexes 14 *Dispositif de sélection Assessment Center AMDE (matrice d'évaluation, épreuves, grilles)*

Les évaluateurs ont pour consigne de ne pas intervenir ni de répondre aux questions durant la première phase de l'épreuve. Par contre, pendant la phase de travail en groupe, ils ont pour consigne d'écouter et d'observer, mais toujours sans intervenir, les deux ou trois candidats qu'ils ont pour mission d'évaluer. Afin d'apprécier la performance de ces candidats, ils disposent d'une grille d'observation qui leur permet de recueillir leurs comportements observés qui sont en liaison avec les critères définis pour l'épreuve. Pour chaque "sous-compétence" (ou exigence critique, EC), ils cochent sur cette grille chaque fois que le candidat adopte un comportement allant dans le sens attendu pour cette sous-compétence ou, au contraire, chaque fois que le candidat présente un comportement opposé.

A l'issue de l'épreuve, après le départ des candidats, ils doivent attribuer une évaluation sur chacun des indicateurs comportementaux à l'aide d'une grille de cotation et en utilisant les notes qu'ils ont prises sur leur grille d'observation. Cette grille de cotation leur permet de déterminer la fréquence avec laquelle chaque sous-compétence a été manifestée durant l'épreuve (Jamais, Rarement, Par intermittence, Tout au long de l'épreuve). L'évaluateur peut aussi ne pas se prononcer (NSP). Pour chaque indicateur comportemental, l'évaluation qualitative est transformée en score de « 0 » pour « Jamais » à « 3 » pour « Tout au long de l'épreuve ». Il n'y pas de score pour « NSP ». Le score par compétence correspond à la moyenne des notes obtenues sur l'ensemble des indicateurs comportementaux évalués.

La Présentation orale d'un plan d'action de la Direction Générale de l'Exploitation Sol (PA)

Cette épreuve dure une heure. Les candidats doivent jouer le rôle d'un AMDE et présenter un projet de la Direction à son équipe (en fait, les deux évaluateurs et trois autres candidats) en proposant des actions concrètes. La consigne stipule que : « *Nous sommes en période de grands changements pour l'entreprise et de nombreux projets font leur apparition. Vous êtes AMDE et vous devez présenter un projet de la compagnie à votre équipe afin de le démultiplier et de proposer des actions en vue de son développement. Vous devez faire comprendre à votre équipe l'importance d'une telle directive et le bien-fondé de cette orientation ainsi qu'indiquer la direction à prendre et les priorités à donner en proposant des actions concrètes à mettre en place sur le terrain (pour cela vous pouvez proposer des actions en fonction de votre entité : piste, trafic, vente ou passage). Afin de préparer votre exposé, vous disposez d'un document sur lequel le projet vous est résumé.*

Votre objectif consiste à le présenter de manière claire et convaincante à votre équipe. »

L'épreuve se déroule en deux phases successives. Dans une première phase, les candidats tirent au sort le volet du projet qu'ils vont devoir présenter. Après en avoir pris connaissance, ils disposent de vingt minutes pour préparer individuellement leur intervention. Dans la seconde phase de l'épreuve, tous les candidats d'une même session d'évaluation sont réunis. Ils doivent présenter le projet aux deux évaluateurs et aux autres candidats qui jouent le rôle de l'équipe de travail. Ils disposent pour ce faire de dix minutes. Cette seconde phase de l'épreuve dure donc 40 minutes au total (10 min. par candidat).

Durant la phase de présentation, les évaluateurs disposent d'une grille d'observation sur laquelle ils peuvent noter, pour chaque "sous-compétence", chaque fois que le candidat adopte soit un comportement allant dans le sens de cette sous-compétence soit un comportement contraire à celle-ci, ou n'adopte aucun comportement pertinent alors que la situation le lui permettait. Une grille de cotation permet d'évaluer ensuite la fréquence avec laquelle chaque sous-compétence a été manifestée (Jamais, Rarement, Par intermittence, Tout au long de l'épreuve). L'évaluateur peut aussi ne pas se prononcer (NSP). A l'issue de l'épreuve, les notes obtenues par les candidats sont établies selon les mêmes principes que ceux présentés dans l'épreuve de groupe.

L'épreuve In Basket intitulée sur un thème lié à l'exploitation (IB ORGA)

Il s'agit d'une épreuve écrite qui se déroule en deux phases. On demande aux candidats d'imaginer qu'ils sont AMDE depuis 5 ans et qu'ils devront réaliser une vacation dans une escale française. Cette épreuve se déroule en deux phases. Dans la première, les candidats reçoivent dix documents différents : 2 fiches de régulation des vols, 1 fiche d'escale AMDE itinérant, 1 photocopie du cahier de consigne AMDE, 4 fiches de procédure d'application locale. Ils ont pour consigne d'organiser leur vacation prévue le lendemain matin. On leur demande également de rédiger leur planning qu'ils devront remettre aux évaluateurs ainsi que leurs brouillons. En fait, un seul planning n'est possible du fait des différentes contraintes imposées par le matériel. Pour cette première phase de l'épreuve, les candidats disposent d'une heure. Dans la seconde, on commence par distribuer deux nouveaux documents aux candidats : une nouvelle photocopie du cahier de consigne AMDE et une fiche comportant différents télex arrivés dans la nuit.

Les candidats ont pour consigne de re-planifier la vacation et de rédiger le briefing du matin. À l'issue de leur travail, ils devront donc remettre deux documents différents aux évaluateurs (le nouveau planning et le briefing du lendemain). Pour ce faire, ils disposent de 50 minutes.

La cotation du planning remis à l'issue de la première phase de l'épreuve est assez simple puisqu'une seule solution est possible. Le score du candidat correspond donc au nombre d'éléments correctement planifiés.

L'épreuve In Basket sur un thème lié au management (IB EQUI)

Il s'agit d'une épreuve écrite qui se déroule en deux phases. On demande aux candidats d'imaginer qu'ils sont AMDE depuis 3 ans et qu'ils devront réaliser une vacation dans une escale française. Cette épreuve se déroule en deux phases. Dans la première, les candidats reçoivent vingt documents différents : 1 fiche d'escale AMDE itinérant, 1 fiche de régulation des vols, 1 feuille d'effectifs par service, le planning du passage, le planning du trafic, 1 télex, 1 feuille sur le remplissage prévisionnel des vols, 1 feuille détaillant le vol AF5770, 1 feuille sur les passagers en correspondance, 7 fiches de procédure d'application locale. Ils ont pour consigne de planifier les actions à entreprendre et rédiger les informations à transmettre aux équipes. Pour cette première phase de l'épreuve, les candidats disposent de 40 minutes. La cotation du document remis par les candidats est standardisée. Les candidats reçoivent un point pour chacune des 20 informations qui doivent être transmises : 11 à destination du passage, 4 à destination de la vente, 2 à destination du trafic et 3 à destination de la piste.

La décision finale

Tous les scores obtenus aux compétences de l'Assessment Center sont ensuite saisis dans une grille de calcul informatique. Les scores sont agrégés à travers les épreuves en calculant des moyennes pondérées. Ces scores sont ensuite transformés en note Z afin de pouvoir comparer les scores d'un candidat à sa population de référence, en l'occurrence il s'agit de l'ensemble des candidats qui ont été évalués lors de l'Assessment Center. Un étalonnage sur 372 candidats est désormais disponible.

En fin de matinée, un premier profil de compétences est présenté lors d'une réunion avec les évaluateurs RH et Opérationnels qui ont observé les épreuves orales. Un premier avis est alors émis sur chacun des candidats participants, la base de référence étant toujours le niveau attendu de compétences pour le poste d'AMDE et non pas le niveau du groupe présent le jour de l'évaluation.

À la fin de la journée, huit scores de compétences sont obtenus après avoir ajouté aux résultats des épreuves orales, ceux des épreuves écrites. Chacune des compétences du candidat est représentée sur un graphique qui permet de visualiser un profil de compétences. Ce profil de compétences et l'avis des évaluateurs permettent de prendre la décision finale de recrutement.

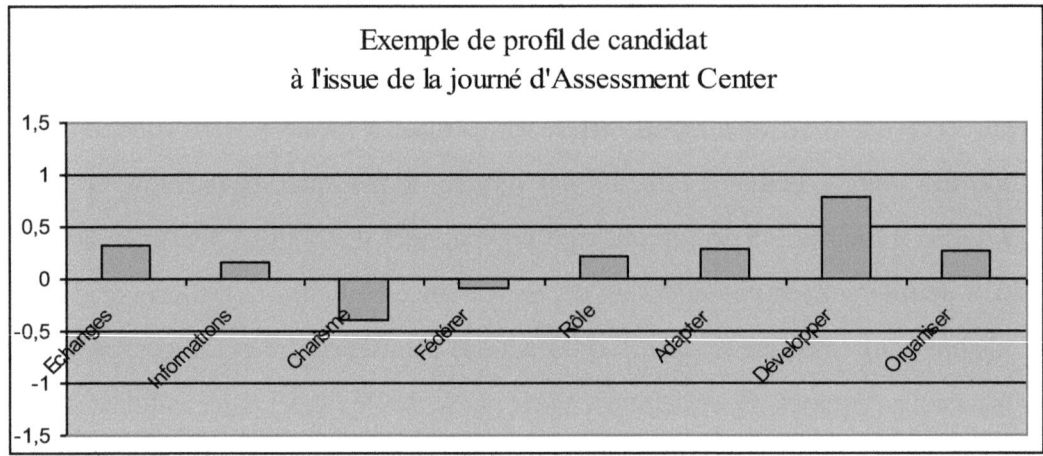

Graphique 2.12 Profil d'un candidat après l'Assessment Center

Analyse de la validité des épreuves de l'Assessment Center AMDE

Étude sur la structure interne des épreuves

L'analyse statistique a consisté en une série d'analyses factorielles ayant porté sur chacune des quatre épreuves du dispositif de sélection.

Chacune des huit exigences critiques qui permettent d'obtenir le profil d'un candidat en fin de journée est décomposée en indicateurs observables dans chacune des quatre épreuves. Dans cette recherche, le niveau d'analyse est d'abord celui de ces indicateurs.

- Distribution des scores[46].

Les scores s'échelonnent de 0 à 3. L'analyse des distributions fait apparaître un effet « plafond » sur certains des indicateurs dans les épreuves orales. Pour la suite des analyses, il a été décidé de transformer les scores. Le critère utilisé a été celui de la « médiane ». Ainsi, un score initial, inférieur ou égal à la médiane, s'est vu réattribuer le score « 0 » ; un score initial, supérieur à la médiane, s'est vu réattribuer le score « 1 ». Les analyses ont donc été conduites sur des scores dichotomiques.

L'épreuve de groupe

Les résultats sont obtenus à partir d'une Analyse en Composantes Principales des scores des candidats. Elle a porté sur 299 Sujets pour lesquels il n'y avait pas de score vide (dire « score manquant ?) du à la possibilité pour l'évaluateur de Ne Pas se Prononcer (NSP).

Pour le choix du nombre de facteurs, les règles empiriques ont été appliquées. Ces règles sont fondées sur l'allure de la séquence des valeurs propres (voir tableau 2.13). L'ACP permet ainsi de dégager 3 facteurs (Critère de Kaiser : valeur propre ≥1), ce qui correspond à une part de variance expliquée de 55.498% par rapport au total.

	Valeur propre	% variance expliquée	% cumulé
1	6.42	37.769	37.769
2	1.98	11.653	49.422
3	1.033	6.076	55.498
4	0.977	5.746	61.244

Tableau 2.13 des valeurs propres de l'épreuve de groupe

Le tableau 2.14 présente les saturations des variables dans les trois premiers facteurs extraits de l'analyse après rotation VariMax du système d'axes.

---

[46] Annexes 15 *Exemples de distribution des scores sur des indicateurs des épreuves orales*

Critères évalués	Facteur 1	Facteur 2	Facteur 3
ECHANGE EG 1	0.401	-0.083	0.482
ECHANGE EG 2	0.617	0.031	0.334
ECHANGE EG 3	0.411	0.052	0.555
ECHANGE EG 4	-0.002	0.802	0.007
ECHANGE EG 5	-0.041	0.774	0.072
ECHANGE EG 6	0.088	0.812	0.002
INFORMATION EG 1	0.202	-0.032	0.581
INFORMATION EG 2	0.181	0.022	0.703
CHARISME EG 1	0.717	-0.016	0.153
CHARISME EG 2	0.795	-0.086	0.080
CHARISME EG 3	0.628	0.106	0.422
CHARISME EG 4	0.776	0.123	0.147
FEDERER EG 1	0.343	0.193	0.584
FEDERER EG 2	0.467	0.154	0.562
FEDERER EG 3	0.240	-0.045	0.658
FEDERER EG 4	0.685	-0.013	0.431
FEDERER EG 5	0.675	0.024	0.419
Variance expliquée	4.253	2.010	3.171
% Total	25.0	11.8	18.7

Légende : ECHANGE EG 1 à 6: Indicateur 1 à 6 de la compétence « Echange » dans l'Epreuve de Groupe
INFORMATION EG 1 à 2 : Indicateur 1 à 2 de la compétence « Transmission d'informations » dans l'Epreuve de Groupe
CHARISME EG 1 à 4 : Indicateur 1 à 4 de la compétence « Avoir du charisme » dans l'Epreuve de Groupe
FEDERER EG 1 à 5 : Indicateur 1 à 5 de la compétence «Fédérer » dans l'Epreuve de Groupe

Tableau 2.14 des poids factoriels avec rotation VariMax
sur 3 facteurs pour l'Epreuve de Groupe (EG)

Le premier facteur explique 25% de la variance totale. Les 4 indicateurs de la compétence « Charisme » sont saturés par cet axe ainsi que deux indicateurs de la compétence « Fédérer, *mobilise et convainc* » et un de la compétence « Echanger, *propose* ».

Le second facteur explique 11.8% de la variance totale. Il sature 3 indicateurs de la compétence : « Echanger, *écoute, respecte et intègre les avis* »

Le troisième facteur explique 18.7% de la variance totale.

Il sature les indicateurs de la compétence « Information, *apporter et rechercher des informations* » et par l'indicateur *« synthétise »* de la compétence « « Fédérer, *explique, argumente, synthétise* ».

Une seconde analyse a été réalisée avec un facteur supplémentaire. En effet, par référence au modèle de compétence de Buet (2005) les principes de construction de l'épreuve prévoient de mesurer 4 compétences distinctes dans l'épreuve de groupe. Mais cette solution factorielle, présentée dans le tableau 2.15, ne permet pas de retrouver la structure initiale du modèle.

Critères évalués	Facteur 1	Facteur 2	Facteur 3	Facteur 4
ECHANGE EG 1	0.379	-0.044	0.637	0.048
ECHANGE EG 2	0.556	-0.002	0.060	0.542
ECHANGE EG 3	0.358	0.059	0.485	0.344
ECHANGE EG 4	-0.001	0.807	0.014	-0.006
ECHANGE EG 5	-0.053	0.770	0.001	0.104
ECHANGE EG 6	0.088	0.816	0.007	0.008
INFORMATION EG 1	0.109	-0.079	0.147	0.758
INFORMATION EG 2	0.127	0.046	0.701	0.280
CHARISME EG 1	0.709	0.000	0.250	0.049
CHARISME EG 2	0.777	-0.092	0.055	0.182
CHARISME EG 3	0.582	0.107	0.346	0.338
CHARISME EG 4	0.757	0.124	0.146	0.173
FEDERER EG 1	0.258	0.158	0.234	0.679
FEDERER EG 2	0.385	0.123	0.243	0.652
FEDERER EG 3	0.200	-0.008	0.752	0.159
FEDERER EG 4	0.647	-0.000	0.437	0.252
FEDERER EG 5	0.631	0.027	0.368	0.314
Variance expliquée	3.709	2.000	2.371	2.331
% Total	0.218	0.118	0.139	0.137

Légende : ECHANGE EG 1 à 6: Indicateur 1 à 6 de la compétence « Echange » dans l'Epreuve de Groupe
INFORMATION EG 1 à 2 : Indicateur 1 à 2 de la compétence « Transmission d'informations » dans l'Epreuve de Groupe
CHARISME EG 1 à 4 : Indicateur 1 à 4 de la compétence « Avoir du charisme » dans l'Epreuve de Groupe
FEDERER EG 1 à 5 : Indicateur 1 à 5 de la compétence «Fédérer » dans l'Epreuve de Groupe

Tableau 2.15 des poids factoriels avec rotation VariMax
sur 3 facteurs pour l'Epreuve de Groupe (EG)

En conclusion, pour comprendre la structure de l'épreuve il faut la réduire à trois facteurs contre quatre postulés à priori. Cette épreuve met en valeur trois aspects : la compétence *« Echanger »* sous l'angle de l'écoute et de la prise en compte des autres (facteur 1), la compétence *« Transmission d'informations »* qui se joint à une partie de la compétence « *Fédérer, explique, argumente, synthétise* » (facteur 2) et la compétence *« Fédérer »* sur son versant force de conviction qui se confond avec la forme du discours évaluée à travers la dimension « Charisme » (facteur 3).

Deux sous dimensions de la compétence « Fédérer » semble donc se dégager. Une dimension qu'on peut appeler « forme » du discours avec les indicateurs « *mobilise, convainc* » et une autre sous-dimension correspond davantage au « fond » du discours avec les indicateurs *« explique, argumente, synthétise »*.

Le plan d'actions

Dans cette épreuve deux évaluateurs, un responsable des ressources humaines (RH) et un manager opérationnel (OP) sont présents et évaluent en même temps, à partir des mêmes grilles d'évaluation et de cotation chaque candidat. Les corrélations pour chaque indicateur entre l'évaluation RH et OP ont été calculées afin d'analyser la cohérence inter-juges. Ces corrélations sont plutôt moyennes mais significatives. Elles sont comprises entre .20 et .52.

On aurait pu s'attendre à des corrélations plus fortes, démontrant une réelle cohérence inter-juges dans l'évaluation quelque soit l'évaluateur considéré. Ces écarts suggèrent que les critères d'appréciation de chaque évaluateur, malgré les efforts de construction mis en œuvre pour limiter la subjectivité, diffèrent parfois et peuvent être propres à chacun. Une part de variance non négligeable peut être attribuée à la subjectivité de l'évaluateur.

La structure de l'épreuve va être étudiée en fonction de chaque catégorie d'évaluateur de manière indépendante.

Compte tenu des données des littératures énoncées plus haut (Greenwood et McNamara, 1967) l'**hypothèse** est que les évaluateurs RH discriminent plus facilement les dimensions d'une même épreuve que les évaluateurs opérationnels.

Le plan d'actions évalué par les évaluateurs responsables ressources humaines

Les résultats sont obtenus à partir d'une Analyse en Composantes Principales des scores des candidats dans l'épreuve. Elle a porté sur les évaluations de 329 candidats.

L'analyse des valeurs propres (voir tableau 2.16) permet de sélectionner 2 facteurs (Critère de Kaiser : valeur propre ≥1), ce qui correspond à une part de variance expliquée de 58.04% par rapport au total.

	Valeur propre	% variance expliquée	% cumulé
1	8.277	51.732	51.732
2	1.009	6.308	58.040
3	0.913	5.705	63.745
4	0.864	5.403	69.148

Tableau 2.16 des valeurs propres du plan d'actions évalué par les évaluateurs RH

Le tableau 2.17 présente les saturations des variables dans les deux premiers facteurs extraits de l'analyse après rotation VariMax du système d'axes.

Critères évalués	Facteur 1	Facteur 2
FEDERER RH1	0.476	0.453
FEDERER RH2	0.542	0.489
FEDERER RH3	0.625	0.222
FEDERER RH4	0.748	0.282
FEDERER RH5	0.643	0.264
FEDERER RH6	0.726	0.357
FEDERER RH7	0.784	0.388
ROLE RH 1	0.342	0.680
ROLE RH 2	0.346	0.585
ROLE RH 3	0.548	0.551
ADAPTATION RH1	0.336	0.733
ADAPTATION RH2	0.068	0.750
CHARISME RH1	0.756	0.185
CHARISME RH2	0.441	0.648
CHARISME RH3	0.431	0.610
CHARISME RH4	0.510	0.663
variance expliquée	4.892	4.395
% Total	30.6	27.5

Légende : FEDERER EG 1 à 7 : Indicateur 1 à 7 de la compétence «Fédérer » dans l'Epreuve de Groupe
ROLE EG 1 à 3 : Indicateur 1 à 3 de la compétence « Rôle » dans l'Epreuve de Groupe
ADAPTER EG 1 à 2 : Indicateur 1 à 2 de la compétence «Fédérer » dans l'Epreuve de Groupe
CHARISME EG 1 à 4 : Indicateur 1 à 4 de la compétence « Avoir du charisme » dans l'Epreuve de Groupe

Tableau 2.17 des poids factoriels par facteur pour le plan d'actions évalué par les évaluateurs RH

Le premier facteur explique 30.6% de la variance totale. Les 5 indicateurs de la compétence « Fédérer, *donne des exemples, met en valeur, synthétise, mobilise et convainc* » ainsi qu'un indicateur de la compétence « Charisme, *adhésion au propos* » sont saturés par cet axe. **Le second facteur** explique 12.5% de la variance totale. Il est saturé par les 3 indicateurs de la compétence « Rôle, *représente la direction, appuie la politique AF, se montre convaincu* » et les 2 indicateurs de la compétence « Adaptation », 3 indicateurs de la compétence « Charisme, *discours entraînant, message clair, évaluateur intéressé* ». D'un côté, il y a plutôt la compétence « Fédérer » centré sur le *fond* du discours alors que de l'autre plusieurs compétences saturent le facteur 2 et correspondent plutôt à la *forme* du discours et au positionnement du candidat en tant que manager dans l'épreuve. Le modèle initial de l'épreuve correspond à 4 compétences, l'ACP a été relancée en prenant le nombre de facteurs mesurés à priori. En suivant la même logique que celle utilisée pour l'analyse de l'épreuve de groupe, une seconde analyse a été réalisée avec deux facteurs supplémentaires dans le cas de l'épreuve intitulée « Plan d'action ». En effet, par référence au modèle de compétence de Buet (2005), les principes de construction de cette épreuve prévoient de mesurer 4 compétences distinctes. Le tableau 2.18 présente les coefficients de saturation des indicateurs pour les quatre premiers facteurs extraits de l'analyse en composante principale.

Critères évalués	Facteur 1	Facteur 2	Facteur 3	Facteur 4
FEDERER RH1	0.156	0.257	0.289	0.733
FEDERER RH2	0.286	0.291	0.341	0.617
FEDERER RH3	0.330	0.138	0.057	0.759
FEDERER RH4	0.694	0.098	0.381	0.222
FEDERER RH5	0.648	0.216	0.180	0.157
FEDERER RH6	0.718	0.295	0.226	0.207
FEDERER RH7	0.756	0.327	0.224	0.270
ROLE RH 1	0.214	0.270	0.816	0.183
ROLE RH 2	0.222	0.145	0.841	0.144
ROLE RH 3	0.487	0.330	0.508	0.199
ADAPTATION RH1	0.268	0.680	0.269	0.292
ADAPTATION RH2	0.045	0.773	0.166	0.177
CHARISME RH1	0.663	0.095	0.174	0.356
CHARISME RH2	0.473	0.659	0.200	0.135
CHARISME RH3	0.376	0.558	0.245	0.272
CHARISME RH4	0.520	0.587	0.339	0.145
variance expliquée	3.687	2.783	2.460	2.134
% Total	0.23	0.174	0.154	0.133

Tableau 2.18 des poids factoriels par facteur pour le plan d'actions évalué par les évaluateurs RH

La structure interne de l'épreuve se dégage de cette solution factorielle avec une subdivision de la compétence « Fédérer ». Sur l'axe 1, les indicateurs correspondent à des aspects de « forme du discours » avec le fait de *« mettre en valeur, synthétiser, mobiliser et convaincre »* avec un item de « Charisme, *adhésion au propos tenu »* alors que l'axe 4 concentrent des indicateurs plutôt liés au « fond du discours » avec les indicateurs *« expliquer, argumenter et donner des exemples »*.

Trois indicateurs de la compétence « Charisme, *discours entraînant, message clair, évaluateur intéressé* » est saturée par le second facteur ainsi que la compétence « Adaptation ». La compétence « Rôle » est saturé par l'axe 3.

Le plan d'actions par les évaluateurs opérationnels

Les résultats sont obtenus à partir d'une Analyse en Composantes Principales des scores obtenus par les candidats dans l'épreuve intitulée « Plan d'action » lorsqu'ils sont évalués par les opérationnels. Cette analyse a porté sur les évaluations de 307 candidats.

	Valeur propre	% variance expliquée	% cumulé
1	8.762	54.760	54.760
2	0.966	6.036	60.796
3	0.825	5.158	65.954
4	0.745	4.656	70.610

Tableau 2.19 des valeurs propres du plan d'actions évalué par les évaluateurs opérationnels

Pour le choix du nombre de facteurs, les règles empiriques ont été appliquées. Ces règles sont fondées sur l'allure de la séquence des valeurs propres. L'ACP permet ainsi de dégager un seul facteur pour 54.76% de variance expliquée (Critère de Kaiser : propre ≥1)[47].

Critères évalués	Facteur 1
FEDERER RH1	-0.730
FEDERER RH2	-0.747
FEDERER RH3	-0.625
FEDERER RH4	-0.707
FEDERER RH5	-0.688
FEDERER RH6	-0.743
FEDERER RH7	-0.794
ROLE RH 1	-0.666
ROLE RH 2	-0.752
ROLE RH 3	-0.753
ADAPTATION RH1	-0.785
ADAPTATION RH2	-0.681
CHARISME RH1	-0.801
CHARISME RH2	-0.779
CHARISME RH3	-0.764
CHARISME RH4	-0.797
variance expliquée	8.762
% Total	0.548

Tableau 2.20 : Poids factoriels par facteur pour le plan d'actions évalué par les évaluateurs opérationnels

---

[47] Annexes 16 *Tableau des poids factoriels par facteur du plan d'actions évalué par les évaluateurs opérationnels*

Le tableau des saturations des scores dans le facteur extrait de l'ACP (tableau 2.20), montre clairement que les évaluateurs Opérationnelles ne discriminent pas les différentes dimensions de l'épreuve. Le modèle initial de l'épreuve correspondant à 4 compétences, l'ACP a été relancée en prenant le nombre de facteurs mesurés à priori.

Critères évalués	Facteur 1	Facteur 2	Facteur 3	Facteur 4
FEDERER RH1	0.414	0.301	0.509	0.231
FEDERER RH2	0.263	0.287	0.611	0.333
FEDERER RH3	-0.126	0.295	0.680	368
FEDERER RH4	0.391	0.199	0.594	0.238
FEDERER RH5	0.278	0.625	0.340	0.039
FEDERER RH6	0.181	0.695	0.283	0.253
FEDERER RH7	0.172	0.762	0.333	0.228
ROLE RH 1	0.196	0.210	0.225	0.813
ROLE RH 2	0.339	0.286	0.251	0.723
ROLE RH 3	0.159	0.784	0.201	0.281
ADAPTATION RH1	0.655	0.384	0.138	0.456
ADAPTATION RH2	0.799	0.214	0.175	0.234
CHARISME RH1	0.445	0.340	0.565	0.244
CHARISME RH2	0.382	0.745	0.167	0.195
CHARISME RH3	0.505	0.332	0.562	0.102
CHARISME RH4	0.322	0.397	0.641	0.192
variance expliquée	2.498	3.626	3.031	2.143
% Total	0,156	0,227	0,189	0,134

Tableau 2.21 des poids factoriels par facteur du plan d'actions évalué par les évaluateurs opérationnels

Les résultats présentés dans le tableau 2.21 montrent que si on contraint l'analyse en choisissant un nombre de composantes égal au nombre de dimensions, on retrouve peu ou pro le modèle. La compétence « Fédérer » se divise de nouveau en deux sous dimensions identiques à celles des évaluateurs RH, ce qui tend à confirmer que le facteur serait bidimensionnel. La compétence « Charisme » ne constitue pas un facteur. En revanche, les compétences « Adaptation » et « Rôle » sont saturées respectivement le facteur 1 et 4.

En conclusion, concernant la structure de cette épreuve, les évaluateurs RH ont distingué davantage les compétences à évaluer que les opérationnels. Ceci n'est pas sans rappeler les résultats des études de Greenwood et McNamara (1967). Ces auteurs ont cherché à expliquer ce phénomène. Ils ont mis en évidence certaines variables susceptibles d'avoir un effet sur la validité de construction d'un Assessment Center. Parmi elles, ils ont testé l'effet du type d'évaluateur. Ils ont travaillé avec des supérieurs hiérarchiques et des psychologues. La validité convergente est plus importante quand ils sont psychologues que quand il s'agit des hiérarchiques (.45 *vs* .39) et la validité discriminante est plus faible quand les évaluations proviennent des psychologues que des hiérarchiques.

L'expertise dans ce domaine serait donc un gage de qualité de l'observation et de l'identification précise et différenciée des facteurs que l'on cherche à mesurer. On peut penser que les évaluateurs RH ont davantage été formés à ce type à l'évaluation que les cadres opérationnels.

L'In-Basket équipe

Les résultats ont été obtenus à partir d'une Analyse en Composantes Principales des scores obtenus par les candidats dans l'épreuve In-Basket. Elle a porté sur les évaluations sur 141 sujets. Dans cette épreuve, il y a 23 indicateurs qui permettent d'évaluer normalement qu'une seule compétence : *Transmettre les informations.*

L'ACP permet de dégager 5 facteurs qui expliquent 51% de la variance totale (voir tableau 2.22). Avec le critère de Kaiser on aurait pu aller jusqu'à 8 facteurs (56,85% de variance expliquée) mais nous verrons que dès le 5ième facteur il devient difficile de donner un sens aux axes. De plus le tracé des valeurs propres (critère de Cattell) montre déjà une nette inflexion à partir du 3ième facteur.

	Valeur propre	% variance expliquée	% cumulé
1	5.31	23.10	23.10
2	2.08	9.06	32.15
3	1.57	6.82	38.98
4	1.44	6.27	45.25
5	1.37	5.95	51.20
6	1.30	5.65	56.85
7	1.18	5.11	61.96
8	1.03	4.46	66.41

Tableau 2.22 des valeurs propres de l'In Basket équipe

Critères évalués	Fact. 1	Fact. 2	Fact. 3	Fact. 4	Fact. 5
infosPassage1	0.079	0.889	0.074	0.051	0.120
infosPassage2	0.125	0.064	0.047	0.054	0.197
infosPassage3	0.073	0.195	0.067	0.043	0.786
infosPassage4	0.203	-0.001	0.191	-0.123	0.622
infosPassage5	0.244	0.101	-0.038	0.220	0.719
infosPassage6	0.057	0.107	0.746	0.202	0.068
infosPassage7	0.068	-0.032	0.171	0.791	0.156
infosPassage8	0.232	0.095	0.057	0.774	-0.023
infosPassage9	0.206	0.088	0.605	0.213	0.044
infosPassage10	0.118	0.188	0.065	-0.051	0.023
infosPassage11	0.178	-0.044	0.347	0.065	0.300
infosVente1	0.052	0.777	0.313	0.059	-0.011
infosVente2	0.049	0.305	0.602	-0.036	0.084
infosVente3	0.385	0.052	0.152	0.028	0.349
infosVente4	-0.085	-0.021	0.340	0.083	0.200
infosTrafic1	0.268	0.408	0.305	-0.208	-0.024
infosTrafic2	0.635	0.166	0.280	-0.140	0.146
infosPiste1	0.161	0.850	-0.082	-0.028	0.107
infosPiste2	0.267	0.259	0.114	0.179	-0.064
infosPiste3	0.836	0.094	0.014	0.136	0.107
infosPiste4	0.626	0.134	0.140	0.113	0.124
infosPiste5	0.799	0.122	0.001	0.181	0.136
infosPiste6	0.162	0.123	0.107	-0.149	-0.027
variance expliquée	2.767	2.649	1.952	1.583	1.95
% Total	0.12	0.115	0.085	0.069	0.085

Tableau 2.23 des poids factoriels par facteur de l'In Basket équipe avec rotation VariMax

L'axe 1 est un facteur explique 12% de la variance après rotation VariMax. L'axe sature 4 des huit informations à transmettre au Pôle Avion. **Ce facteur est dénommé « informations pour le Pôle Avion».** L'axe 2 explique 11.5 % de la variance totale après rotation VariMax. Il est saturé par 4 indicateurs qui correspondent exactement à l'incident d'exploitation qui est en train de se produire. **Ce facteur est dénommé « annonce de l'incident d'exploitation ».** Les 4 indicateurs sont fortement corrélés, ce qui signifie que lorsque cet élément est cité par un candidat il est bien transmis à chaque interlocuteur désigné aussi bien au pôle Avion qu'au pôle Client. Quand il n'est pas identifié il n'est transmis « à personne ». Il ne semble pas y avoir de découpage Avion vs. Client. **Les axes 3 et 4** expliquent respectivement 8.5% et 6.9% de la variance totale après rotation VariMax.

Ils saturent les items concernant les passagers à particularités et les items liés au personnel pour les traiter **Ces facteurs sont dénommés « passagers à particularités ».** **L'axe 5** explique 8.5% de la variance totale après rotation VariMax. Il sature des actions liées à l'accueil des clients après l'incident d'exploitation. **Ce facteur est dénommé « accueil des clients ».**

En conclusion, cette épreuve mesure une compétence « Transmettre l'information ». En approfondissant on peut remarquer une dispersion des items sur plusieurs facteurs en fonction de la thématique de l'information. Ainsi le facteur général de l'épreuve peut se subdiviser en éléments plus spécifiques, liés à des éléments particuliers de l'information à transmettre, par exemple, les informations Pôle Avion ou Pôle Client sont sur des facteurs différents ou l'information qui concernent les passagers qui s'opposent aux informations pour l'équipe. Néanmoins, on mesure bien une seule compétence « transmettre l'information ». Le tableau 2.24 présente les saturations du facteur, par indicateur pour une solution factorielle en une dimension. Dans ce cas, le pourcentage de variance expliquée est de 23%.

Critères évalués	Fact. 1
infosPa1	-0.55
infosPa2	-0.44
infosPa3	-0.47
infosPa4	-0.45
infosPa5	-0.50
infosPa6	-0.44
infosPa7	-0.34
infosPa8	-0.35
infosPa9	-0.54
infosPa10	-0.26
infosPa11	-0.24
infosV1	-0.58
infosV2	-0.48
infosV3	-0.58
infosV4	-0.33
infosT1	-0.37
infosT2	-0.59
infosPi1	-0.54
infosPi2	-0.53
infosPi3	-0.63
infosPi4	-0.59
infosPi5	-0.64
InfosPi6	-0.28
variance expliquée	23%
% Total	-10.12

Tableau 2.24 des poids factoriels par facteur de l'In Basket équipe sans rotation VariMax

Consistance interne de l'épreuve In Basket équipe[48]

On a bien vérifié que les items qui composent l'échelle sont unidimensionnels (un seul facteur). Calculer un indice de consistance interne (Kuder-Richardson) permettra de conclure sur l'homogénéité de la mesure (Cortina, 1993).

Sans tenir compte du caractère dichotomique des items, on obtient : $\alpha = .808$, avec $r_{moy.} = .180$ entre les items. Mais en tenant compte du fait que les items sont dichotomiques : $\alpha = .903$ (équivalent au calcul du 20 ème coefficient de Kuder-Richardson), avec $r_{moy.} = .417$ entre les items. L'IB1 est donc consistant (valeur élevée pour alpha) et, comme l'échelle est unidimensionnelle, on peut conclure à l'homogénéité de la mesure en appliquant les critères proposés par Cortina (1993).

L'In-Basket organisation

Les résultats sont obtenus à partir d'une Analyse en Composantes Principales avec rotation VariMax. Dans cette épreuve, il y a 16 indicateurs qui permettent d'évaluer 3 compétences : « Organiser » ; « *Faciliter les relations / Garantir les échanges* » ; « *Savoir s'adapter* ».

L'ACP permet de dégager 4 facteurs qui expliquent 46% de la variance totale. Avec le critère de Kaiser on aurait pu aller jusqu'à 6 facteurs mais après le 4ième facteur il devient difficile de donner un sens aux axes.

	Valeur propre	% variance expliquée	% cumulé
1	2.573	16.080	16.080
2	1.802	11.262	27.342
3	1.625	10.157	37.499
4	1.365	8.530	46.029
5	1.201	7.504	53.533
6	1.113	6.959	60.492

Tableau 2.25 des valeurs propres de l'In Basket équipe

---

[48] Sur les 21 premiers items seulement, car les 3 derniers items ont été ajoutés en cours d'utilisation de l'IB il y a de sujets manquants sur ces items.

Critères évalués	Fact. 1	Fact. 2	Fact. 3	Fact. 4
OrgIB1	0.071	0.164	-0.057	-0.023
OrgIB2	0.069	0.845	0.095	-0.006
OrgIB3	0.026	0.077	0.796	0.023
OrgIB4	0.053	0.032	0.024	-0.086
OrgIB5	-0.089	0.561	0.044	0.143
OrgIB6	0.029	0.049	0.758	-0.146
EchIB1	0.112	-0.229	0.490	0.444
EchIB2	-0.017	0.092	-0.121	0.666
EchIB3	0.076	0.030	-0.255	0.650
EchIB4	0.052	-0.035	0.221	0.649
AdaIB1	0.155	-0.133	0.117	0.170
AdaIB2	0.289	0.043	-0.020	0.128
AdaIB3	-0.131	0.119	0.166	-0.102
AdaIB4	0.686	-0.023	-0.108	0.043
AdaIB5	0.818	0.066	0.047	0.009
AdaIB6	0.638	0.107	0.198	0.076
variance expliquée	0.713	1.734	1.598	1.598
% Total	0.107	0.108	0.100	0.100

Tableau 2.26 des poids factoriels par facteur de l'In Basket organiser

L'axe 1 explique 10.7 % de la variance totale après rotation VariMax. Trois items de la compétence « **Savoir s'adapter** » sont saturés par cet axe. Ces items un aspect particulier de la dimension qui est lié au respect des consignes de l'épreuve. **L'axe 2 explique** 10.8% de la variance totale après rotation VariMax. Il sature 2 items de la compétence « **Organiser** ». Ces items correspondent à des actions à mener vis-à-vis d'un passager VIP dans la première et la seconde partie de l'épreuve. **L'axe 3** qui représente 10% de la variance totale après rotation VariMax sature des itemss d'organisation et une action d'échanges avec les collègues. Pour la compétence « **Organiser** » ce sont les items qui concernent le fait d'organiser ses actions dans le temps en respectant une certaine chronologie des actions qui sont saturés par l'axe. **L'axe 4** représente 10% de la variance totale après rotation VariMax et sature les items de « **Faciliter les relations / Garantir les échanges** ».

En conclusion, cette épreuve est relativement structurée, on retrouve les compétences attendues pour 55% de variance totale expliquée après rotation VariMax.

La structure de la procédure Assessment Center

Analyse à partir des notes dichotomiques dans les compétences

Les résultats sont obtenus à partir d'une Analyse en Composantes Principales. Les épreuves de l'Assessment Center mesurent chacune une à quatre compétences. Chaque compétence est mesurée au moins à deux reprises. Un score composite correspondant à la moyenne des scores dichotomiques aux indicateurs sur chaque compétence de chaque épreuve a été calculé. Les résultats sont les suivants pour les cinq premiers facteurs extraits de l'analyse. Le choix de ne retenir seulement cinq facteurs s'explique par le fait que le modèle de Buet (2005), sur lequel repose la construction de l'Assessment Center, postule cinq compétences différentes. Les compétences mesurées sont à priori : *« Connaître son rôle », « Positionnement hiérarchique » « Compétences relationnelles », « Compétences managériales », « Capacités cognitive »*

	Valeur propre	% variance expliquée	% cumulé
1	6.042	37.763	37.763
2	1.889	11.805	49.568
3	1.413	8.832	58.400
4	1.104	6.900	65.300
5	1.009	6.305	71.604

Tableau 2.27 des valeurs propres des compétences à travers les épreuves

L'analyse factorielle permet de dégager 5 facteurs dont les poids factoriels sont indiqués dans le tableau ci-après.

	Facteur 1	Facteur 2	Facteur 3	Facteur 4	Facteur 5
ECH EG	0.193	0.758	0.082	0.044	0.029
INFO EG	0.063	0.699	-0.088	0.033	0.144
CHA EG	0.152	0.811	0.044	0.041	0.210
FED EG	0.166	0.856	0.040	0.029	0.178
FED PA RH	0.315	0.190	-0.007	0.113	0.810
ROLE PA RH	0.311	0.152	-0.015	0.057	0.762
ADA PA RH	0.226	0.081	0.130	-0.020	0.782
CHA PA RH	0.361	0.160	0.025	0.094	0.811
FED PA OP	0.805	0.167	0.063	0.058	0.364
RÔLE PA OP	0.788	0.191	0.017	0.138	0.299
ADA PA OP	0.851	0.093	0.107	-0.028	0.156
CHA PA OP	0.835	0.133	0.046	0.070	0.350
INFO IB EQUIPE	0.072	0.108	0.755	0.082	0.023
ORGA IB ORGA	0.100	-0.018	0.775	-0.080	0.068
ECH IB ORGA	0.056	0.057	-0.102	0.858	0.120
ADA IB ORGA	0.159	0.043	0.410	0.631	0.045
Variance expliquée	3.203	2.652	1.403	1.205	2.994

Tableau 2.28 des poids factoriels par facteur de la procédure AC

La structure factorielle ne permet pas de dégager le modèle théorique initial. Les compétences d'une épreuve saturent en fait le même facteur. Il apparaît donc un facteur méthode pour chaque épreuve composant l'Assessment Center.

Analyse à partir des scores bruts finaux dans les compétences

Les épreuves de l'Assessment Center mesurent chacune entre une et quatre compétences. Chaque compétence est mesurée au moins à deux reprises. Ainsi à la fin de la procédure d'évaluation, les scores sont agrégés par une moyenne pondérée en fonction des épreuves. Un profil de scores sur 8 compétences est obtenu pour chaque candidat sur lequel portera la décision de recrutement.

Les compétences mesurées sont : « *Faciliter les relations / Garantir les échanges ; Transmettre l'information; Avoir du charisme; Fédérer / Donner du sens à l'action; Organiser ; Développer l'autre; S'adapter ; Connaître son rôle* ».

L'Analyse en Composantes Principales permet de dégager 4 facteurs qui ont du sens au regard du modèle de mesure théorique. En utilisant les critères de choix empiriques classiques, nous aurions du garder uniquement les 2 premiers facteurs.

En effet, la courbe des valeurs propres ci-dessous marque une inflexion dès le second facteur. De plus, le critère de Kaiser (valeur propre > 1) nous amène à ne conserver également que 2 facteurs pour 60,89 % de variance expliquée, ce qui pourrait être tout à fait satisfaisant.

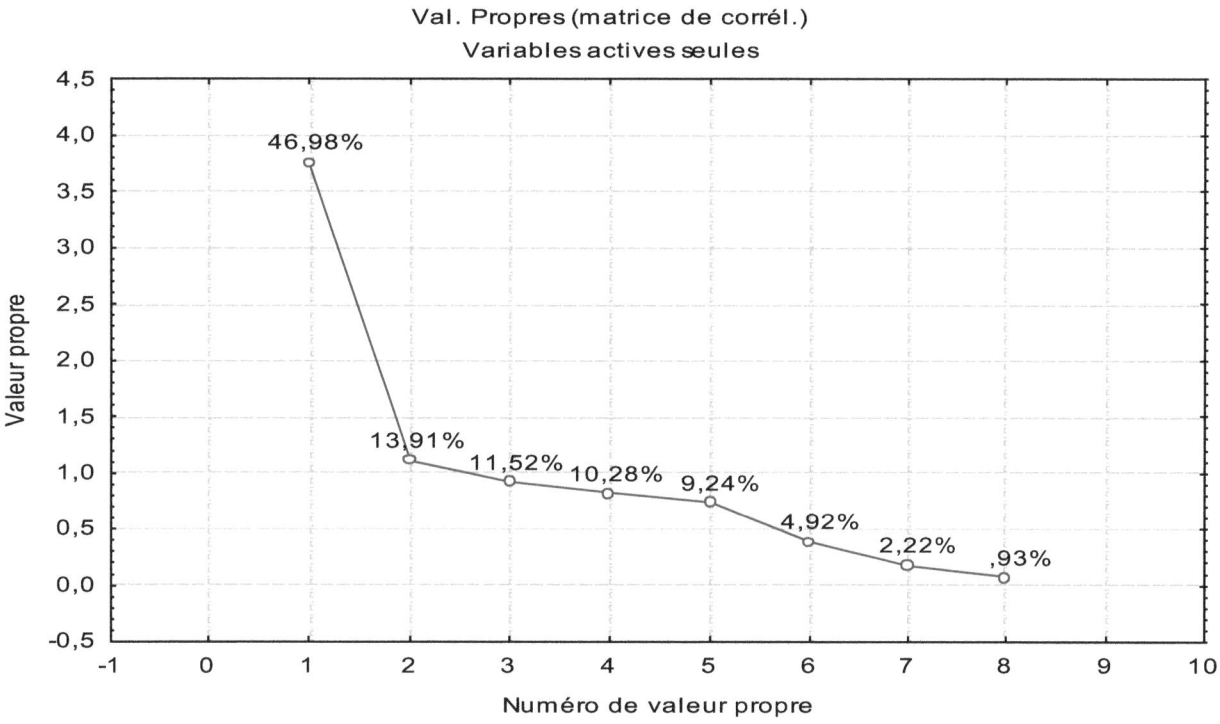

Courbe 2.29 des Valeurs propres pour les compétences de l'Assessment Center

Première hypothèse : analyse sur les deux premiers facteurs.

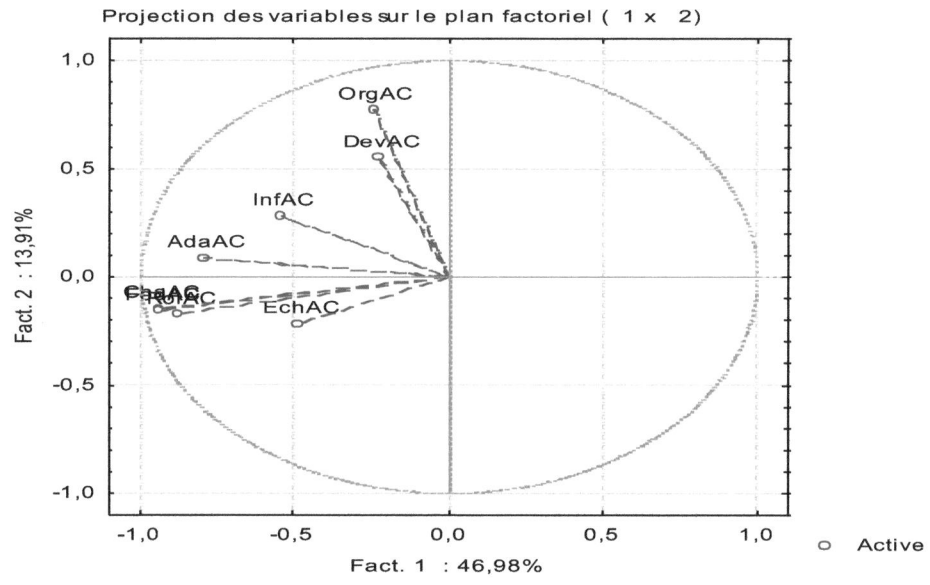

Schéma 2.30 de la projection des critères sur les axes 1-2

L'axe 1 Il explique à lui seul 47% de la variance totale. Il est saturé par 4 compétences : « Avoir du charisme » (.94) ; « Fédérer/ Donner du sens à l'action » (.93) ; « S'adapter » (.79) Ce premier axe rassemble trois **compétences managériales** du modèle de Buet (2005)[49] auxquelles l'analyse factorielle invite à ajouter « Connaître son rôle » (.87).

L'axe 2 « Organiser » Le second facteur résume 14% de la variance totale.
Il est saturé essentiellement par la compétence « organiser ».

Cette hypothèse en deux facteurs permet d'expliquer 61% de la variance totale du nuage, ce qui peut paraître satisfaisant. Cependant, avec ce modèle trois variables restent inexpliquées. **Une seconde hypothèse en 4 facteurs a donc été analysée.**

Seconde hypothèse : analyse sur les quatre premiers facteurs.
Avec cette hypothèse, on explique jusqu'à 82,69% de la variance totale. Toutes les variables sont représentées.
Les deux premiers facteurs restent identiques.

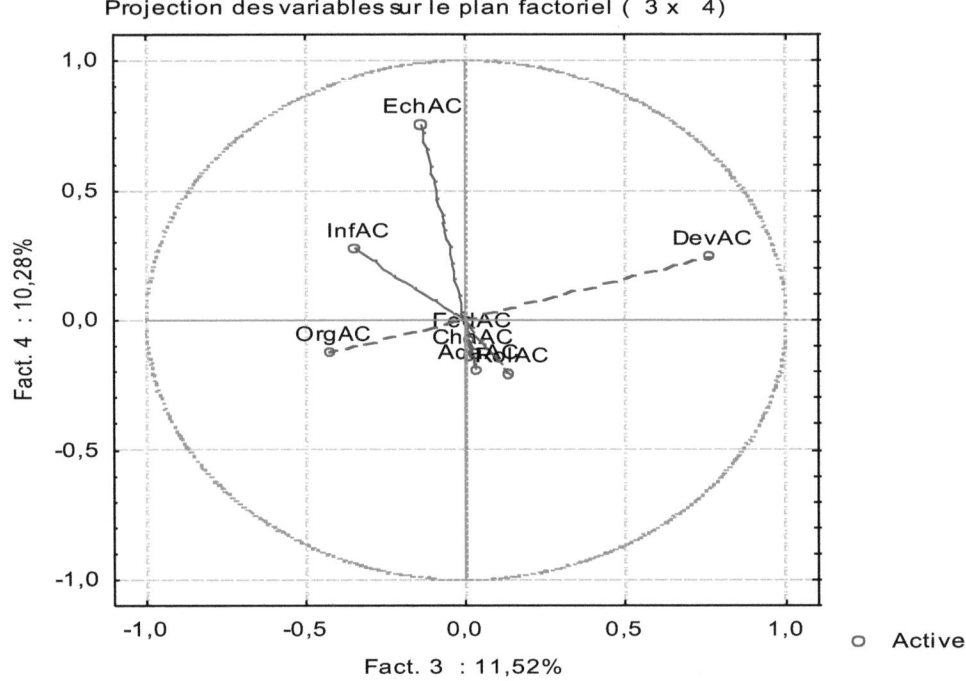

Schéma 2.31 de la projection des critères sur les axes 3-4

---

[49] Annexes 4 *Modélisation des compétences AMDE (Buet, 2005)*

L'axe 3 explique 11,52% de la variance totale du nuage. Il est saturé essentiellement par la compétence « **Développer l'autre** » (.76).

L'axe 4 représente 10,28% de la variance totale. Il est saturé par la compétence « **Échanger / Faciliter les relations** » (.75)

La compétence « **Transmettre les informations** » est transverse aux 4 facteurs.

Conclusion générale de l'analyse de validité de l'Assessment Center AMDE

La structure interne de l'Assessment Center est fortement influencée par l'effet du facteur méthode (résultats de la première analyse sur les scores dichotomiques). Néanmoins, les données épreuves par épreuves et l'observation de la structure des 8 compétences finales permettent de retrouver une cohérence vis-à-vis du modèle. La structure théorique des indicateurs est la plus de difficile à dégager. Si la validité convergente entre les épreuves n'est pas démontrée à ce niveau d'analyse (niveau indicateur), elle l'est en revanche à un niveau plus élevé, celui des compétences. Le profil final de compétences permet de dégager différents pools de compétences (managériales, organisationnelles et relationnelles). Ce découpage rejoignant le modèle théorique qui sous-tend la procédure.

II. La validité prédictive de la détection de potentiel et de sélection des managers à la DGES d'Air France
RECHERCHE N°3

Considérations théoriques

La validité prédictive appartient à la validité critérielle. Elle se réfère au degré de concordance ou de corrélation entre le résultat à un test et le résultat à un critère externe associé au construit du test. On distingue deux types de validité reliée à un critère :
- La validité concourante, lorsque l'administration du test et du critère externe a lieu pratiquement en même temps,
- La validité prédictive, lorsque l'administration du test et du critère est séparée par un laps de temps important, le test étant administré en premier.

En recrutement, la validité prédictive désigne l'aptitude d'un dispositif d'évaluation à prédire de manière aussi précise que possible le niveau de réussite professionnelle. Pour évaluer la validité prédictive d'un dispositif, la procédure consiste à étudier la corrélation entre les résultats obtenus par un même groupe d'individus à deux moments différents. Dans cette perspective, on peut avoir recours à une méthode issue de l'approche corrélationnelle, l'analyse de régression, dont un des objectifs est précisément de prédire la situation future d'un individu sur la base d'éléments qui caractérisent sa situation présente ou passée. Évaluer les qualités d'un dispositif de sélection signifie : déterminer dans quelle mesure les prédicteurs retenus permettent de fournir une estimation robuste des résultats qui seront obtenus ultérieurement. Si l'on respecte les différents principes de construction de l'Assessment Center, la validité prédictive de ce type d'outil devrait normalement augmenter. L'Assessment Center mis en place au sein d'Air France devrait donc avoir une bonne validité prédictive. En effet, comme nous l'avons vu précédemment un petit nombre de compétences a été choisi, chaque compétence a été au préalable définie, les évaluateurs sont formés à l'Assessment Center, et il y a des grilles de cotation pour chaque exercice. De plus, cet Assessment Center a pour objectif de détecter le potentiel managérial des agents, or il s'agit d'un des critères le mieux prédit par ce type d'outil.

Dans cette recherche, l'analyse de la validité prédictive et concourante va être étudiée. Pour cela, plusieurs outils vont être utilisés : 360°, questionnaire de satisfaction et d'intérêts pour le poste d'AMDE, Test de Personnalité, Test d'Intelligence. Un bref rappel théorique concernant ces différents outils est maintenant présenté.

Apports théoriques sur le questionnaire 360°

Cet outil est également appelé « évaluation à évaluateurs multiples », « feedback à sources multiples » ou « évaluation multi-sources ». Il permet au manager de confronter leurs perceptions de leurs compétences managériales à celles de leur supérieur hiérarchique, de leurs pairs et de leurs plus proches collaborateurs, par le biais d'un questionnaire utilisé par ces différents juges (Matuchet, Somat, Testé, & Lucet, 2005). Ce dernier est généralement composé d'indicateurs comportementaux susceptibles d'être référés dans l'exercice de la fonction du manager (Brillet, 2000, cité par Matuchet & al, 2005). Les éléments à évaluer relèvent donc de l'activité professionnelle effective du manager (Matuchet & al, 2005). Les évaluateurs sont anonymes et la démarche repose généralement sur les principes du volontariat et de la confidentialité des résultats.

Le 360° répond à plusieurs objectifs. La plupart du temps, les organisations choisissent le 360° dans le but de développer et d'optimiser les compétences managériales (Matuchet & al, 2005). Il permet également d'impliquer les managers et leurs collaborateurs dans les changements managériaux, et peut créer une opportunité pour la Direction de détecter les managers ayant un potentiel managérial intéressant (Levy-Leboyer, 2000).

Peu d'études ont été réalisées sur le lien entre le 360° et la performance au travail, mais les résultats qui existent sont encourageants. Matuchet et ses collaborateurs (2005) exposent trois études. Ces dernières permettent toutes de conclure à l'existence d'un lien positif entre les résultats à un 360° et les indicateurs de la performance propres à l'entreprise. Cependant, les résultats varient en fonction de la personne ayant réalisé l'évaluation. Beehr, Ivanitskaya, Hansen, Erofeev et Gydanowski (2001) ont étudié la relation entre chacune des évaluations du 360° (auto-évaluation, pairs, responsable hiérarchique) et la performance au travail. Ils constatent que l'évaluation par autrui (le responsable hiérarchique et pairs) est corrélée significativement avec l'évaluation de la performance (objectifs et responsabilités à atteindre). Au contraire, les autoévaluations ne sont pas corrélées avec les critères de performance au travail.

Pour Shore, Shore et Thornton (1992), les pairs produisent des évaluations dotées d'un plus fort pouvoir prédictif que les autres évaluations.

Beehr et ses collaborateurs (2001) ont identifié un effet de halo très important dans le 360°. Furnham et Stringfield (1998) ont également mis en évidence cet effet de halo, mis à part dans le cas de l'auto-évaluation. Par ailleurs, ils notent que les scores d'auto-évaluations sont meilleurs que les scores d'évaluation par autrui.

Apports théoriques sur les inventaires de personnalité

Les tests de personnalité sont souvent utilisés en recrutement, malgré le fait qu'ils ne fassent pas partie des outils de sélection professionnelle les plus valides (Schmidt et Hunter, 1998). En revanche, quand on regarde plus attentivement les travaux de recherche portant sur les tests de personnalité en sélection professionnelle, il semblerait qu'ils puissent apporter des éléments intéressants. Tout d'abord, les traits de personnalité sont liés à certaines compétences. Plusieurs recherches ont utilisé les « Big Five » comme prédicteur. Par exemple, Judge et Bono (2002) ont montré que trois des cinq facteurs des Big Five (extraversion, névrosisme et stabilité émotionnelle) influencent le style de leadership des managers et leur niveau de maîtrise de cette « compétence ». Le leadership pouvant être défini comme la capacité d'un individu à mener ou conduire d'autres individus ou organisations dans le but d'atteindre certains objectifs, on dira alors qu'un leader est quelqu'un qui est capable de guider, d'influencer et d'inspirer. Ainsi, selon Ang et Chan (2008), les leaders les moins stables émotionnellement sont moins efficaces car ils éprouvent plus de difficultés à contrôler leurs émotions en public. Les leaders extravertis sont plus efficaces car ils possèdent de nombreuses ressources et ont un grand réseau de relations. Les leaders consciencieux sont plus efficaces car ils sont plus disposés à organiser, à planifier, à fixer des objectifs, et à persister dans leurs efforts pour atteindre un objectif. De plus, certains traits de personnalité sont liés aux résultats dans les Assessment Centers. Collins, Schmidt, Sanchez-Ku, Thomas, Mc Daniel et Le (2003) ont réalisé une méta-analyse portant sur des corrélations entre quatre dimensions des Big Five (Stabilité émotionnelle, Extraversion, Ouverture, Agréabilité) et les évaluations des candidats obtenues dans des Assessment Centers. Les résultats de cette étude montrent que ces évaluations sont très nettement corrélées avec la personnalité, notamment avec l'extraversion (r=.50) et la stabilité émotionnelle (r=.35). Pour ces auteurs, la personnalité est donc une des caractéristiques influençant les résultats à un Assessment Center. Goffin, Rothstein et Johnston (1996) ont réalisé une étude de validité incrémentielle entre un Assessment Center et un test de personnalité.

Selon leurs résultats de cette recherche, utiliser un test de personnalité en complément d'un Assessment Center permet d'augmenter la validité prédictive pour les performances managériales.

Selon Day et Silverman (1989), les traits de personnalité permettent de prédire des éléments que d'autres méthodes de sélection ne permettent pas. Selon les résultats de cette recherche, les capacités cognitives permettent de prédire des compétences techniques et les traits de personnalité permettent de prédire des compétences humaines (telles que la capacité de coopération, la qualité de la relation avec les clients…). Ainsi, pour eux, il est pertinent d'utiliser les tests de personnalité en recrutement étant donné que la plupart des postes nécessite des exigences en termes de compétences techniques mais également humaines, notamment les postes de manager.

Le succès des cinq facteurs est tel qu'aujourd'hui il existe de nombreux questionnaires qui permettent de le mesurer (BFQ ou Alter Ego en français, BFI, FFPI, ICES, ORPHEUS, PCI). Aucun autre système de traits de personnalité n'a connu un tel essor avant. Les résultats de la recherche plaident en faveur de ce système de traits, des critiques peuvent être relevées cependant. En effet, l'ensemble des résultats de la recherche ne permettent pas de défendre totalement l'utilisation qui est faite de cette théorie. Pour commencer les résultats concernent majoritairement la validation « critérielle » de ces cinq facteurs à travers trois approches (validité prédictive, concourante, méta-analyse et validité « incrémentielle »). Les études de validation suggèrent une relation significative entre les traits et des critères de réussite professionnelle. Cependant les corrélations sont d'une amplitude plutôt faible, entre .20 et .30. On pourra se référer aux études de méta-analyses conduites par Tett, Jackson et Rothstein (1991) et celles de Saldago (1997). D'autres critiques portent sur la définition elle-même des cinq facteurs de personnalité. Elles dénoncent leur incomplétude, leur manque de spécificité pour prédire une performance dans un domaine particulier qui est celui du travail (Hough, 1992). L'utilisation des cinq facteurs ne serait donc que partiellement défendable dans le processus de prédiction de la performance professionnelle. L'accent étant mis sur le manque de pertinence des dimensions par rapport au contexte du travail. Le vocabulaire utilisé, choisi en dehors d'un milieu organisationnel ne serait pas adapté.

Malgré les critiques émises envers le modèle des Big Five d'autres arguments permettent de défendre son utilisation. Trois arguments principaux sont défendus d'abord par les auteurs eux-mêmes, ils proviennent de nombreuses données d'origines diverses (Costa et McCrae, 1992). Par exemple, en ce qui concerne le Néo-PIR, le premier argument est la stabilité temporelle ainsi que la fidélité inter-juges du questionnaire.

La consistance interne s'étend entre .56 et .81. La fidélité test-retest des facettes s'étend de .66 à .92, celles des dimensions de .86 à.91 (Costa et Mc Crae, 1983). Il répond ainsi à la première exigence psychométrique. Le second argument tient davantage à sa validité de contenu. En effet, les traits associés à chacune des dimensions apparaissent non seulement dans le langage naturel mais aussi dans les autres systèmes de personnalité non fondés sur les cinq facteurs. Ainsi, représenterait-il à la fois une réalité et résumerait-il en même temps les modèles préexistants (toutes les mesures de personnalité existantes corrélant avec l'une ou l'autre des cinq dimensions). Le troisième argument est dans une moindre mesure scientifiquement acceptable mais influence fortement son utilisation. Il s'agit de son acceptation fondée sur sa validité écologique, ou apparente. Le questionnaire est bien accepté par les participants qui se reconnaissent dans les résultats. Son utilisation importante dans le domaine de la recherche appliquée permet d'avoir des données de comparaison utiles à l'analyse et en fait un argument pragmatique mais néanmoins convaincant quant à son utilisation.

L'étude de Schmidt et Hunter (1998) montre par ailleurs que ce sont les tests d'intégrité et de conscience qui sont les meilleurs prédicteurs de la performance professionnelle avec une corrélation respective de .41 et de .31. Ces tests se rapprochent le plus de la dimension Conscience des Big Five.

Prenons en compte les résultats de l'étude de Collins et al. (2003) qui montrent des corrélations non négligeables entre la réussite en Assessment Center et quatre des traits de personnalité des Big Five. Ainsi, extraversion, stabilité émotionnelle, ouverture et agréabilité corrèlent-elles respectivement de .50, .35, .25, .17. Le coefficient de régression entre les cinq facteurs et les résultats en Assessement Center est de .84. Étant donné ces résultats importants les auteurs défendent même l'utilisation des questionnaires plus économique que la mise en place de procédure plus lourde et souvent moins éprouvée du point de vue de leur validité (Baron et Janman, 1996).

Apports théoriques sur les tests d'intelligence

Les tests d'intelligence générale sont un des meilleurs prédicteurs de la performance professionnelle (.57 pour des tâches de complexité élevée, .51 pour un travail de complexité moyenne, .38 pour une complexité réduite selon Schmidt & Hunter (1998). De plus, quand le critère est la performance managériale, la validité prédictive atteint un coefficient de .58. Il est donc pertinent d'étudier le lien entre une telle mesure et l'Assessment Center créé pour les

AMDE. En outre, selon Collins et ses collaborateurs (2003), les capacités cognitives sont corrélées aux résultats à un Assessment Center. Pour eux, elles influencent les résultats à l'Assessment Center. Ainsi, selon Rolland (2004), les performances dans les mises en situation professionnelle évaluées dans les Assessment Centers dépendent très largement du potentiel cognitif d'une part et de la personnalité d'autre part. Les résultats issus de méta-analyse donnent une corrélation de .67 entre test d'intelligence et réussite en AC (Rolland, 2004).

Etant donné la robustesse des données concernant le facteur G, ce critère a été conservé dans cette présente étude de validité concourante, il s'agit de voir si cette variable sature tout ou partie des compétences managériales que nous cherchons à évaluer ou si au contraire elle est particulièrement liée à l'une d'entre elles, en en faisant ainsi un élément sous-jacent dans le modèle de compétences.

1 - Plan d'analyse des données

Le premier objectif de cette recherche est d'éprouver la validité prédictive de l'Assessment Center chez Air France. Il s'agit d'étudier le lien entre les différentes étapes du processus de recrutement. Autrement dit, de vérifier que les résultats obtenus lors de la détection de potentiel sont prédictifs de ceux obtenus lors de l'Assessment Center et que ces derniers sont prédictifs de la performance managériale en poste.

Ceci permet de formuler deux hypothèses :

Hypothèse N°1 : il existe un lien fort et positif entre les scores obtenus aux compétences de la détection de potentiel et ceux obtenus sur ces mêmes compétences en Assessment Center.

Hypothèse N°2 : il existe un lien fort et positif entre les scores obtenus aux compétences de l'Assessment Center et ceux obtenus sur les mêmes dimensions lors de l'évaluation de la performance managériale en poste.

Le second objectif de cette recherche consiste à mener une étude de validité concourante afin d'approfondir le modèle de compétences managériales de Buet (2005). En effet, le modèle définit les compétences en termes de comportements. L'identification des caractéristiques psychologiques sous-jacentes (traits de personnalité, aptitudes intellectuelles, motivation…) aux compétences managériales reste à effectuer. L'hypothèse générale testée est celle d'un lien entre les compétences et les caractéristiques psychologiques.

On peut la formuler de la manière suivante :

Hypothèse N° 3 : il existe un lien entre les compétences du modèle de Buet (2005) et les caractéristiques psychologiques.

L'identification de ces liens permet de proposer un modèle hiérarchique des compétences managériales.

Le plan d'analyse des données peut se schématiser de la manière suivante :

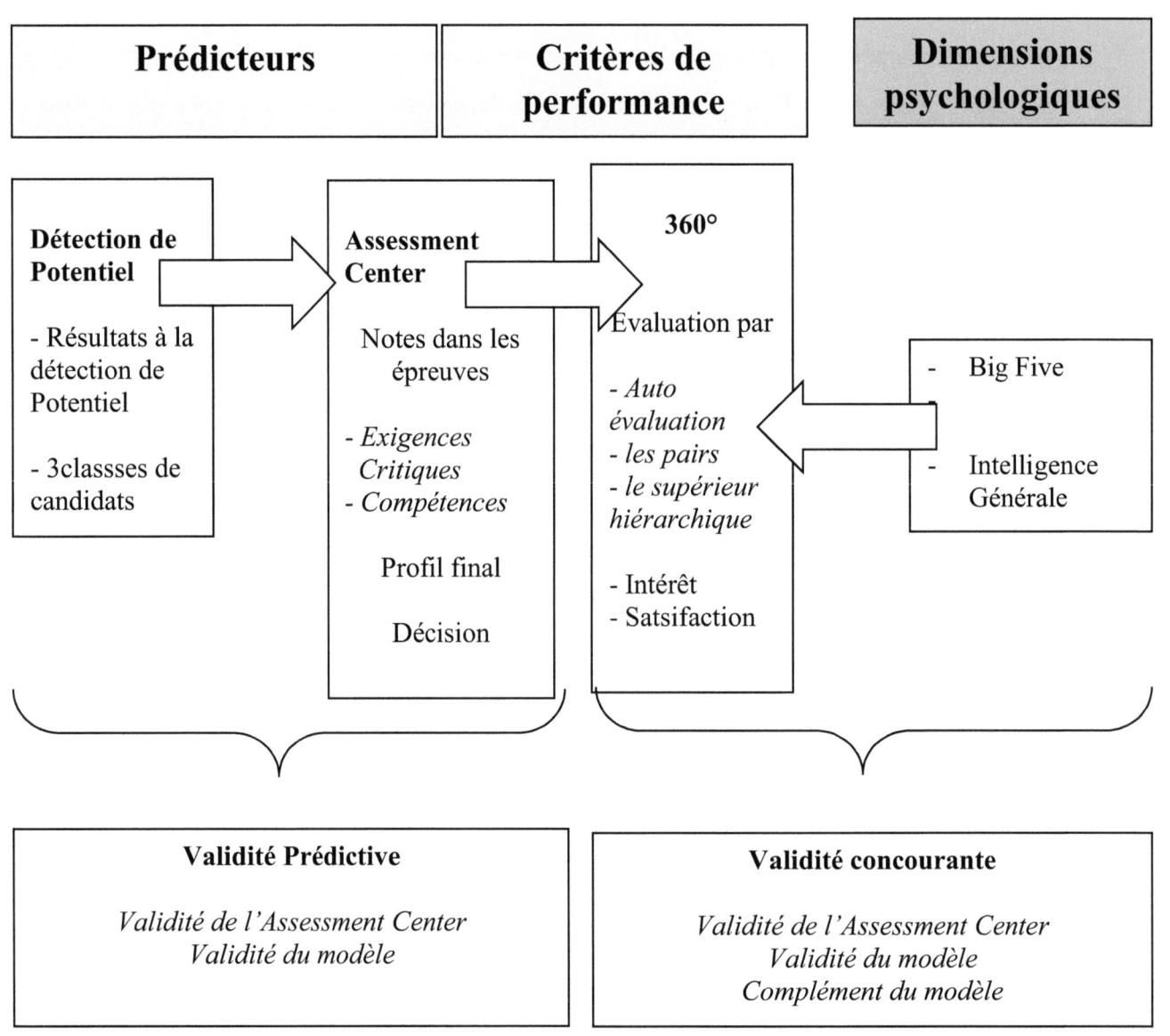

Schéma 2.32 du plan d'analyse des données

Pour répondre aux objectifs de recherche plusieurs questionnaires ont été construits ou extraits de la littérature et utilisés ensuite comme critères de validation (un 360°, un questionnaire de satisfaction, un test de personnalité et un test d'intelligence générale), dont les précisions sont apportées ci-dessous.

La relation entre les différentes étapes et le matériel utilisé est expliquée dans le prochain paragraphe.

2 - Matériel

La détection de potentiel

La détection de potentiel constitue le premier prédicteur de la réussite en Assessment Center.

L'Assessment Center

Les résultats obtenus lors de la détection et de l'Assessment Center constitue à la fois un critère par rapport à la détection de potentiel et un prédicteur de la performance professionnelle.

Le 360° construit pour la DGES d'Air France[50]

Un questionnaire 360° a été élaboré car il permettait de confronter différentes évaluations des compétences de ces AMDE affectés à un poste à l'issue de leur sélection. En effet, la démarche entreprise est de confronter à chaque occasion les points de vue sur les compétences managériales des AMDE. En général, les études de validité prédictive ne s'intéressent qu'à l'évaluation de la performance par le supérieur hiérarchique comme seul critère. Ici, l'étude de validité prédictive aura d'autant plus de crédibilité qu'elle fera apparaître les cohérences, ou les discordances, entre différents types d'évaluateurs, en l'occurrence le supérieur hiérarchique mais aussi l'AMDE nouvellement promu et un de ses collègues.

Afin d'évaluer les compétences des AMDE en poste, un questionnaire a été créé en utilisant le modèle de compétences de Buet (2005)[51].

---

[50]Annexes 17 *Planches du questionnaire 360°Air France*

Il permet d'évaluer les AMDE sur les cinq ensembles de compétences identifiées par l'analyse du travail (la compréhension de son rôle, les compétences managériales, les compétences relationnelles, le positionnement hiérarchique, et les capacités cognitives) et sur les vingt exigences critiques qui composent les compétences dans le modèle. Le questionnaire est ainsi divisé en deux parties : la première dédiée aux exigences critiques et la deuxième aux compétences. Chacune des compétences fait l'objet d'une définition précise. L'évaluateur indique quel est le niveau de la compétence considérée pour le poste sur une échelle en 7 points de «en cours d'acquisition » à «maîtrisé», illustrés par des exemples de comportements concrets positifs et négatifs issus de la récolte des Incidents Critiques (Flanagan, 1954 ; Buet, 2005).

Un questionnaire de satisfaction sur le poste d'AMDE

Un questionnaire de satisfaction a été construit pour cette démarche de validité prédictive. Il doit permettre de vérifier que les AMDE sont satisfaits de leur poste, que celui-ci correspond bien à leurs attentes et à ce qu'ils aiment faire. Ce questionnaire va servir indirectement à évaluer la qualité de la sélection. Certes, la performance au travail n'est pas mesurée ici, mais la satisfaction qu'apporte l'activité professionnelle est un autre aspect de l'adaptation au poste. Ainsi, il va permettre de vérifier que ce dernier correspond aux missions qu'ils souhaitaient avoir et surtout que la représentation qu'ils se faisaient du poste n'est pas éloignée de la réalité du terrain.

Un inventaire de personnalité

Un inventaire de personnalité a été choisi de manière à approfondir la définition des compétences du modèle en établissant un lien avec les ressources psychologiques. L'approche par les Incidents Critiques ne permettant pas d'apréhender les caractéristiques psychologiques, il nous manquait cet aspect pour avoir une définition complète des compétences du modèle. Ainsi l'analyse des corrélations nous permettra-t-elle d'aller plus loin dans la démarche de modélisation. Malgré les critiques faites au modèle, le Néo-PIR de Costa et McCrae (1992) a été choisi pour évaluer les cinq dimensions de personnalité auprès des sujets, ce qui correspond à une représentation de la structure de traits de personnalité élaborée au cours des quarante dernières années (Digman, 1990).

---

[51]Annexes 4 *Modèle de compétences managériales de Buet (2005)*

En effet, tout d'abord rappelons que l'utilisation qui va en être faite n'est pas pour prédire la performance des futurs managers de proximité. Le questionnaire de personnalité n'a pas été utilisé dans la procédure de sélection. Il s'agit plutôt de rechercher le lien entre les compétences des AMDE en termes leurs traits de personnalité. D'une certaine manière, le travail d'analyse de poste est ici complété en cherchant à intégrer au modèle une approche par « traits », c'est-à-dire à définir les caractéristiques psychologiques qui permettent de prédire les comportements. L'objectif est d'aboutir à un modèle en plusieurs niveaux. Le plus général est celui des compétences, chacune d'elles mobilisant des traits de personnalité qui restent à définir.

Cet inventaire de personnalité mesure les cinq facteurs de la théorie des Big Five : le névrosisme, l'extraversion, l'ouverture, la conscience et l'agréabilité. Chacun de ces facteurs, appelés par Costa et McCrae des domaines, est composé de six facettes correspondant aux traits les plus importants qui constituent chaque domaine. Le mode de réponse est une échelle en cinq points allant de fortement en désaccord à fortement d'accord.

Un test d'intelligence générale

Pour évaluer l'intelligence générale des AMDE, le PM 38 de Raven (1938) a été utilisé. Ce test a été construit pour mesurer la composante éductive de l'intelligence générale ; définie par Spearman dans sa théorie de l'aptitude cognitive. Dans cette dernière, le facteur d'intelligence a une seconde composante : l'aptitude reproductive. Elle correspond à la capacité à se remémorer, et à utiliser, un stock culturel de concepts explicites, verbalisés. Le PM38, mesurant l'aptitude éductive, permet d'évaluer la capacité à créer de nouveaux insights, à percevoir des relations logiques. La principale caractéristique de l'aptitude éductive est la faculté de générer des concepts nouveaux, largement non verbaux, qui permettent de penser clairement (Raven, 1938). En fait, ce type de test mesure la capacité à comprendre un problème nouveau, à se le représenter mentalement, à ébaucher un raisonnement tenant compte de plusieurs dimensions, à trouver et à arriver rapidement à une solution. Ce sont justement et de façon croissante, ce que mobilisent les situations professionnelles de plus en plus complexes. Le caractère parfois imprévisible des métiers de l'exploitation aérienne soumis à des aléas quotidiens a été évoqué en première partie de cette thèse Ceci nécessite donc particulièrement cette capacité d'adaptation.

Citons Hunter et Schmidt (1996) *« Les travailleurs très compétents sont plus rapides dans les opérations cognitives liées au travail, sont plus à même d'établir des priorités entre des règles conflictuelles, sont plus capables d'adapter d'anciennes procédures à des situations nouvelles, sont plus capables d'innover pour rencontrer des situations inattendues et arrivent plus vite à apprendre de nouvelles procédures quand le travail change ».*

Le facteur G corrèle fortement avec les aptitudes sociales (Gottfredson, 1997). La capacité à travailler avec des personnes et avec des objets ne seraient donc pas deux choses totalement distinctes, surtout à un haut niveau de complexité. Ce qui est le cas des managers.

Le test comporte soixante problèmes, divisés en cinq séries de douze problèmes chacune. Chacun des problèmes est constitué d'un dessin incomplet, et le sujet doit trouver la partie manquante parmi plusieurs propositions. Pour chaque série, les problèmes sont de difficultés croissantes et ils s'inspirent de ceux qui les ont précédés. L'ordre de présentation des items permet un apprentissage de la méthode de travail. Les cinq séries fournissent cinq occasions de saisir la méthode de pensée requise pour résoudre les problèmes et permettent cinq estimations progressives de la capacité intellectuelle d'un individu. Le PM38 peut être utilisé de deux manières différentes : soit comme un test de « capacité » en temps libre, soit comme un test de « rapidité » ou « d'efficience » en temps limité de vingt minutes. Dans le cadre de notre démarche, ce test est utilisé en temps limité.

L'hypothèse formulée est celle d'un lien fort et positif entre les différentes évaluations.

Hypothèse N°3 : il existe un lien fort et positif entre les différentes évaluations des participants au questionnaire 360°.

Hypothèse N°4 : il existe un lien fort entre l'évaluation des compétences en Assessment Center et celle par le questionnaire 360°.

3 - Sujets

La population de l'étude était celle des AMDE recrutés à l'aide du nouveau processus de sélection mis en place depuis septembre 2006, le critère d'inclusion dans la recherche est qu'ils aient au moins 6 mois d'expérience dans le poste.
Cette population correspond à 121 personnes réparties sur l'ensemble des escales (ORY, DEF et CDG) et dans toutes les entités (piste, passage, trafic, vente).
Le groupe d'AMDE testé correspond à 71 personnes soit 59 % de la population totale (34 du passage, 22 pistes, 3 trafics, 1 vente, 11 autres, 62 CDG, 5 DEF, 4 ORY) dont 45 femmes et 26 hommes qui ont accepté de répondre au questionnaire 360°. Ce questionnaire a été également complété par 47 collègues et 44 Chefs de service de ces AMDE en pensant à leur collègue ou à leur collaborateur AMDE identifié.

Sur 71 AMDE testés, 68 ont répondu au questionnaire d'intérêts pour le poste, au Néo PI-R, et au PM38.

Le protocole complet (360°, questionnaire d'intérêts, Néo PI-R, PM38) a été recueilli pour 32 sujets, soit moins de la moitié de l'échantillon.

Pour les autres sujets, la démarche est partielle, il manque au moins un des éléments du protocole.

4 - Procédure

Le questionnaire 360° est complété par l'AMDE, l'un de ses collègues et son responsable hiérarchique. Les planches pour les responsables hiérarchiques et les collègues sont strictement identiques à celui pour l'AMDE, mais rédigées à la troisième personne. Notons que contrairement aux principes soulignés plus haut, le questionnaire n'est pas complété par des évaluateurs anonymes. En effet, ce sont les AMDE qui indiquent s'ils sont d'accord pour que leur responsable hiérarchique et l'un de leur collègue complètent le questionnaire et il désigne leur collègue à contacter. Cette façon de faire a augmenté les chances de recruter des sujets volontaires pour participer à cette démarche.

Les AMDE passent le PM38, le questionnaire de personnalité Néo-PIR, le questionnaire 360° et le questionnaire d'intérêts de satisfaction, toujours dans cet ordre.

5 - Résultats

Les résultats sont présentés en trois temps :
- d'abord ceux de la validité prédictive entre la détection de potentiel AMDE et la sélection Assessment Center, puis entre les résultats de l'Assessment Center et les données du 360°, et entre la performance générale à l'Assessment Center et le test d'intelligence d'une part, avec le questionnaire de personnalité, d'autre part,
- les résultats au questionnaire d'intérêts et de satisfaction
- et enfin ceux de la validité concourante.

La Validité Prédictive (VP)

Entre Détection de potentiel et la sélection AMDE

Trois classes de sujets avaient été identifiées à partir des résultats obtenus lors de la détection de potentiel. La classe 1 avait reçu le score maximum à l'ensemble des compétences et des valeurs professionnelles. La classe 2 se situait en moyenne en dessous du groupe 1. Et la classe 3 présentait de nombreux scores un certain nombre de compétences qui n'étaient pas encore maîtrisées sur leur poste d'agents.

Hypothèse N°1 : *Il existe un lien entre les résultats obtenus lors de la détection de potentiel et les résultats obtenus aux compétences lors de la sélection. La classe 1 obtient de meilleurs résultats que la classe 2 ; la classe 2 obtient de meilleurs résultats que la classe 3.*

Hypothèse N°2 : *La détection de potentiel prédit la décision prise en sélection. Les candidats de la classe 1 sont plus souvent retenus que ceux de la classe 2. Les candidats de la classe 3 sont plus souvent non retenus.*

Hypothèse N°1

Après analyse de la variance, le résultat [$F_{(2)} = 1.106$; $p = 0.184$; NS] ne permet pas de conclure à une différence significative des résultats moyens par compétences entre les trois classes.

Le schéma ci-dessous montre que la classe 1 obtient des résultats proches de ceux de la classe 2, qui obtient des résultats proches de la classe 3. Ce qui va à l'encontre de l'hypothèse.
La détection de potentiel ne prédit pas des résultats obtenus en sélection.

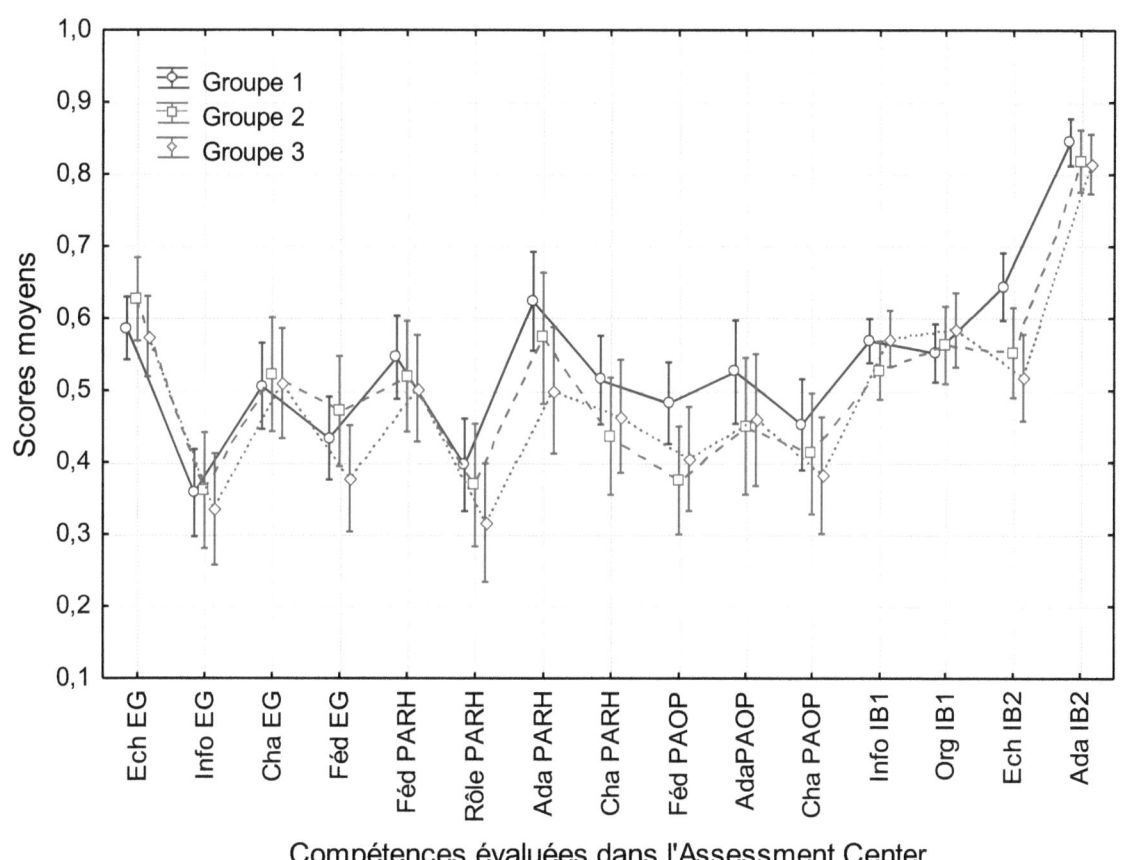

Schéma 2.33 Comparaison des différences de moyennes obtenus aux 8 compétences de l'Assessement Center pour chacune des classes (1, 2, 3) de sujets de la détection de potentiel

Hypothèse N°2

Des indices de Chi-2 ont été calculés pour tester cette hypothèse.

Classe CAH	NON RETENU	RETENU	Total
1	73	91	164
2	43	48	91
3	60	41	101
Total	176	180	356

Tableau 2.34 des effectifs de candidats retenus et non retenus à l'issue de l'Assessment Center en fonction de la classe de la CAH en détection de potentiel

Le calcul du Chi-2 [Chi-2 (2)=5.78 ; p=0.05] indique qu'il existe une différence significative entre les candidats retenus et non retenus en fonction de la classe de la CAH.

De manière descriptive, les candidats sont dont le profil de détection atteste d'un niveau de maîtrise dans tous les critères (classe 1) sont proportionnellement plus souvenant retenus à l'issue de la sélection. Au contraire, les candidats dont le profil de compétences lors de la détection est le plus faible (classe 3) sont proportionnellement plus souvent non retenus à l'issue de la sélection.

Si les scores obtenus en Assessment Center ne distinguent pas les candidats par rapport à leur appartenance dans une classe de la détection de potentiel, la décision de recrutement, au contraire, suit le classement des sujets en détection de potentiel. Rappelons que les évaluateurs n'ont pas eu connaissance des dossiers en amont de la journée et qu'ils évaluent des agents qu'ils ne connaissent pas. La décision finale semble donc intégrer des éléments qui vont au-delà des résultats bruts obtenus. En effet, les scores en fin de journée sont pondérés et étalonnés, la décision porte donc sur des scores globaux par compétences et non sur des scores obtenus aux épreuves. La pondération joue sur le score final.

Le questionnaire d'intérêts

Le métier d'AMDE répond-t-il aux attentes des agents recrutés sur ces postes ? La moyenne à cette question est de 3,34/4 avec un écart type de 0,61. Le minimum est de 2/4, il n'y a pas eu de réponse « pas du tout » correspondant à l'échelon 1 de l'échelle.

Au regard de ces données, le poste d'AMDE semble répondre aux attentes des sujets. Une réserve concernant ce résultat est néanmoins à formuler. En effet, nous ne pouvons négliger le fait que les données soient recueillies au sein même de la Direction. Même si l'anonymat a bien été garanti aux interlocuteurs, il reste toujours une méfiance quant à l'utilisation des données. On peut donc supposer l'existence d'un biais de désirabilité sociale qu'il faut prendre en compte dans l'analyse.

Dans un second temps, il leur a été demandé d'estimer le temps passé sur chacune des activités du métier d'AMDE (à savoir : opérationnel, management, accompagnement du changement). Les pôles les plus chronophages sont sans surprise, l'opérationnel (37,35% du temps) et le management (39,56%). L'accompagnement du changement représente 21,54% de l'activité. Ces résultats montrent contrairement à certaines « idées reçues » que le temps consacré à l'opérationnel ne semble pas prendre le pas sur celui du management.

Il y a un équilibre entre ces deux principales activités, l'une ne prenant pas le dessus sur l'autre. Ce résultat a pu être confirmé par l'observation. En 2007, une vingtaine d'AMDE a été observée dans le cadre de sa vacation, l'observateur mesurait le temps consacré à chaque activité. La même répartition temporelle avait alors été relevée. Le temps consacré à l'accompagnement du changement est plus restreint. Ceci n'est pas non plus étonnant, les AMDE sont effectivement des acteurs incontournables de la conduite du changement notamment à travers la mise en place des projets sur le terrain, néanmoins ce n'est pas leur cœur de métier qui reste bel et bien de manager les équipes d'un point de vue humain et organisationnel.

Notons, que bien que l'activité opérationnelle prenne un temps non négligeable dans l'emploi du temps des AMDE, elle n'est pas pour autant l'élément qui les intéresse le plus dans leur métier. Cette activité arrive même en dernière position quelque soit la manière de poser la question (par exemple, « *Attribuer une note de préférence à chaque activité ou ordonner les activités en fonction de votre préférence* »).

Enfin, les AMDE se projettent en moyenne sur au moins deux postes d'AMDE après cette première expérience.

Nous proposons l'analyse de la matrice de corrélations entre les différentes questions du questionnaire d'intérêts.

	% management	% changement	% opérationnel	Intérêt management	Intérêt performance	Intérêt animer	Intérêt changement	Intérêt opérationnel
Intérêt management	0.35*	-0.18	-0.10	1.00				
Intérêt performance	0.20	-0.33*	-0.04	0.32*	1.00			
Intérêt. animer	0.09	-0.15	0.09	0.66*	0.27*	1.00		
Intérêt changement	-0.07	0.27*	-0.03	0.12	0.13	0.16	1.00	
Intérêt opérationnel	0.01	-0.13	0.09	-0.08	0.22	0.24	0.05	1.00

Tableau 2.35 Corrélations entre les différentes questions du questionnaire d'intérêts.

Le temps consacré à manager est corrélé de manière significative avec l'intérêt que le sujet y porte (r=.35).

C'est surtout l'animation d'équipe qui semble motiver le plus les AMDE car quand ils portent un intérêt important au management ceci est surtout corrélé avec un fort intérêt pour l'animation d'équipe (r=.66) qui est un des versants de l'activité managériale.

Pour conclure sur ce questionnaire d'intérêts, quelques points sont à retenir : en moyenne, les activités opérationnelles et managériales sont assez équilibrées dans l'emploi du temps des AMDE. Les AMDE ont un intérêt déclaré vis à vis de leur cœur de métier : le management.

Entre la sélection AMDE et le questionnaire 360°

Analyse de l'accord inter-juges[52]

Hypothèse N°3 : *Pour conclure à une validité prédictive satisfaisante, il existe un lien fort et positif entre les différentes évaluations dans le questionnaire 360°.*

Les corrélations inter-juges ont été étudiées 2 à 2 sur les 5 dimensions du modèle.

- AMDE-Collègues :

Les corrélations sont proches de 0 sauf pour les capacités cognitives avec une corrélation significative de .35.

– AMDE-CS :

Les corrélations sont également proches de 0 sauf cette fois pour les compétences relationnelles avec une corrélation significative de .30.

– CS- Collègues :

Les corrélations sont proches de 0 sauf pour positionnement hiérarchique et les capacités cognitives, respectivement .32 et .34.

Ces résultats montrent qu'il n'y pas de lien entre les évaluations fournies par les différents évaluateurs au niveau des compétences évaluées. Ce qui va à l'encontre de l'hypothèse formulée.

Les corrélations inter-juges sur les 20 Exigences Critiques ont ensuite été analysées.

---

[52] Annexes 18 *Corrélations inter-juges sur le questionnaire 360°*

Trois Exigences Critiques présentent une corrélation significative (p≤.05) tant entre l'AMDE et son collègue qu'entre l'AMDE et son chef de service.

Il s'agit de *« S'engager dans les projets AF »* (respectivement .48 et .55)

« Etre acteur dans la transmission d'informations » (respectivement .48 et .35)

« Etre attentif aux agents » (respectivement .35 et .48)

Pour ces trois exigences l'accord entre les sujets est relativement fort, notamment pour l'engagement dans les projets AF, les trois protagonistes présentent une corrélation inter-juges forte. Pour les deux autres, malgré un accord significatif, on peut noter que la corrélation est plus faible pour les CS dans « Etre acteur dans la transmission d'informations » alors qu'elle est notable entre l'AMDE et son collègue. C'est strictement l'inverse qui se produit sur « Etre attentif aux agents ». Les trois juges ont donné des résultats non homogènes reflétant une appréhension différente des performances des AMDE sur leur poste. Trois analyses ont donc été menées séparément.

Prédicteurs

Différents prédicteurs seront utilisés dans cette recherche :
- les scores par compétence et par épreuve,
- les scores finaux obtenus par les candidats aux 8 compétences évaluées pendant la journée d'Assessment Center qui serviront à prendre la décision de recrutement,
- un score global de performance qui est la somme des scores aux 8 compétences.

Critères

Plusieurs critères sont considérés dans cette recherche :
- les scores aux 5 compétences du questionnaire évalués par l'AMDE en auto-évaluation
- un score global de performance qui correspond à la somme des notes aux compétences du questionnaire 360°
- un score composite sur chacune des 5 compétences calculé en faisant la somme des notes obtenues pour les Exigences Critiques d'une compétence du questionnaire
- un score global de performance générale qui correspond à la somme des scores composites.

Hypothèse N°4 : Il existe une corrélation entre l'évaluation faite lors de la journée d'Assessment Center et la performance du manager sur le terrain. Pour conclure à une validité prédictive satisfaisante cette dernière doit être forte et positive.

Les matrices de corrélations[53] révèlent un ensemble de corrélations non significatives qui ne permettent pas de conclure à un lien entre l'évaluation en sélection et l'évaluation en poste. En outre, certaines corrélations bien que faibles et significatives, sont négatives et tendraient donc à montrer que les résultats en sélection et une fois en poste s'inversent. Les meilleurs en sélection seraient les moins performants sur le terrain. Ce résultat bien entendu ne va pas dans le sens des hypothèses. On le retrouve quelque soit l'évaluation faite soit par l'AMDE lui-même, soit par un collègue, soit pour un chef de service. Pour ce dernier, néanmoins, on peut relever quelques corrélations significatives et positives : la compétence « connaître son rôle » évaluée par un score lors de l'épreuve du plan d'actions et par un score au global de l'Assessment Center corrèlent respectivement à .29 et à .37 avec le score attribué par le chef de service à la compétence générale « positionnement hiérarchique ». Le score global obtenu à la compétence « échanger » corrèle avec le « positionnement hiérarchique » (.39), les « compétences relationnelles » (.32) et les « compétences managériales » (.32) du questionnaire 360° évalué par le chef de service et aussi avec le score composite de la « compétence managériale » (.42).

La validité concourante

- *Corrélations entre les compétences évaluées par le questionnaire 360° par l'AMDE lui-même (auto-évaluation) et l'intelligence générale (PM38).*

---

[53] Annexes19 *Matrices de corrélations entre les résultats obtenus en sélection et ceux obtenus au questionnaire 360° par autoévaluation, par un collègue et par un chef de service.*

Compétences évaluées par l'AMDE	PM38
Evaluations globales :	
Compréhension de son rôle	-0.08
Positionnement hiérarchique	-0.17
Compétence relationnelle	-0.07
Compétence managériale	0.06
Capacités cognitives	0.11
Note totale	-0.04
Sommes des scores dans les exigences critiques :	
Compréhension de son rôle	-0.06
Positionnement hiérarchique	-0.14
Compétence relationnelle	-0.09
Compétence managériale	0.02
Capacités cognitives	0.1
Note totale	-0.05

Tableau 2.36 des corrélations entre les compétences professionnelles auto évaluées et les notes d'intelligence générale des AMDE dans PM38 (N = 68)

Le score d'intelligence générale ne corrèle pas avec les scores obtenus aux compétences du 360°.

- *Corrélations entre les compétences évaluées par le questionnaire 360° par l'AMDE lui-même (auto-évaluation) et les dimensions de personnalité (Néo-PIR).*

	NEV	N1	N2	N3	N4	N5	N6
Evaluations globales :							
Compréhension de son rôle	-0.249	-0.258	0.0532	-0.394	-0.201	0.0308	-0.27
Positionnement hiérarchique	-0.193	-0.071	-0.12	-0.294	-0.028	-0.03	-0.33
Compétence relationnelle	-0.224	-0.169	-0.149	-0.281	-0.2	0.0909	-0.2
Compétence managériale	-0.374	-0.327	-0.163	-0.335	-0.295	0.0294	-0.37
Capacités cognitives	-0.253	-0.25	0.0422	-0.17	-0.271	-0.001	-0.32
Note totale	-0.322	-0.268	-0.087	-0.365	-0.249	0.031	-0.37
Sommes des scores dans les Exigences Critiques :							
Compréhension de son rôle	-0.208	-0.197	0.0599	-0.184	-0.183	0.0256	-0.39
Positionnement hiérarchique	-0.364	-0.126	-0.173	-0.422	-0.125	-0.291	-0.36
Compétence relationnelle	-0.322	-0.217	-0.019	-0.351	-0.296	-0.077	-0.36
Compétence managériale	-0.391	-0.247	-0.08	-0.452	-0.286	-0.078	-0.42
Capacités cognitives	-0.244	-0.211	0.0491	-0.274	-0.242	0.0362	-0.36
Note totale	-0.364	-0.226	-0.055	-0.404	-0.257	-0.108	-0.43

Légende : NEV = Névrosisme ; N1 = Anxiété ; N2 = Colère-Hostilité ; N3 = Dépression ; N4 = Timidité sociale ; N5 = Impulsivité ; N6 = Vulnérabilité.

Tableau 2.37 des corrélations entre les compétences professionnelles auto évaluées et les notes de Névrosisme obtenues par les AMDE dans NEO PI-R (N = 68)

La plupart des compétences auto-évaluées du modèle présente une corrélation négative, comprise entre -.25 et -.45 et significative au seuil de .05, avec la dimension Névrosisme des Big Five et surtout avec les facettes Dépression et Vulnérabilité de cette dimension.

La configuration des corrélations est quasiment la même quelque soit le critère utilisé : score donné par l'AMDE lui-même sur la compétence (« évaluation globale ») ou sur un score composite à partir des exigences critiques du questionnaire 360° (« somme des scores dans les Exigences Critiques »).

	EXT	E1	E2	E3	E4	E5	E6
Evaluations globales :							
Compréhension de son rôle	0.1268	0.0405	-0.114	0.2942	0.2628	-0.145	0.04
Positionnement hiérarchique	0.2226	0.0341	0.0709	0.2186	0.3146	-0.017	0.09
Compétence relationnelle	0.2151	0.0994	-0.049	0.2905	0.2358	-0.01	0.13
Compétence managériale	0.2082	0.114	-0.185	0.3745	0.28	0.0417	0.06
Capacités cognitives	0.0477	-0.087	-0.249	0.1753	0.162	0.0509	0.05
Note totale	0.2045	0.0524	-0.132	0.3375	0.3104	-0.018	0.09
Sommes des scores dans les exigences critiques :							
Compréhension de son rôle	0.2358	0.087	-0.059	0.3778	0.3491	0.0327	-0.01
Positionnement hiérarchique	0.1164	0.0281	-0.121	0.262	0.1835	-0.109	0.1
Compétence relationnelle	0.2257	0.1407	-0.123	0.2993	0.2774	0.0959	0.07
Compétence managériale	0.1148	0.0964	-0.247	0.3068	0.2212	-0.043	0.03
Capacités cognitives	0.1219	0.008	-0.212	0.2971	0.263	-0.004	0.02
Note totale	0.1793	0.0834	-0.179	0.3477	0.2855	-0.016	0.05

Légende : EXT = Extraversion ; E1 = Chaleur ; E2 = Grégarité ; E3 = Assertivité ; E4 = Activité ; E5 = Recherche de sensations ; E6 = Émotions positives.

Tableau 2.38 des corrélations entre les compétences professionnelles auto évaluées et les notes d'Extraversion obtenues par les AMDE dans NEO PI-R (N = 68)

La plupart des compétences auto-évaluées du modèle présentent une corrélation positive, comprise entre .23 et .38 significative à .05, avec la dimension Extraversion des Big Five et surtout avec les facettes Assertivité et Activité. En outre, la compétence managériale corrèle de manière significative et négativement avec la facette « grégarité » de l'Extraversion.

La configuration de corrélation est quasiment la même quelque soit le critère utilisé : score donné par l'AMDE lui-même sur la compétence (« évaluation globale ») ou sur un score composite à partir des Exigences Critiques du questionnaire 360° (« somme des scores dans les Exigences Critiques »).

	OUV	O1	O2	O3	O4	O5	O6
Evaluations globales :							
Compréhension de son rôle	-0.026	0.0305	-0.127	0.0469	-0.054	0.0463	-0.03
Positionnement hiérarchique	-0.079	-0.156	-0.027	0.0228	-0.004	-0.058	-0.04
Compétence relationnelle	0.0121	0.0221	-0.053	0.1689	-0.018	-0.076	0.07
Compétence managériale	0.1815	0.1363	0.0872	0.0061	0.113	0.2288	0.08
Capacités cognitives	-0.087	-0.038	-0.079	-0.022	-0.063	-0.032	-0.1
Note totale	0.0056	0.0031	-0.046	0.0561	-0.004	0.0309	-0
Sommes des scores dans les Exigences Critiques :							
Compréhension de son rôle	0.1007	0.0634	-0.091	0.19	0.0392	0.1023	0.15
Positionnement hiérarchique	-0.131	-0.162	-0.037	-0.071	-0.146	-0.002	-0.09
Compétence relationnelle	-0.053	-0.083	-0.035	-0.006	-0.035	0.0256	-0.07
Compétence managériale	-0.043	0.0294	-0.102	-0.034	-0.033	0.0582	-0.11
Capacités cognitives	-0.098	0.0093	-0.114	-0.067	-0.087	0.0038	-0.14
Note totale	-0.059	-0.041	-0.084	-0.007	-0.065	0.0412	-0.07

<u>Légende</u> : OUV = Ouverture ; O1 = Ouverture aux Rêveries ; O2 = Ouverture à l'Esthétique ; O3 = Ouverture aux Sentiments ; O4 = Ouverture aux Actions ; O5 = Ouverture aux Idées ; O6 = Ouverture aux Valeurs

Tableau 2.39 des corrélations entre les compétences professionnelles auto évaluées et les notes d'Ouverture obtenues par les AMDE dans NEO PI-R (N = 68)

	AGR	A1	A2	A3	A4	A5	A6
Evaluations globales :							
Compréhension de son rôle	-0.004	-0.015	-0.113	0.1837	0.0028	-0.025	0.01
Positionnement hiérarchique	0.0982	-0.028	0.0147	0.1854	0.0621	0.1861	-0.02
Compétence relationnelle	-0.087	-0.093	-0.15	0.2074	-0.026	-0.119	-0.07
Compétence managériale	0.0186	0.1673	-0.071	0.089	-0.038	-0.132	0.03
Capacités cognitives	-0.1	-0.041	-0.099	0.013	-0.02	-0.136	-0.08
Note totale	-0.019	0.0009	-0.105	0.1673	-0.006	-0.06	-0.03
Sommes des scores dans les exigences critiques :							
Compréhension de son rôle	-0.045	0.02	-0.149	0.1636	0.0669	-0.197	-0.02
Positionnement hiérarchique	0.0139	-0.007	-0.076	0.1291	0.1223	-0.008	-0.1
Compétence relationnelle	-0.014	0.0115	-0.096	0.0831	0.0614	-0.027	-0.08
Compétence managériale	-0.063	-0.017	-0.091	0.0507	0.0266	-0.121	-0.07
Capacités cognitives	-0.006	0.05	-0.075	-0.022	0.018	-0.053	0.04
Note totale	-0.027	0.0082	-0.109	0.0946	0.0703	-0.089	-0.06

Légende : AGR = Agréabilité ; A1 = Confiance ; A2 = Droiture ; A3 = Altruisme ; A4 = Compliance ; A5 = Modestie ; A5 = Sensibilité.

Tableau 2.40 des corrélations entre les compétences professionnelles auto évaluées et les notes d'Agréabilité obtenues par les AMDE dans NEO PI-R (N = 68)

Il n'y a pas de corrélations significatives entre les compétences du modèle auto évalué et les dimensions Ouverture et Agréabilité des Big Five.

	CSC	C1	C2	C3	C4	C5	C6
Evaluations globales :							
Compréhension de son rôle	0.1891	0.3698	0.0289	0.1688	0.2008	0.1351	-0.09
Positionnement hiérarchique	0.3227	0.3099	0.1672	0.3157	0.1817	0.282	0.06
Compétence relationnelle	0.0653	0.2432	-0.117	0.1487	0.0076	0.065	-0.09
Compétence managériale	0.1725	0.3482	-0.024	0.1934	0.1973	0.0067	-0.02
Capacités cognitives	0.2104	0.3678	0.0325	0.1376	0.191	0.089	0.11
Note totale	0.2342	0.4042	0.0178	0.2371	0.1909	0.1385	-0.01
Sommes des scores dans les exigences critiques :							
Compréhension de son rôle	0.1727	0.2915	-0.098	0.1735	0.3603	0.1208	-0.11
Positionnement hiérarchique	0.3978	0.4222	0.1674	0.2995	0.1709	0.2828	0.23
Compétence relationnelle	0.3355	0.4153	0.1361	0.2508	0.236	0.2351	0.1
Compétence managériale	0.2052	0.3926	-0.016	0.1636	0.2621	0.0344	0.02
Capacités cognitives	0.2379	0.3561	0.0231	0.1715	0.2779	0.12	0.07
Note totale	0.3154	0.436	0.0572	0.2464	0.2895	0.1825	0.09

Légende : CSC = Conscience ; C1 = Compétence ; C2 = Ordre ; C3 = Sens du devoir ; C4 = Recherche de réussite ; C5 = Autodiscipline ; C6 = Délibération.

Tableau 2.41 des corrélations entre les compétences professionnelles auto évaluées et les notes de Conscience obtenues par les AMDE dans NEO PI-R (N = 68)

La plupart des compétences auto-évaluées du modèle présente une corrélation positive, comprise entre .23 et .44 significative à .05, avec la dimension « Conscience des Big Five » mais seulement avec la facette « Compétence ». La configuration de corrélation est quasiment la même quelque soit le critère utilisé : score donné par l'AMDE lui-même sur la compétence (« évaluation globale ») ou sur un score composite à partir des Exigences Critiques du questionnaire 360° (« somme des scores dans les Exigences Critiques »).

- *Corrélations entre les compétences évaluées par le questionnaire 360° par le collègue et l'intelligence générale (PM38).*

Compétences évaluées par le collaborateur	PM38
Evaluations globales :	
Compréhension de son rôle	-0.03
Positionnement hiérarchique	-0.16
Compétence relationnelle	-0.01
Compétence managériale	-0.05
Capacités cognitives	0.13
Note totale	-0.06
Sommes des scores dans les Exigences Critiques :	
Compréhension de son rôle	0.03
Positionnement hiérarchique	-0.17
Compétence relationnelle	-0.12
Compétence managériale	-0.08
Capacités cognitives	0
Note totale	-0.13

Tableau 2.42 des corrélations entre les compétences professionnelles évaluées par les collègues et les notes d'intelligence générale des AMDE dans PM38 (N = 47)

Le score d'intelligence générale ne corrèle pas avec les scores obtenus aux compétences du 360°.

- Corrélations entre les compétences évaluées par le questionnaire 360° par le collègue et les dimensions de personnalité (Néo-PIR).

Une compétence « relationnelle » évaluée par le collègue exprimé par « somme des scores dans les Exigences Critiques » corrèle significativement avec la facette « Timidité sociale » (r=-.2924) de la dimension « Névrosisme »

.

Il n'y a pas de corrélation significative entre les compétences du modèle évaluées par un collègue et les dimensions « Extraversion » et « Agréabilité des Big Five ».

	OUV	O1	O2	O3	O4	O5	O6
Evaluations globales :							
Compréhension de son rôle	0.1975	-0.1387	0.2927	-0.1104	0.1705	0.1688	0.315
Positionnement hiérarchique	0.0119	-0.2947	0.1405	-0.1262	0.0289	0.0898	0.266
Compétence relationnelle	-0.1203	-0.1746	-0.1274	0.0036	-0.0784	-0.1626	0.282
Compétence managériale	-0.0772	-0.1837	0.0424	-0.122	-0.114	-0.0655	0.279
Capacités cognitives	-0.0397	-0.1778	0.0837	-0.1591	-0.0631	-0.0362	0.289
Note totale	-0.041	-0.2736	0.043	-0.174	0.0415	-0.0253	0.394
Sommes des scores dans les Exigences Critiques :							
Compréhension de son rôle	0.153	-0.056	0.25	-0.157	0.0501	0.1208	0.335
Positionnement hiérarchique	0.0194	-0.25	0.1346	-0.0672	0.018	-0.0415	0.383
Compétence relationnelle	0.0547	-0.1653	0.1032	-0.0153	0.0033	0.0089	0.362
Compétence managériale	0.0305	-0.174	0.1598	-0.0795	-0.0496	-0.0436	0.374
Capacités cognitives	0.0447	-0.0678	0.1821	-0.1508	-0.0054	-0.0487	0.279
Note totale	0.0226	-0.1923	0.1457	-0.1058	0.0164	-0.013	0.307

Légende : OUV = Ouverture ; O1 = Ouverture aux Rêveries ; O2 = Ouverture à l'Esthétique ; O3 = Ouverture aux Sentiments ; O4 = Ouverture aux Actions ; O5 = Ouverture aux Idées ; O6 = Ouverture aux Valeurs

Tableau 2.43 des corrélations entre les compétences professionnelles évaluées par les collègues et les notes d'Ouverture obtenues par les AMDE dans NEO PI-R (N = 44)

Toutes les compétences évaluées par le collègue à partir de l'« évaluation globale » corrèlent significativement avec la facette « Valeurs ». Et également avec ces mêmes compétences évaluées à partir des sommes des scores évaluées par les EC « somme des scores dans les exigences critiques » O1 et O2 corrèlent respectivement .29 avec « Positionnement Hiérarchique » et .29 avec « Compréhension de son rôle ». Ces corrélations sont moins robustes et peuvent être dues seulement au fait du hasard compte tenu du grand nombre de corrélations calculées.

Seules deux compétences dont les scores ont été calculés en sommant les notes aux Exigences Critiques corrèlent avec les facette de la dimension « Agréabilité » : « Confiance » et « Modestie ».

- Corrélations entre les compétences évaluées par le questionnaire 360° par le chef de service et *l'intelligence générale (PM38)*.

Compétences évaluées par le supérieur hiérarchique	PM38
Evaluations globales :	
Compréhension de son rôle	-0.15
Positionnement hiérarchique	-0.32
Compétence relationnelle	-0.29
Compétence managériale	-0.03
Capacités cognitives	-0.06
Note totale	-0.24
Sommes des scores dans les Exigences Critiques :	
Compréhension de son rôle	-0.2
Positionnement hiérarchique	-0.33
Compétence relationnelle	-0.12
Compétence managériale	-0.24
Capacités cognitives	-0.18
Note totale	-0.26

Tableau 2.44 des corrélations entre les compétences professionnelles évaluées par les supérieurs hiérarchiques et les notes d'intelligence générales des AMDE dans PM38 (N =43)

Deux corrélations sont à relever entre la compétence « Positionnement Hiérarchique » du modèle évalué par le chef de service et l'intelligence générale.

- Corrélations entre les compétences évaluées par le questionnaire 360° par le chef de service et les dimensions de personnalité (Néo-PIR)[54]

La facette « Dépression » corrèle positivement avec les « Capacités cognitives » (r=.3048) et la « Compréhension de son rôle » (r=.3129). La compétence « Compréhension de son rôle » corrèle avec la facette « Activité-Energie » (r=.3647). Il n'y a pas de corrélation significative entre les compétences du modèle évaluées par un collègue et les dimensions « Agréabilité » des Big Five. La compétence « Capacité cognitive » corrèle négativement avec la facette « Rêverie » (.3755).

	CSC	C1	C2	C3	C4	C5	C6
Evaluations globales :							
Compréhension de son rôle	.1375	-.1000	.2099	.1526	.2762	.1193	-.1198
Positionnement hiérarchique	.2295	-.0519	.2762	.2666	.1040	.1937	.1099
Compétence relationnelle	.1238	-.0544	.3335	.2082	-.1239	.0990	.0259
Compétence managériale	.0732	-.2607	.3402	.1032	-.0623	.0758	.0218
Capacités cognitives	.2495	-.0467	.4116	.2192	-.0594	.0144	.3638
Note totale	.1487	-.1577	.2719	.2347	-.0090	.1186	.1031
Sommes des scores dans les Exigences Critiques :							
Compréhension de son rôle	.0843	-.1674	.2282	.0348	.1321	.0099	.0218
Positionnement hiérarchique	.2652	-.0559	.4034	.2592	.0531	.2207	.1152
Compétence relationnelle	-.0614	-.0949	-.0137	.0926	-.1331	.0954	-.1683
Compétence managériale	.1827	-.0654	.2764	.2225	.0979	.1486	.0312
Capacités cognitives	.1769	-.1011	.2445	.1364	-.0313	.1655	.2156
Note totale	.1647	-.1045	.2798	.1921	.0320	.1611	.0507

Légende : CSC = Conscience ; C1 = Compétence ; C2 = Ordre ; C13 = Sens du devoir ; C4 = Recherche de réussite ; C5 = Autodiscipline ; C6 = Délibération.

Tableau 2.45 des Corrélations entre les compétences professionnelles évaluées par les chefs de service et les notes de Conscience obtenues par les AMDE dans NEO PI-R (N = 44)

La facette « Ordre » corrèle avec plusieurs compétences du modèle : « compétence relationnelle » (.33) ; « Compétence managériale » (.34) ; « Capacité cognitive » (.41) et « Positionnement hiérarchique » (.40).

---
[54] Annexes 18 Corrélations entre les compétences évaluées et les caractéristiques psychologiques

Discussion

La satisfaction des AMDE pour leur cœur de métier le management est forte. Il n'y a en moyenne pas de déséquilibre dans leur activité entre le temps passé à manager et le temps consacré à l'opérationnel.

Le fait que l'accord entre les trois juges (AMDE. Chef de Service et AMDE Collègue) soit quasiment nul nous montre le décalage en termes d'attente de chacun des acteurs. Le rôle du manager n'est pas encore un concept clairement homogène et partagé. On peut même s'étonner qu'un certain nombre de corrélations soit négative. Par ailleurs, la seule compétence prédictive de la performance managériale est « Echanger ». En effet, cette compétence corrèle positivement avec plusieurs critères de performance notamment lorsque c'est le responsable hiérarchique qui évalue.

Les corrélations entre les tests et les compétences requises montrent que les agents qui présentent un score au PM38 le plus élevé sont aussi ceux qui sont évalués de manière non satisfaisante par leur hiérarchie et ce, notamment sur la compétence « Positionnement hiérarchique » Il est possible que ce soit ceux qui se positionnent le plus en retrait. Il est important pour l'organisation de comprendre pourquoi, car en miroir de ce résultat il faut remarquer que les managers les plus reconnus par leur responsable hiérarchique sur le plan de leur « Capacité cognitive » et sur la « Compréhension de leur rôle », sont ceux qui présentent un score en « Dépression ». Ces résultats vont à l'encontre des hypothèses et des données de la littérature (Schmidt en Hunter. 1998 ; Judge et Bono. 2004). Il est difficile d'aller beaucoup plus loin dans l'interprétation de ces données à ce stade de la recherche.

Enfin, la recherche permet de présenter un modèle de compétences approfondi. La plupart des compétences du modèle peut être définis par un ou plusieurs traits de personnalité. ce qui permet d'aller un peu plus loin dans la définition concrète et pratique de chacune des compétences requises pour le poste, non plus en termes de comportements mais en termes de traits psychologiques. Ainsi, on constate que quel que soit le critère considéré (« évaluation globale » ou « somme des scores aux exigences critiques »), les corrélations adoptent la même configuration. Ce point est significatif. En effet, d'une part l'évaluateur se prononce sur un score global à la compétence et d'autre part il se prononce sur plusieurs exigences (reliées à une compétence dans le modèle) dont on agrège les scores en les sommant. Le fait d'obtenir les mêmes résultats dans les deux cas renforce la corrélation et permet aussi d'aller dans le sens du modèle puisqu'il y a une bonne correspondance entre les données.

En outre, on constate que les corrélations entre les compétences et les traits de personnalité apparaissent surtout dans le cas de l'auto-évaluation. En effet, c'est dans ce cas que l'on obtient les résultats les plus proches, on a donc des chances de voir apparaître des corrélations. Notons que dans la littérature les corrélations entre la performance managériale et les traits de personnalité sont plus souvent calculées avec l'évaluation par le responsable hiérarchique. Ainsi, Judge et Bono (2002) à travers des études de méta-analyses ont mis en évidence des corrélations de .31 entre l'Extraversion et la performance managériale ; .28 avec la Conscience ; .24 avec l'Ouverture ; -.24 Névrosisme et, 08 avec l'Agréabilité.

De fait, dans les résultats de cette recherche, comme dans les autres (Bono et Judge. 2000. 2004) ce sont surtout les facettes qui corrèlent avec les compétences. On retrouve en outre les mêmes corrélations. Pour l'Extraversion, ce sont plutôt les facettes « Assertivité et Activité-Energie » ; pour la Conscience, ce sont les facettes « Compétence » et « Ordre » ; pour l'Ouverture, c'est la facette « Valeurs » ; pour le Névrosisme ce sont surtout les facettes « Dépression » et « Vulnérabilité » qui corrèlent avec l'ensemble des compétences du modèle. Il n'y a pas de corrélation avec l'Agréabilité.

Il s'est dégagé de cette recherche certaines facettes du modèle des Big Five qui semblent importantes pour atteindre une certaine performance managériale. En cela, il y a une certaine validité discriminante des facettes, ce qui correspond bien au modèle théorique des Big Five. En revanche, il est plus difficile de dégager des facettes pour telle ou telle compétence prise indépendamment. De nouveau, il semble se dégager un critère de performance global qui ne distingue pas les compétences entre elles.

Conclusion générale de la seconde partie

La première étape de cette seconde partie a permis de constater que le dispositif de sélection mesure trois grands facteurs de compétences. Un pool de compétences managériales représenté par « Avoir du charisme »; « Fédérer / Donner du sens à l'action »; « S'adapter »; « Connaître son rôle » ; un pool de compétences organisationnelles, un autre de compétences relationnelles et enfin un pool de compétences à développer ses collaborateurs. La structure du modèle est plus solide pour un socle de compétences managériales composé d' « Avoir du charisme » ; « Fédérer / Donner du sens à l'action »; « S'adapter » qui appartenait à la compétence managériale, à laquelle on peut ajouter « Connaître son rôle » qui initialement appartenait à une méta-compétence appelée Compréhension de son rôle. Les trois autres compétences sont indépendantes et appartiennent bien à des éléments différents dans le modèle initial. Organiser appartient aux compétences cognitives. Faciliter les relations/Garantir les échanges à la compétence relationnelle. « Développer l'autre » en revanche apparaît comme une exigence en soi, indépendante alors qu'elle était contenue dans les compétences managériales. Enfin « transmettre les informations » ne forme pas et n'appartient pas à un facteur, cette exigence est transverse. Dans le modèle, on la trouve plutôt dans les compétences relationnelles.

La structure interne des épreuves est meilleure pour les épreuves écrites que pour les épreuves orales. En effet dans les premières, la correction systématique permet de réduire les effets de l'observation (effet de halo. Effet d'ordre. Stéréotypes). La structure globale de la procédure est également plus proche du modèle que la structure des épreuves prise de manière indépendante.

Compte tenu de ces données, l'analyse de validité prédictive a été menée. Les AMDE en poste sont relativement bien évalués par leur responsable hiérarchique, ainsi que par les collègues et eux-mêmes. Les notes attribuées sont toujours comprises entre un niveau de développement et une acquisition reconnue de la compétence. Ces résultats sont conformes à une prise de poste. Ce qui est plus étonnant en revanche c'est l'absence de corrélation entre les résultats à l'Assessment Center et l'évaluation en validité prédictive. Cette absence de corrélation questionne. S'agit-il d'une problématique autour de la nature des concepts mesurés. Le modèle théorique de management mesuré en Assessment Center est-il trop différent de celui mesuré sur le terrain (travail prescrit contre travail réel) ?

Est-ce une problématique concernant la méthodologie (observation contre évaluation déclarative papier-crayon) enfin est-ce une problématique autour de la conception des compétences managériales qui ne semble pas encore être unifiée au sein de la Direction ? A priori non puisque dans les deux cas nous faisons référence au même modèle. Par contre, les pratiques managériales sur le terrain en sont peut-être éloignées ce qui pourrait expliquer qu'il y ait peu de liaison statistique. Ces différentes pistes de réflexion sont ouvertes.

Pour finir nous proposons un approfondissement du modèle de compétences managériales AMDE à la DGES en termes de traits de personnalité. Compte tenu de la diversité des résultats en fonction de l'évaluateur, nous résumerons ici les trois points de vue. Pour les AMDE, la performance est liée à une certaine stabilité émotionnelle surtout pour les facettes 3 (Dépression) et 6 (Vulnérabilité) du Névrosisme. L'extraversion compte également sous ses facettes 3 (Assertivité) et 4 (Activité-Energie), ainsi que la conscience, notamment sous les facettes 1(Compétence). Ces résultats sont proches de ceux que nous pouvons lire dans la littérature. Le facteur Conscience est connu pour son pouvoir prédicteur en termes de performance au travail (.31) selon Schmidt et Hunter (1998). L'Extraversion est un prédicteur du leadership (.31) selon Judge et Bono (2000). Pour les AMDE collègues et les chefs de service. il faut ajouter les dimensions Ouverture sous la facette « Valeurs » qui n'apparait nullement dans l'auto-évaluation.

En outre, les managers les mieux évalués en termes de compréhension de leur rôle sont ici ceux qui ont les résultats les plus faibles en stabilité émotionnelle. A l'heure où l'entreprise s'interroge sur la question des risques psychosociaux, ce résultat prend un tout autre relief. Que dire d'une population de managers qui dans le même temps qu'ils satisfont leur hiérarchie en termes de connaissance de leur rôle présente les résultats les plus hauts sur la facette « dépression » de la dimension « Névrosisme » ?

A l'issue de ce programme de recherche, nous avons obtenu un processus validé. La validité prédictive a permis d'aller au-delà de ses prérogatives premières : le modèle de compétences managériales a été approfondi et nous présentons de nouveaux résultats concernant la population de managers de proximité qui viennent compléter voire confirmer les études préalables (sociologique. Troadec. 2004 et Vaysse. 2007 et incidents critiques. Buet. 2005) mais aussi en cohérence avec la littérature scientifique. En ce sens, la validité prédictive et plus qu'un outil de contrôle sur le bon fonctionnement de la procédure. Il est à la fois un outil de veille sociale et d'accompagnement.

PROLONGEMENT

__Développer les compétences managériales.__
__Accompagner les parcours professionnels__

À ce stade de la recherche, il faut préciser que l'ensemble des projets dans le cadre du contrat CIFRE début 2008 ont été interrompues en février 2009.
La crise financière a largement frappé l'entreprise Air France. La GRH s'est recentré autour de décisions politiques d'envergure (cessation des promotions en interne. arrêt des sélections AMDE en février 2009. Plan de Départ Volontaire). La Direction des Ressources Humaines de la DGES a quant à elle connu une restructuration à deux reprises au cours de ces deux dernières années.

Rappelons que pour l'entreprise Air France, le projet de recherche de la thèse représentait une innovation importante en termes de gestion des compétences. Il fallait donc dans une large mesure, accompagner le changement pour le faire aboutir. Confrontée aux difficultés économiques, qu'elle a connues, la DRH a du mettre un terme au projet. Toutefois, la DGES dispose aujourd'hui d'un processus de gestion du développement managérial par les compétences. L'expérience conduite à son terme sur la population AMDE permet d'exercer un regard critique sur ce qui a été fait et d'envisager ce qui aurait pu être entrepris.

Cette dernière partie de la thèse était intégralement inclus aux objectifs de la recherche. L'ensemble des outils proposés au démarrage du projet a été réalisé. Mais il n'a pas été possible de recueillir des données sur la population des cadres ou trop peu pour permettre d'envisager une analyse statistique. Si le processus ne peut être validé d'un point de vue scientifique, il a le mérite d'exister pour l'entreprise qui pourra le faire évolue, dans la mesure de ses exigences et la conduite de sa politique RH.

Compte tenu des résultats de recherche obtenus sur la population des AMDE, cette partie de la thèse propose de prolonger la réflexion en tentant d'apporter des éléments de discussion sur la question de savoir comment développer les compétences managériales ?

I. La détection de potentiel : un outil managérial

1 - Une compétence du manager de proximité

La détection de potentiel a permis de recentrer le rôle du manager sur l'accompagnement individuel des membres de son équipe. Si l'outil de détection a d'abord été conçu pour identifier des compétences attendues pour le poste d'AMDE, il permet aussi d'évaluer le niveau de maîtrise pour chacune d'elles. A partir de cette évaluation, les managers peuvent, selon les profils des agents, leur proposer de travailler sur tel ou tel domaine en vue d'améliorer leurs compétences. La détection de potentiel est donc une activité à part entière pour laquelle les managers de proximité devaient développer des compétences. Pour ce faire, chacun d'entre eux a reçu une formation sur la méthodologie à adopter. Pour accompagner les principes de la démarche dans son utilisation quotidienne, un suivi des résultats en sélection a été mis en place. Les objectifs de ce suivi sont d'identifier les réserves émises dans les dossiers de détection de potentiel et de les vérifier sur le terrain, d'analyser la cohérence des évaluations entre la détection de potentiel et la sélection et d'identifier le niveau des candidats non retenus par rapport à celui attendu pour le poste d'AMDE. Ainsi, il a été constaté que 56% des dossiers de détection de potentiel présentaient au moins une réserve sur une ou plusieurs compétences/valeurs utilisées pour la détection de potentiel. Par réserve, on entend le fait que l'AMDE n'a pas attribué la note de 3/3 (niveau maîtrisé sur son poste d'agent) à la compétence ou la valeur. L'agent sur son poste obtient seulement un score de 1/3 ou 2/3 c'est à dire respectivement « en cours d'acquisition » ou « acquis ». En outre. 53% des réserves émises en détection de potentiel se sont avérées cohérentes avec l'évaluation en sélection lors de l'Assessment Center. Pour 64% des candidats non retenus à la sélection le niveau n'est pas si éloigné de celui à atteindre pour répondre aux exigences. Il y a souvent un ou deux compétences et valeurs à travailler et ces candidats peuvent envisager de se représenter rapidement en sélection, si leur manager poursuit son rôle d'accompagnement dans le développement des compétences de l'agent. Pour ce faire, l'AMDE doit lui proposer des situations de travail qui permettront à l'agent en détection de potentiel de travailler sur ces différents points. Globalement. 56% des dossiers des candidats non retenus présentaient des réserves, contre 31% chez les candidats.

Il semble que la pratique de la détection de potentiel se soit développée chez les AMDE. Les analyses qu'ils proposent sont fines, variées et riches d'informations sur l'agent.

Cependant, lorsque le manager identifie plusieurs éléments à développer, il peut encore prendre le temps nécessaire à l'accompagnement individuel de l'agent. Un travail de fond, avant la sélection, permet de préparer davantage l'agent à un futur poste de manager et d'éviter les déceptions en sélection.

Les étapes du processus se situent à un niveau différent d'exigence. Néanmoins, on peut faire l'hypothèse que si des écarts trop grands apparaissent entre les évaluations en détection de potentiel et celles réalisées en sélection, ceci révèle deux types de difficultés : soit à identifier les compétences et leur niveau attendu pour le poste, soit à développer les compétences des collaborateurs, voire les deux.

2 - Des compétences à développer chez les agents

La détection de potentiel permet d'identifier les compétences attendues pour le poste et le niveau d'acquisition et de maîtrise chez les agents. Ainsi, la phase de détection de potentiel se déroule dans le temps. Le processus est dynamique. Il existe des interactions entre les étapes qui se complètent : la détection le management, la sélection et le recrutement avec des retours possibles auprès des agents à un moment ou un autre du processus.

Claude Lévy-Leboyer (2000) évoque le fait que le fait d'être confronté à une situation nouvelle dans le cadre d'un projet, ou le fait de se consacrer à une activité qui pose problème oblige à mobiliser de nouveaux savoirs et à structurer de nouvelles compétences.

II. De l'Assessment Center pour évaluer et sélectionner, au Development Center pour l'ensemble des acteurs

1 - La sélection selon le principe de l'Assessment Center

    a) La compétence des cadres formés à l'évaluation

Les cadres des Ressources Humaines et Opérationnels ont été formés à l'observation et à la cotation pour évaluer les compétences attendues pour le poste d'AMDE lors des épreuves orales de l'Assessment Center.
La difficulté pour les évaluateurs consiste à dissocier les différents critères à évaluer, provoquant un effet de halo, bien connu dans ce type de procédure.

Il s'agit donc de permettre aux évaluateurs de développer encore leur expertise dans le domaine de l'évaluation, en leur permettant une pratique régulière de l'évaluation d'une part et d'autre part un meilleur suivi et un meilleur retour sur leur évaluation. Comme le souligne V. Ernoult (1988) *« l'évaluation engage la subjectivité de l'évaluateur et il est nécessaire de canaliser cette subjectivité par l'entraînement et la formation mais aussi en relativisant le domaine d'impact de l'évaluation, en clarifiant le contexte dans lequel elle intervient »*.
Une formation plus approfondie pourrait aussi être envisagée. Celle proposée actuellement se déroule sur une demi-journée. Elle permet de présenter la procédure et les outils d'évaluation mais ne permet pas d'aborder de manière théorique les principes de l'évaluation et les difficultés que l'on peut rencontrer. Elle doit avoir pour objectif d'améliorer la capacité des évaluateurs à distinguer les compétences évaluées. Ainsi, une meilleure appropriation des définitions de chaque compétence semble nécessaire ainsi que des indicateurs positifs et négatifs à observer chez le candidat. Les biais bien connus de l'évaluation devraient également être présentés. Une demi-journée de mise en pratique « à blanc » pourrait être élaborée, de manière à permettre à chacun des évaluateurs de s'approprier la démarche, les critères d'évaluation avec leurs indicateurs et la méthodologie d'observation.

    b) Une évaluation des compétences des agents

La procédure de sélection est bien vécue par les intéressés parce qu'elle est considérée comme une situation objective, équitable et en lien avec le poste. Aussi, les participants ont eu le sentiment d'apprendre sur eux-mêmes et sur leur niveau de compétences. Ils sont alors suffisamment réceptifs pour recevoir les différentes évaluations qui ont été faites. La prise de conscience chez les candidats de leur performance et de la mise en œuvre efficace ou non de leurs compétences en situation sera une première étape pour les aider à comprendre à la fois le niveau d'exigence du poste et les actions à mener pour atteindre le niveau attendu.

2 - Les entretiens de restitution : un outil managérial[55]

    a) Une compétence du manager de proximité

Quand un candidat échoue à la sélection, il revient au manager qui l'a détecté de le recevoir en entretien pour lui faire un retour sur son évaluation lors de la journée de sélection. Cet entretien comporte de nombreux enjeux pour le manager. En effet, c'est l'occasion de recevoir un membre de son équipe qui a échoué en sélection suite à sa propre démarche de détection de potentiel.
Le manager va recevoir son collaborateur et essayer de comprendre avec lui, à l'aide du support écrit. le déroulement de la journée de sélection, les observations des évaluateurs et les points d'amélioration. Il doit donc être capable de restituer les résultats, d'écouter son collaborateur et de lui apporter les axes de progression ainsi que l'accompagnement que sera mis en place. Il ne s'agit plus, pour le manager, de préparer les candidats à la sélection mais de développer leurs compétences pour que le niveau attendu pour devenir AMDE soit atteint. La conduite de cet entretien est un acte managérial important qui nécessite plusieurs compétences. Le manager doit donc à la fois mettre en œuvre sa compétence à restituer des résultats et à proposer des actions concrètes qui permettront à l'agent de développer les points mentionnés, au quotidien dans son activité de travail.

    b) L'entretien de restitution : un outil à part entière

Quelles sont les caractéristiques d'un tel entretien ? En quoi, les connaissances actuelles permettent de l'utiliser comme un moyen privilégié pour développer les compétences ?
De nos jours, les outils psychométriques peuvent aussi être utilisés comme support au développement des personnes ; leur utilisation permettant d'aider les sujets à mieux se comprendre, se connaître pour prendre les décisions adéquates de manière éclairée. La

---

[55] Annexes 20 *Le rapport d'évaluation : sélection AMDE*

restitution des résultats d'instruments d'évaluation psychométrique fait partie intégrante de l'intervention du psychologue, quelque soit son domaine d'expertise. Dans le cadre du conseil en orientation et du bilan de compétences, la communication de résultats d'examens psychologiques et leur appropriation par le sujet font partie des objectifs principaux de la démarche. Dans le champ de la sélection professionnelle, la pratique a limité cette étape à une simple obligation déontologique. De ce fait, les pratiques de restitution sont variables selon les entreprises. Peu d'auteurs se sont intéressés à la façon optimale de restituer des résultats de sélection. Si dans le cadre de l'évaluation classique en sélection, la restitution des résultats n'est souvent qu'une formalité, dans le cadre du développement des compétences, elle peut être considérée à juste titre comme une étape dont la méthode doit être savamment élaborée.

Considérations théoriques

Deux approches de la restitution peuvent être distinguées. Au sens large, elle recouvre l'ensemble des explications données à une personne dans le cadre d'une procédure de sélection, incluant des détails sur la procédure elle-même. De manière plus restreinte, elle se limite à la restitution des résultats proprement dits obtenus à partir d'outils psychométriques. Dans le champ du bilan de l'orientation et l'accompagnement des parcours professionnels, la restitution des résultats au sujet occupe une place singulière. Elle est vue comme une nécessité dans la mesure où l'objectif de la démarche est la réalisation de soi. Il s'agit d'une étape à l'occasion de laquelle, le psychologue communique au personnel les résultats des tests, des questionnaires, etc. auxquels il a répondu qu'il s'agisse d'une procédure de sélection, bilan ou orientation. La nécessité d'engager cette communication apparaît parmi les règles déontologiques que doivent observer les psychologues.[56]

---

[56] « Le psychologue est seul responsable de ses conclusions. Il fait état des méthodes et outils sur lesquels il les fonde, et il les présente de façon adaptée à ses différents interlocuteurs, de manière à préserver le secret professionnel. Les intéressés ont le droit d'obtenir un compte-rendu compréhensible des évaluations les concernant, quels qu'en soient les destinataires. Lorsque ses conclusions sont présentées à des tiers, elles ne répondent qu'à la question posée et ne comportent les éléments d'ordre psychologique qui les fondent que si nécessaire (Code de Déontologie des psychologues, chapitre 2, article 12, 1996). »

Les premières recherches sur le sujet envisageaient la restitution sous l'angle de la transmission de l'information. Ilgen et al. (1979) ont développé ainsi un modèle de la restitution en quatre étapes.

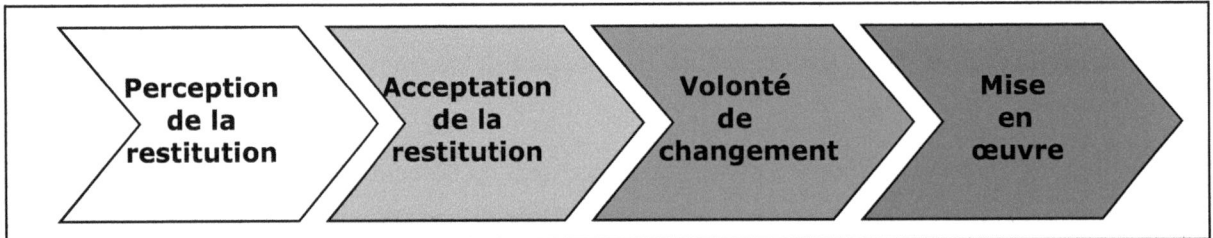

Modèle 3.1 de la restitution (Ilgen. Fisher & Taylo. 1979)

La personne reçoit une restitution qui lui est délivrée à l'issue de la passation d'un test (phase 1) et en accepte le contenu (phase 2). En réponse, elle souhaite évoluer de manière à améliorer sa performance (phase 3) et pour se faire met en œuvre des actions de développement (phase 4). Mais ce modèle correspond à une vision optimiste du traitement fait par la personne des informations qui la concerne. Restituer n'implique pas nécessairement l'acceptation de la part du destinataire. C'est justement tout l'enjeu pour celui propose cette restitution. Dans cette même perspective. Zytowski & Borgen (1983) citent trois manières distinctes de communiquer des résultats de tests :

- *l'interprétation simpliste :* c'est la simple énumération du ou des score(s) obtenus par le candidat.

- *l'interprétation extrapolative :* il s'agit de dépasser la simple description pour fournir des indications sur l'impact des résultats dans la vie personnelle et professionnelle.

- *l'interprétation synthétique :* les résultats sont présentés de façon plus structurée, généralement autour d'un ou de plusieurs concepts généraux ; l'objectif sera de faire évoluer la représentation que le sujet a de lui-même.

Ces formes d'interprétation fournissent un canevas intéressant qui décrit bien les formes générales de la communication qu'il est possible d'adopter. Néanmoins, l'écart entre les situations de laboratoire ayant permis d'aboutir à ces résultats et la situation réelle de travail est considérable. L'activité réelle de travail offre des situations plus complexes à évaluer et demandent donc des restitutions précises. Mais la réalité révèle des disparités dans les pratiques de la restitution aux candidats de leurs résultats de sélection (Ployhart et al.. 1999). Dans de nombreuses organisations, les individus n'ont aucune certitude sur leur performance. En l'absence d'un feedback de qualité, ils ne savent pas dans quelle mesure leur travail est ou non satisfaisant. Ashford et Cummings (1983) proposent que la restitution ne soit pas qu'un outil pour l'organisation mais aussi une ressource pour les individus pour lesquels ils s'adressent.

Ils montrent (Ashford et Cummings. 1985) qu'au sein des organisations, les nouvelles recrues adoptent plus souvent que leurs collègues plus anciens dans la société, des comportements de recherche de ces feedbacks. Il est logique, en effet, que les jeunes recrues ressentent le besoin de savoir ce qui est précisément attendu d'elles.

De façon schématique, on peut distinguer deux types de rapport à l'outil de mesure (Masselin. 2001) : l'un où le psychologue est considéré comme un expert qui recueille de l'information concernant le sujet, l'interprète et la restitue à l'intéressé. L'autre approche est plus dynamique. La transmission de ce qui a été compris par le psychologue à l'intention du sujet n'est pas la finalité de la démarche. Il s'agit plutôt de faire naître une réflexion de la part du sujet sur son propre fonctionnement mental. De ce fait, l'outil ne sert plus uniquement à évaluer, c'est un support à la réflexion.

Les effets de la restitution sur la performance des individus ont fait l'objet d'expérimentations depuis des décennies (par exemple. Annett. 1969). De nombreuses recherches ont porté sur ce que l'on a appelé *l'effet de la connaissance des résultats sur la performance*. Matsui. Okada et Inoshita (1983) montrent, par exemple, que des individus auxquels on explique en quoi ils n'ont pas atteint l'objectif fixé améliorent leurs performances par la suite, tandis que ceux qui ont atteint l'objectif du premier coup, progressent peu. En outre, le psychologue peut adopter un style allant de la directivité à la non-directivité. Jones et Gelso (1988) montrent que le psychologue est considéré comme étant plus attrayant, plus serviable et plus efficace lorsqu'il emploie des termes nuancés lorsqu'il présente l'interprétation des résultats du sujet d'une manière « nuancée et hésitante » plutôt que « de manière irréfutable et catégorique ». Ilgen et Fisher (1979) montrent que les restitutions dont le contenu est négatif sont perçues comme étant moins précises et donnent plus difficilement lieu à la croyance de ceux qui les reçoivent que les restitutions dont le contenu est positif.

L'effet Barnu, désigne *« une forme de crédulité spontanée qui pousse chaque sujet à accepter naïvement le contenu des interprétations qui lui sont transmises »* (Bernaud & Vrignaud. 1996). Cette adhésion du sujet, à ce qui lui est restitué, est obtenue par l'emploi de termes vagues, pouvant s'adresser à un nombre important de personnes, mais que le sujet considère comme lui étant propre. A la fin des années 50. Ross Stagner, un psychologue américain, a proposé un test de personnalité à 68 managers. En guise de restitution, il leur a donné un texte dérivé d'horoscopes et d'analyses graphologiques. Après lecture de ce pseudo-compte rendu, plus du tiers des managers jugent que leur profil est tout à fait précis. 40% le trouvent « plutôt bon ». Pour qu'il y ait effet, il est donc nécessaire que la restitution soit « non spécifique » et positive. Si des termes négatifs devaient apparaître, ceux-ci seraient en faible nombre et toujours accompagnés de termes positifs, afin de conserver l'effet Barnum.

Ce constat va dans le sens d'un autre résultat de recherche : les individus tendent à mieux garder en mémoire des éléments qui correspondent à leur façon de penser (Bernaud et Loss. 1995). Les feedbacks ne dérogent pas à cette règle. Les personnes se souviennent donc mieux des éléments positifs car ils sont cohérents avec leur représentation de soi.

c) Pratique de restitution dans la cadre de la présente recherche

Le débriefing correspond au retour dû aux candidats. Il consiste non pas à revenir sur chacune des épreuves pour en faire un corrigé mais bien à faire une synthèse de l'ensemble des informations recueillies sur les compétences du candidat, de manière à mettre en lumière les points forts et les points faibles de sa candidature. C'est à partir de cette analyse que l'agent pourra comprendre ce qu'il doit développer pour devenir AMDE. Un rapport d'évaluation[i] est rédigé à la demande du candidat qui a passé la sélection, et non de manière systématique puisqu'il est important que le candidat soit motivé à poursuivre le travail de détection de potentiel et donc prêt à accepter le retour d'évaluation issue de la sélection. Ce rapport est ensuite envoyé à l'intention de son AMDE qui a détecté un potentiel managérial chez l'agent. Pendant l'entretien, l'AMDE aide l'agent à faire le lien entre les compétences qu'il met en œuvre sur le terrain et ce qui a été ou non évalué lors de la sélection. L'entretien de débriefing vise deux objectifs principaux :

– comprendre la décision qui a été prise : quelles sont les compétences qu'il a bien sues mettre en œuvre et sur lesquelles il peut s'appuyer ? quelles sont celles qui n'ont pas pu être observées à travers les épreuves ?

– fixer des axes d'amélioration pour le développement des compétences attendues au poste d'AMDE.

L'enjeu est d'amener l'agent à se remobiliser, à tirer parti de cette expérience pour revenir s'il le souhaite en sélection.

Pour les candidats retenus à la sélection, une démarche analogue a été proposée pour qu'ils s'appuient sur ce bilan lors de leur prise de poste. Cette restitution a lieu à l'occasion d'un séminaire d'une semaine intitulé Parcours d'Intégration et qui regroupe les agents nouvellement promus sur le poste d'AMDE.

Chaque participant peut solliciter un entretien avec le psychologue présent lors de sa journée d'évaluation afin qu'il lui en fasse le débriefing. La restitution des résultats de l'Assessment Center est l'occasion d'instaurer une relation dialogique au cours de laquelle le candidat est amené à prendre de la distance par rapport au contenu des épreuves. On ne s'intéresse pas aux épreuves et à « ce qu'il fallait répondre » mais aux compétences qui ont pu être observées et dans le cas contraire, aux raisons qui ont fait qu'elles n'ont pas pu l'être.

3 - De l'Assessment Center au Development Center : des outils pour développer les compétences. Un dispositif centré sur les compétences : les détecter, les évaluer, les développer.

En mettant en place ce nouveau dispositif, l'objectif était de s'appuyer sur les compétences acquises des agents au cours de leur expérience professionnelle. En cela, le nouveau dispositif proposait une nouvelle manière d'appréhender la promotion professionnelle en interne. En effet, jusqu'à présent, l'orientation vers une sélection pour devenir AMDE se faisait soit sur proposition hiérarchique, soit sur présentation libre.
Les critères n'étaient alors ni clairement définis, ni partagés par tous. Ils étaient davantage liés au niveau ou à l'ancienneté dans la compagnie. Cette nouvelle démarche répond à ce qu'Air France avait défini comme principe de la démarche « compétences » : favoriser la professionnalisation et le développement des compétences, promouvoir les collaborateurs sur la base des compétences acquises et non plus à partir de critères arbitraires, valoriser

l'évaluation des compétences, leur reconnaissance et leur développement en proposant des outils au service des managers de proximité.

Les outils mis en place participent à l'accompagnement managérial au quotidien et à la construction des carrières individuelles. En effet, pour développer les compétences, plusieurs possibilités sont à envisager. La première, qui vient à l'esprit, est la mise en place de formation en réponse à des besoins particuliers. Mais cette option n'est pas la seule réponse possible à la mise en place d'opportunités de professionnalisation. Ainsi, c'est aussi au quotidien, dans la pratique de son exercice professionnel que se développent les compétences. L'organisation devient qualifiante. Zarifian (1990) définit ce concept par la mise en place d'un apprentissage permanent. L'organisation produit des compétences en dehors du processus de formation. La formation n'est donc pas la seule réponse pour combler les écarts entre les compétences détenues et les compétences requises.

L'enrichissement des tâches, la délégation de responsabilités, la participation ou la responsabilité sur des projets ou encore la mobilité professionnelle peut participer à la professionnalisation et à l'acquisition de compétences.

III. La restitution à l'occasion de l'étude de la validité prédictive : un suivi méthodologique et une veille sociale

1 - La restitution des résultats

Les AMDE, ayant accepté de participer à la démarche de validité prédictive. Bénéficient, s'ils le souhaitent, d'une restitution des résultats. L'entretien de restitution se décompose en plusieurs phases. Dans un premier temps. l'AMDE s'exprime sur son poste actuel : ce qu'il lui plait, les difficultés qu'il a pu rencontrer ou qu'il rencontre encore, son intégration dans sa nouvelle équipe... Cette phase permet d'engager le dialogue avec l'AMDE. Dans un deuxième temps, nous restituons les résultats des différents questionnaires. Pour conclure l'entretien, nous recueillons ses impressions sur les différents outils qui lui ont permis d'atteindre son poste d'AMDE (détection de potentiel. Assessment Center, parcours d'intégration) et sur cette démarche.

2 - Les apports pour l'AMDE

Avec le mode de restitution de résultats adopté. les AMDE acceptant de participer à la démarche de validité prédictive peuvent bénéficier d'un entretien leur permettant de faire un point sur leurs compétences. Ils identifient leurs points forts et leurs axes d'amélioration que leur collègue et leur responsable ont mis en évidence et peuvent les comparer à leur propre perception. Il semblerait que les objectifs fixés pour la restitution des résultats soient atteints. En effet, à chaque fin d'entretien, nous demandons aux participants s'ils sont satisfaits de cette démarche, et notamment de la restitution des résultats. Pour eux, cette dernière leur permet de voir les progrès qu'ils ont pu réaliser depuis la sélection et d'identifier les axes d'amélioration sur lesquels ils peuvent travailler. Les participants trouvent que cette démarche est une aide pour ne pas rester sur ses acquis car elle permet de prendre du recul sur ses compétences et sa façon d'agir sur le terrain. Elle donne ainsi lieu à un travail personnel par la suite.
Ils apprécient également le test de personnalité qui leur permet de réfléchir à la façon dont ils l'expriment sur le terrain.

Ouverture : vers une gestion intégrée et individualisée des parcours professionnels

1 - Les données de la GPEC en 2007

Un élément important s'est imposé en 2007 lorsque les données de la GPEC ont été publiées. Les besoins issus de cette GPEC étaient alors les suivants :

- le cœur de métier de la DGES est la fonction de manager dédiée à l'encadrement des équipes en escale. Cependant, ce métier ne représente que 19 % des postes à la DGES. 53% des cadres sont en fonction « Support ». 11% sur des missions « Projet » et 17 % en opérationnel pur. En fait, c'est l'enjeu stratégique qu'il y a autour de ce métier qui fait que toutes les attentions sont portées vers lui. En effet, pour seulement 200 cadres managers. plus de 10 000 agents et maîtrises sont à encadrer.
- les résultats de la GPEC montraient qu'une évolution était à prévoir avec une progression des postes en fonction Support à l'exploitation (assistance maîtrise d'ouvrage dimensionnement. pilotage de la performance...), une diminution en fonction Support transverse (RH. Communication. Contrôle de gestion...). et le maintien du nombre de postes managériaux et opérationnels.
- les cadres de la DGES viennent essentiellement de la base opérationnelle (60 à 70% des cadres de la direction sont issus du terrain). Les autres viennent de différents cursus universitaires ou de grandes écoles. Ces parcours ont une incidence sur la confrontation Ressources/Besoins de la Direction.

Ainsi, les ressources opérationnelles sont très importantes au regard du besoin. Les ressources en management sont environ à la hauteur des besoins mais ne se renouvellent pas. Les ressources en fonction Support et Projet sont insuffisantes et nous ne pouvons pas nous permettre de faire venir des ressources de l'extérieur. Comment gérer leur parcours professionnel dans une entreprise qui privilégie un parcours professionnel en interne ?

Ces constats permettent d'élaborer une Gestion Prévisionnelle des Ressources Humaines et un politique d'actions à mener pour gérer les parcours professionnels des cadres dans cette Direction. Une politique de mobilité est déjà en place. Elle invite à une mobilité des cadres tous les trois à cinq ans. Celle-ci s'inscrit dans une démarche compétences, elle ne prévoit pas de parcours de mobilité type ni de promotion automatique. La mobilité à Air France recouvre des parcours très variés qui se construisent en prenant en compte à la fois des besoins de l'entreprise et des souhaits des cadres.

Les données de la GPEC ont donc conduit à un certain besoin en termes d'outils de gestion RH. En effet, si on veut résoudre les différentes problématiques soulevées par ces résultats, il faut :
- garantir la continuité de mouvements relativement naturels qui se produisent sans trop de difficultés (à l'intérieur des fonctions Support, à l'intérieur des fonctions managériales ou opérationnelles)
- en revanche, provoquer des mouvements beaucoup moins évidents pour des personnels qui n'ont jamais travaillé dans des bureaux : mouvements de managers ou d'opérationnels vers des fonctions Support
- et garantir la présence de compétences managériales lors des mouvements de fonction Support vers des fonctions amenant à encadrer des équipes de terrain.

Confrontée à ces enjeux, la DGES affichait donc trois objectifs principaux :
- accompagner les cadres tout au long de leur parcours professionnel et développer leurs compétences pour s'adapter à une GPEC de plus en plus contraignante.
- harmoniser les pratiques managériales au regard des résultats de l'étude sociologique de 2007 reflétant des pratiques managériales hétérogènes au sein de la DGES.
- outiller les fonctions RH et managériales pour qu'elles puissent détecter, sélectionner, développer les compétences.

Le second objectif de la thèse était de proposer un modèle d'accompagnement des cadres tout au long de leur parcours professionnel. L'ensemble du dispositif, qui sera présenté, a été réalisé au cours de ce contrat CIFRE En revanche, compte tenu des contraintes économiques subies par l'entreprise fin 2008 et de la stratégie RH qu'elle a alors engagée, les données empiriques n'ont pas pu être recueillies, ne permettant pas d'apporter une analyse quant à son déploiement.

2 - Proposition d'un modèle d'accompagnement des cadres tout au long de leur parcours professionnel

Au départ du projet, l'objectif était de généraliser la démarche réalisée sur les managers de proximité à l'ensemble de la population managers de la DGES incluant les cadres.

Dans la première partie de cette thèse, un travail d'approfondissement de l'analyse du poste de manager au sein de la DGES a été accompli pour décrire le modèle de compétences managériales à favoriser au sein de la Direction et sur l'ensemble des niveaux de management.

Le besoin des cadres

A la DGES, le parcours professionnel d'un cadre est cyclique et passe par quatre grandes phases qui semblent se reproduire tout au long de sa vie professionnelle. À chaque étape, des questions peuvent surgir auxquelles la fonction RH devraient pouvoir répondre pour assurer sa fonction d'accompagnement.

Le schéma suivant présente les quatre étapes (prise de poste, maîtrise du poste, élaboration du projet professionnel, recherche d'un nouveau poste puis de nouveau prise de poste. etc...) par lesquelles passe un cadre au fur et à mesure de ces différentes prises de poste.

Schéma 3.2 de l'accompagnement des parcours professionnels des managers

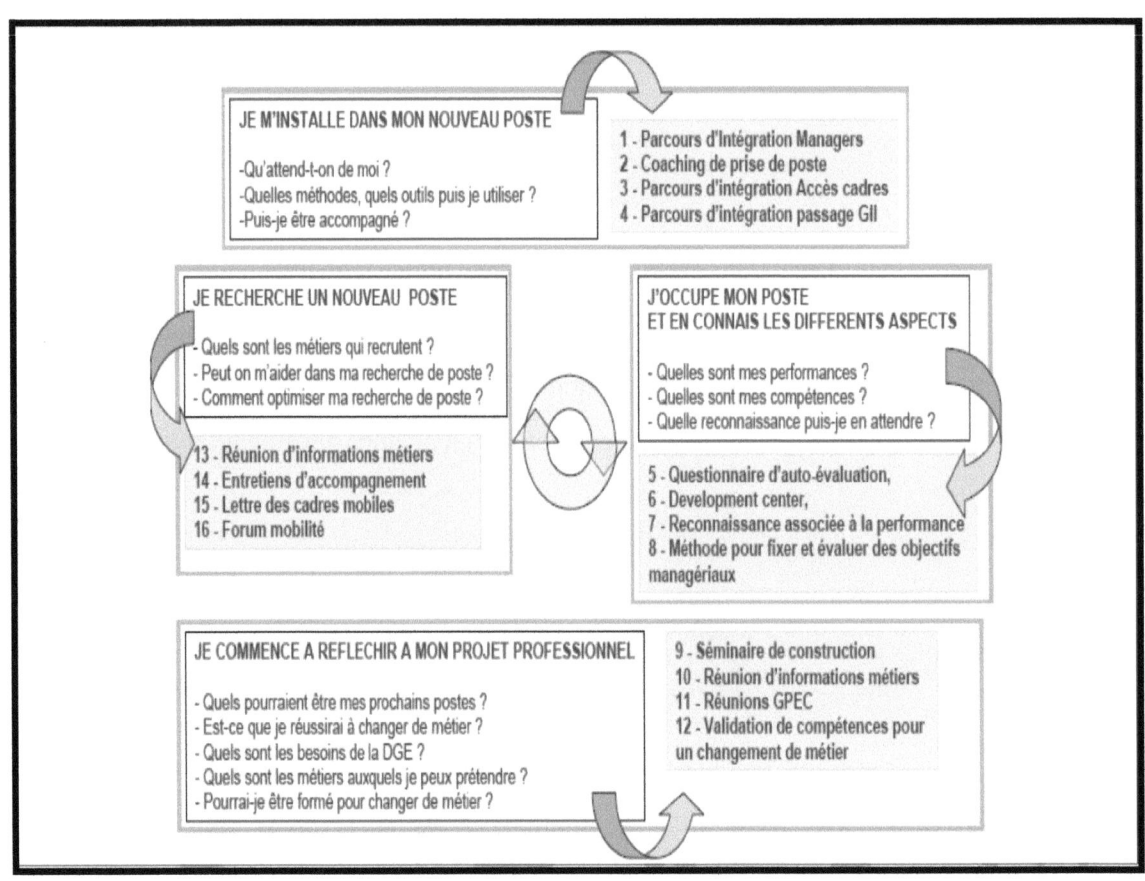

À chaque étape du parcours professionnel, un questionnement est formulé. Pour y répondre un ou des outils ont été construits[57].

Au moment de la prise de poste, des parcours d'intégration sont organisés et ont pour objectif d'apporter des informations fondamentales à la nouvelle recrue, de partager son expérience avec celle des cadres expérimentés et d'assimiler le comportement adapté à un cadre dans l'entreprise. Pour les managers, un guide a été construit à partir du recueil des Incidents Critiques. Il présente les six fondamentaux du management à la DGES avec pour chacun les comportements à favoriser ou au contraire à éviter. En parallèle, un guide à la fixation des objectifs managériaux a été proposé afin que les managers de managers puissent au-delà des objectifs opérationnels formuler leurs attentes envers leur collaborateur en termes de management. Enfin, un coaching de prise de poste a été proposé pour ceux qui souhaitaient s'engager dans cette démarche.

Dans une seconde étape du parcours professionnel, quand le manager est sur son poste depuis un certain temps, on suppose qu'il en connaît les différents aspects, mais il peut avoir besoin d'un retour sur sa pratique voire d'une reconnaissance si la performance est au rendez-vous. Ainsi, un 360° a été construit permettant d'évaluer les six fondamentaux du management extrait de l'analyse des Incidents Critiques. Une réflexion a été menée autour de la rétribution individuelle accordée aux cadres chaque année. L'idée était alors d'individualiser davantage cet aspect de la rémunération. Un Development Center a aussi été construit pour que chaque manager qui le souhaite puisse prendre un temps pour prendre du recul sur sa pratique.

Ensuite, quand le cadre commence à réfléchir à son prochain poste, il est apparu nécessaire de pouvoir anticiper et accompagner sa réflexion. En effet, toutes les données fournies par la GPEC trouvent alors tout leur intérêt opérationnel. L'objectif est de permettre au cadre de mener leur réflexion en connaissant les évolutions des métiers et des effectifs dans leur Direction et d'analyser leurs compétences acquises au regard de celles qui seront utiles demain à l'entreprise. Anticiper. Donc, puisque la mise en correspondance des compétences individuelles face aux compétences requises pour un futur poste visé peut faire apparaître des distorsions. Ainsi. si des compétences sont à acquérir le fait d'avoir fait cette analyse en amont permet au cadre de mettre en œuvre les actions de formation nécessaire, voire de réfléchir à une autre manière d'acquérir les compétences manquantes pour le poste, peut-être par exemple en envisageant une étape intermédiaire en passant par une autre expérience professionnelle avant d'atteindre le poste visé initialement.

---

[57] Annexes 21 *Les outils construits pour la DGES d'Air France*

Pour accompagner cette réflexion, un séminaire d'accompagnement du projet professionnel a été bâti. Pour chaque compétence du référentiel Cadres de la Compagnie, le sujet devait se positionner comme « compétent » versus « non compétent » et évaluer son intérêt à activer telle ou telle compétence « intéressé » versus « non intéressé ». Ainsi, touchions-nous à la fois le sentiment de compétence de la personne et aussi ses aspirations professionnelles futures. Ce séminaire ne s'est déroulé que deux fois, ce qui ne permet pas de tirer des conclusions scientifiques quant à la mise en place d'une telle démarche. Nous ne pouvons que relever la satisfaction des participants qui pour certains ont ouvert leur champ de réflexion à des métiers qu'ils n'avaient pas envisagés soit car trop méconnus, soit par manque d'assurance face à leurs compétences. Inversement, la présentation de la GPEC associée à cette réflexion a fait réaliser à d'autres la difficulté de la mise en œuvre de leur projet soit parce que leur projet ne touchait pas des postes d'avenir, soit parce qu'il nécessitait d'autres étapes afin de développer des compétences.

En parallèle de ce séminaire, il était possible pour les cadres d'être évalués en Assessment Center afin de déterminer un potentiel à devenir cadre-manager, c'est à dire ceux qui managent les AMDE.

Enfin, au moment effectif de rechercher un poste de nombreuses réunions d'informations métiers, de forum de rencontres entre recruteurs et cadres ayant fait une demande de mobilité des entretiens d'accompagnement ont été mis en place.

En miroir de cela, nous pouvons constater que les outils remplissent aussi le besoin exprimé par la Direction, notamment en termes de gestions des mobilités et donc de développement de compétences dans certains cas.

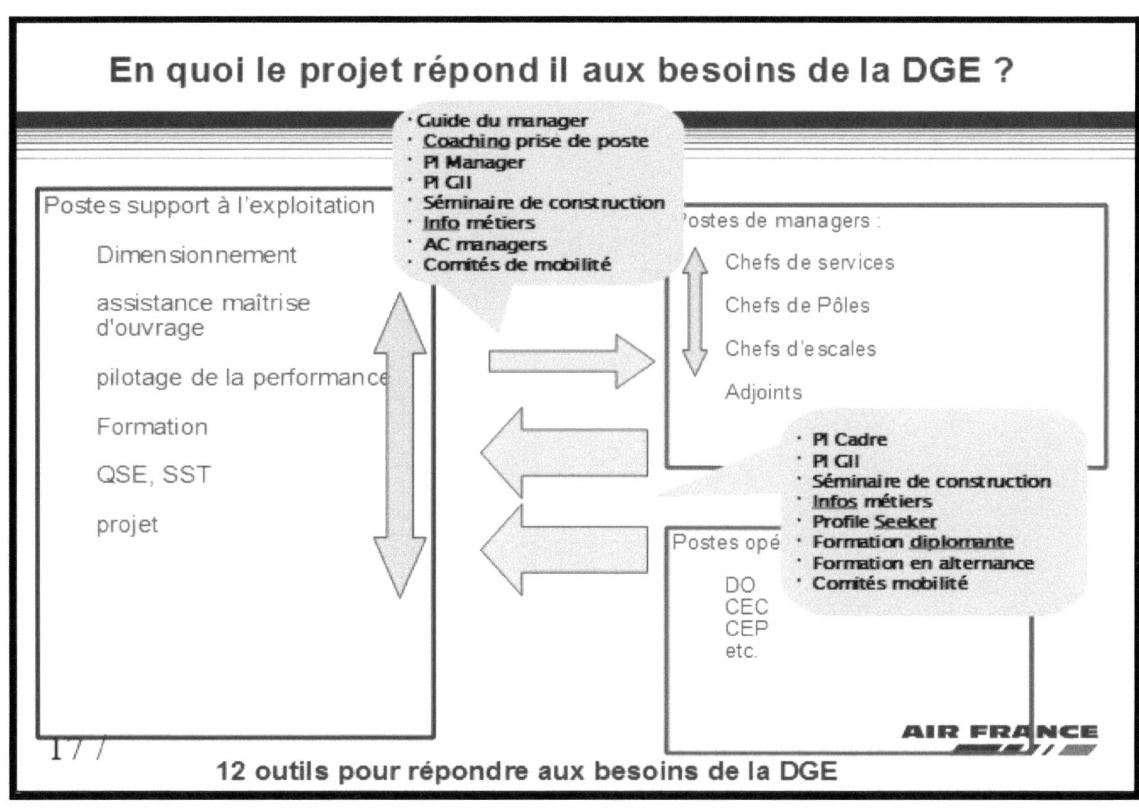

Schéma 3.3 de la mise en correspondance des besoins de mobilité de la DGE et des outils d'accompagnement

Comme le montre ce schéma, les outils sont activés en fonction des besoins mis en évidence par la GPEC. Ainsi, à certains moments on aura besoin de développer les compétences managériales, à d'autres des compétences plus nécessairement reliées à des postes en fonction Support. Il y a donc une dynamique à entretenir entre les données de la GPEC et l'utilisation des outils.

CONCLUSION GENERALE

__Le développement des compétences face aux problématiques organisationnelles, au changement et à l'innovation__

Au démarrage du projet, le projet de recherche en accord avec l'entreprise Air France visait trois objectifs :

- développer un modèle de compétences pour les managers de proximité et étendre la démarche à l'analyse de la fonction de cadre.
- construire et valider les outils de gestion mis en place pour détecter et évaluer les compétences.
- proposer des dispositifs d'aide à la gestion des compétences comme outils de développement des pratiques managériales.

Cette conclusion générale doit permettre de faire le point sur les réponses apportées à chacun de ces objectifs. En confrontant les résultats obtenus au contexte organisationnel dans lequel la thèse s'est construite. Il s'agit de proposer des ouvertures de réflexion quant aux travaux de recherche qui pourraient être poursuivis. Une analyse sera apportée sur le travail de recherche appliquée afin de dégager les atouts tant pour la recherche que pour l'entreprise.

1 - Développer un modèle de compétences pour les managers de proximité et étendre la démarche à l'analyse de la fonction de cadre

Au démarrage du projet, les études sociologiques préexistantes indiquaient que le management à la DGES se caractérisait par une hétérogénéité des pratiques. Les uns répondant à une logique « institutionnelle », les autres à une logique « métier ». Huit styles de management cohabitaient au sein de la Direction. Parfois loin d'être complémentaires, ils pouvaient se trouver en contradiction voire en opposition. De fait, il apparaissait important et urgent de travailler sur l'harmonisation de ces pratiques.

Aucun modèle de management n'ayant été clairement défini par la Direction, il fallait en proposer un pour ensuite le démultiplier et le partager de manière à développer une vision commune des attentes, des prérogatives des managers et ce, à chaque échelon de l'échelle des responsabilités managériales. Mais, il ne s'agissait pas de plaquer un modèle théorique sur une population de managers qui évolue dans un contexte de travail particulier, avec des contraintes et des exigences particulières, dans une certaine culture d'entreprise. Ainsi, le travail devait-il être effectué à la base, en partant de l'activité de ces managers au quotidien, en faisant le point sur leurs pratiques efficaces et moins efficaces.

Du constat sociologique, il fallait se référer au niveau des pratiques individuelles. Que fait le bon manager ? Que met-il en œuvre au quotidien pour parvenir avec son équipe aux objectifs qui lui sont fixés ?

De fait, c'est en termes de comportements productifs ou contre productifs puis en termes de compétences que la réponse devait être donnée à ces questions.

Une première commande a été effectuée en 2005 sur le managent de proximité. Cette première analyse conduite dans le contexte d'un projet de grande envergure a abouti à de nombreux changements quant à la gestion collective et individuelle des agents de maîtrise d'encadrement. Sur la base du modèle de compétences (Buet. 2005) de nombreux outils RH ont vu le jour pour cette population au sein de la DGES, puis ont été généralisés à l'ensemble de l'entreprise :
- mission du manager de proximité redéfinie et partagée.
- nouvelle forme de détection de potentiel et de sélection des AMDE par un AC avec généralisation du processus à l'ensemble de la Compagnie depuis 2007.
- mise à jour de la fiche de fixation d'objectifs et d'évaluation annuelle.
- parcours d'intégration des nouveaux recrutés.
- mise en place de parcours de professionnalisation via la possibilité d'adhérer à un contrat de poste[58].

Le travail de fond qui a été mené, est donc un matériau de base à la construction d'un dispositif de gestion des parcours professionnels. C'est pourquoi, quand le dispositif fut en place et opérationnel pour les AMDE, une seconde commande fut passée en 2007 pour accomplir la démarche sur la population des cadres managers. Grâce à la méthode des Incidents Critiques, un modèle en six pratiques managériales clés a été élaboré. De manière générale, ce modèle ne s'éloigne pas de ceux que nous pouvons rencontrer dans la littérature. Ce qui le rend néanmoins opérationnel, c'est qu'il est contextualisé. Pour chacune des six pratiques clés, des exemples précis issus du terrain sont disponibles en termes de pratiques à promouvoir ou à éviter. C'est ce qui fait l'originalité de la démarche et son avantage. De fait, le modèle a été bien accepté et reconnu par l'ensemble des managers de la Direction.
Deux modèles de compétences ont donc été construits : un modèle AMDE (Buet. 2005) et un modèle général à l'ensemble de la fonction managériale. Ils sont le socle des démarches qui ont été conduites ensuite. Leur fondement théorique puis statistique permettait de bâtir des outils fondés sur des données éprouvées d'un point de vue empirique.

---

[58] Le contrat de poste permet à un AMDE d'être associé à un projet ou à une mission particulière et ainsi d'acquérir des compétences Support. Si il n'est pas le sésame systématique à un passage cadre, il en est néanmoins un argument supplémentaire dans le parcours de l'AMDE.

2 - Construire et valider les outils de gestion mis en place pour détecter et évaluer les compétences

Le travail effectué pour la population AMDE a permis de mener la recherche d'analyse de validation des outils et de la validité prédictive du processus. Cette étude longitudinale est originale car rarement effectuée dans son ensemble au sein des organisations. Cette prise de recul permet d'entrer dans une démarche d'amélioration continue des processus mis en place. Ici, on ne les change pas parce qu'ils deviennent soudain obsolètes ou désuets, sur la base d'une impression générale de nécessité d'apporter du changement aux procédures. On les fait évoluer car des indicateurs objectifs nous indiquent de le faire. C'est bien le recueil systématique de données qui nous indique le chemin à suivre.
C'est très clairement ce qui a présidé aux évolutions du dispositif lors de la construction de l'Assessment Center. Ainsi, une version améliorée de l'Assessment Center a pu être mise en place à partir d'un premier dispositif ne garantissant pas toutes les exigences psychométriques et soumis à de nombreux biais d'évaluation (première version. 2006). L'analyse de validité de chacun des outils a montré une évolution dans leur capacité à mesurer ce qu'ils sont sensés mesurer. Ainsi la structure factorielle des épreuves puis de la procédure se rapproche du modèle théorique sous-jacent. Si l'ensemble de la structure du modèle n'est pas dégagé de manière extrêmement fine (c'est à dire au niveau des indicateurs), nous pouvons le faire aux niveaux des compétences évaluées. Trois pools distincts de compétences se dégagent de la procédure :
- les compétences managériales
- les compétences relationnelles
- les compétences organisationnelles.

Les candidats en sélection sont recrutés sur des critères de compétences objectifs. Leur regard sur le dispositif est d'ailleurs très positif (la validité écologique est d'un très bon niveau pour les candidats et pour les évaluateurs). L'ensemble de ces données participe certainement à une reconnaissance des outils démontrée par un recours à son utilisation dès que nécessaire. En effet, une interruption des sélections tout début 2009 d'un an et demi a eu lieu suite aux effets de la crise financière. La question du recrutement des AMDE s'est reposée au printemps 2010, le processus a été réactivé, un suivi et de nouvelles adaptions sont en cours au sein de la Direction et le dispositif a été généralisé à l'ensemble de la Compagnie depuis 2007.

Par ailleurs, la démarche de validité prédictive s'est avérée utile à plusieurs titres. D'abord, elle a permis de retourner à la rencontre des AMDE nouvellement promus et de fait de les suivre dans leur prise de poste. Elle a permis également de se rapprocher du management intermédiaire et de connaître leur point de vue sur cette génération de managers. Enfin, elle a donné l'occasion d'aller à l'encontre de certaines idées reçues sur la base de données pertinentes issues du terrain. À l'issue de cette analyse, il apparaît que les AMDE qui sont en poste et qui ont été sélectionnés, satisfont aux exigences de leur hiérarchie. Si des éléments restent encore à développer, aucun élément n'est évalué en dessous du niveau attendu pour le poste. En revanche, on peut constater un décalage encore persistant entre les attentes des différents acteurs. Ce décalage est relevé de manière de plus en plus nette ces deniers mois. Le contexte dans lequel exercent les managers ne doit pas être exclu pour comprendre ces données. En marge des études proprement dédiées à cette thèse, une analyse sociologique a été menée sur l'un des terminaux de Roissy, dans le cadre de la prévention des risques psycho-sociaux. Des entretiens ont été organisés, auprès du management de proximité, des cadres et des techniciens et des partenaires sociaux, suite à une agression subie par l'un des managers de proximité dans son bureau. L'analyse de contenu des entretiens, le sociogramme mettent en valeur une zone de pouvoir d'une des organisations syndicales partagée avec le top management. Cette organisation syndicale adopte une stratégie de communication basée notamment sur l'hyper-proximité aux agents, le clientélisme, la présence permanente et la pression faite au management. Le sociogramme démontre que les managers de proximité et intermédiaire sont exclus de certaines décisions. Cet aspect se caractérise dans les entretiens par un sentiment d'être « évincés » des décisions hiérarchiques voire « contredits » et par un sentiment de perte de crédibilité auprès des équipes. Les données de la validité prédictive ne peuvent être analysées sans les mettre en perspective avec ces informations. Les attentes et les prérogatives données au management ne sont pas partagées entre les niveaux managériaux. Comment pourrait-on dans ces conditions obtenir des résultats unifiés au moment de la validité prédictive ? Les corrélations nulles que nous obtenons seraient-elles le reflet de ce défaut d'homogénéisation de la pratique managériale et du sens donné à cette fonction. Nous formulons l'hypothèse que les résultats sont le fruit d'un décalage de perception entre les différents niveaux de responsabilités. Les représentations de chacune des fonctions, des rôles attribués sont aujourd'hui instables. Les conséquences pour l'organisation sont d'un fort enjeu car il est question de l'affaiblissement de la ligne hiérarchique.

La Direction a pris la mesure de cet impact. En effet, un projet « management » est conduit actuellement au sein de la Direction. Il a pour objectif de faire partager les zones d'actions et de pouvoir pour chacun des niveaux et de redonner de l'autonomie aux managers. Cette autonomie est nécessaire à la volonté de la Direction de voir ces managers responsables. Elle est la clé de la professionnalisation. En retour et sans cette nécessaire responsabilisation des managers, on pourrait voir apparaître comme il l'était déjà mentionné dans les analyses sociologiques (Troadec. 2004) une certaine défiance de la part du management voire un renoncement. Ces données sont ce que nous pouvons évaluer dans la validité prédictive à un autre niveau. Les potentiels les plus élevés (niveaux d'intelligence les plus forts, réussite en AC la plus élevée) semble se retirer de leur fonction (les exigences « positionnement hiérarchique » et « faire preuve de courage » sont évaluées le plus bas par les CS et les AMDE eux-mêmes). Est-ce une manière de se protéger de l'Organisation ? En effet, si on regarde les corrélations entre la dimension Névrosisme (N) et ses facettes du Néo-PIR et les compétences du poste : ce sont ceux qui ont un niveau élevé en N et sur les facettes (notamment « dépression ») qui sont évalués comme se positionnant le mieux. Cet engagement aurait un prix…A l'heure où l'impact du travail sur la santé mentale des individus est au cœur des débats, nous ne pouvons ignorer ceux des choix politiques et organisationnels sur les individus. La validité prédictive fut donc riche d'enseignements. Elle a conduit au-delà de ses objectifs premiers. C'est alors qu'elle a donné le plus de renseignements sur la population et l'Organisation dans laquelle nous avons évolué durant ces cinq années (deux ans en stage de recherche, développement et stage professionnel. Trois ans contrat CIFRE).

3 - Construire des dispositifs d'aide à la gestion des compétences comme outils de développement des pratiques managériales.

Un ensemble d'outils au service de la Gestion des Ressources Humaines a été bâti pour l'entreprise Air France : processus de détection de potentiel, de sélection, de formation, d'évaluation, d'accompagnement des mobilités... Tous ont été construits dans le but de répondre à une problématique d'entreprise : accompagner les politiques RH par une démarche « compétences ».
À l'issue de ce travail, la question du développement des compétences s'est alors imposée. Chacun des outils doit pouvoir répondre à cette question. La place de l'entretien de restitution, que celui-ci ait lieu avec le psychologue ou avec le manager a été placé comme une clé de voûte du dispositif.

À partir des résultats de recherche préalables, l'hypothèse est que cet échange régulier entre les attentes de l'Organisation et la mesure de la performance participe non seulement au développement des individus mais aussi à l'accomplissement des objectifs fixés. Sur ce point, une présentation théorique a été avancée car les outils bien que disponibles n'ont pas été déployés à suffisamment grande échelle pour que l'on puisse confronter les données de terrain aux données préexistantes dans la littérature. Des pistes de réflexion et d'ouverture en termes de recherche et d'application sont ouvertes.

4 - Des pistes d'ouverture et de réflexion pour la poursuite des travaux de recherche et une application.

Des actions à conduire au sein de la DGES peuvent être formulées afin d'optimiser le travail qu'elle a commandé. Tout d'abord, l'existence *des modèles managériaux* dont elle dispose est une force par l'importance du matériel de terrain qu'ils contiennent. Le guide du manager est un élément de communication qui peut être utilisé lors des rencontres avec les managers pour partager sur les pratiques et sur les prérogatives de chacun des niveaux. Pour mesurer l'effectivité du modèle, les *360° ipsatifs et normatifs* permettent d'obtenir pour chaque manager son fonctionnement personnel par rapport au modèle. Une fois *le 360°* proposé à grande échelle, la compilation des données permettraient d'obtenir un étalonnage à partir duquel tout manager pourrait se situer. Ces questionnaires pourraient aussi être un élément pour faire partager la ligne managériale sur son fonctionnement (N. N+1. N-1, partenaires). *Le guide de fixation d'objectifs managériaux* est un autre outil pour développer la part des objectifs managériaux fixés aux managers dans leur entretien annuel. *Le parcours d'intégration* est un moment privilégié pour communiquer sur les attentes de la direction et harmoniser les pratiques autour d'objectifs communs. Pour accompagner les mobilités, *les Assessment Centers* sont maintenant des outils connus et reconnus par l'entreprise. Si l'Assessment Center AMDE est accepté, celui réservé aux cadres managers DGES pourrait être plus largement utilisé lors des mobilités. À la demande de la gestion des cadres, ce dispositif a été utilisé à quelques occasions, les conclusions apportées ont permis de défendre des dossiers ou au contraire de prévenir de certains risques de mise en poste à la fois pour les personnes qui se seraient trouvées en difficultés et pour les services. *L'accompagnement de la mobilité effectuée grâce à* un « bilan de compétences », ce dernier confronté aux besoins de l'entreprise, est disponible. Il permet d'offrir aux cadres une meilleure lisibilité de la GPEC et de l'orientation à donner à leur carrière. Cet accompagnement permet à l'entreprise d'anticiper les mouvements et de faire comprendre les exigences qui sont les siennes.

Par ailleurs, de nouvelles questions de recherche s'ouvrent suite à ce travail. Notamment sur le développement des compétences, l'hypothèse est celle de l'efficacité de certains outils dont l'entretien de restitution sur la base de données de littérature. Qu'en est-il sur le terrain ? Quelle efficacité peut-on mesurer, dans les faits, concernant l'utilisation de cet outil ? Quels effets produit-il sur la productivité ? Quelle forme doit-il adopter pour être le plus efficace ? En quoi joue-t-il sur la motivation et la satisfaction des salariés ?

Toutes ces questions restent à explorer. D'autres données seraient également à récolter pour valider le processus d'accompagnement des parcours professionnels.

5 - Recherche appliquée en entreprise

Quels sont les avantages de mener à bien une telle démarche pour les organisations ? Quels sont les enseignements pour la recherche ? Quel décalage existe-t-il parfois entre les exigences des uns et des autres ? Quels sont donc les risques à éviter ?

Tout d'abord, le fait d'avoir pu conduire cette démarche intégralement pour le management de proximité permet aujourd'hui de fournir des données empiriques sur les choix de gestion qui ont été faits lors du « Projet Maîtrises ». L'entreprise Air France peut aujourd'hui faire confiance à une procédure de sélection qui fait ses preuves sur le terrain tant d'un point de vue satisfaction que d'un point de vue théorique. Le fait d'avoir pu prendre le temps d'effectuer un travail de fond sur les exigences du métier de le définir, d'en extraire les compétences et les attributs individuels nécessaires a permis ensuite d'avoir un matériau renouvelable et réutilisable pour la construction d'outils RH. Le temps passé à effectuer ce recueil permet aussi d'inclure dans la démarche les opérationnels, ceux qui seront par la suite concernés par les outils. Cette démarche permet de ne pas fonctionner en « chambre » les uns créant les autres appliquant. Dans notre démarche les opérationnels ont fait partie de la construction à chacune des étapes. En adoptant une démarche dite « Evidence Based Management » (Rousseau. 2006), l'entreprise s'inscrit dans un cercle vertueux de progrès, qu'elle peut objectiver par les faits. Ces faits sont autant d'indicateurs de ce qu'il reste à accomplir, à développer, à modifier. Elle a donc tout intérêt à se doter de ces indicateurs : comprendre ce qu'il se passe et comment, exploiter les données de manière systématique servent un objectif : améliorer le système. L'entreprise dispose aujourd'hui d'un matériel important et d'outils au service de sa GRH.

Pour la recherche, l'originalité de cette démarche tient dans la possibilité qui a été offerte de traiter de manière opérationnelle les questions théoriques de la modélisation, de la détection, de l'évaluation de compétences. L'hypothèse selon laquelle plus le dispositif est pris en amont avec une approche bottom-up, plus les outils construits pourront s'approcher des besoins de terrain et respecter le modèle de départ... Il ne s'agissait pas de plaquer des connaissances sur une situation mais bien de contextualiser les problématiques. Ceci implique une remise en question permanente des outils et des modèles. La recherche proposée ici a donc cela de spécifique, c'est qu'elle n'existe pas sans le terrain d'études qui la soutient. Elle nécessite de se soucier de l'utilité de ce qui est proposé pour l'entreprise et pour les personnes qui la constituent. Ce propos pose bien sûr la question de la généralisation. On peut penser que c'est une limite de la démarche de recherche appliquée. Ici, puisqu'il s'agit de répondre à une problématique précise, avec une organisation, une culture spécifique et de répondre à une demande contextualisée, la question de la généralisation ne se pose que dans un second temps ? Il s'agit d'abord de répondre de manière pragmatique à la question de l'entreprise. C'est faiblesse pour en tirer de grande théorie générale, mais au contraire force pour proposer une action dirigée par la connaissance et les faits dans un contexte donné. Les organisations sont différentes, chercher à approfondir les lois générales permet sans doute de répondre de manière plus adaptée aux questions qui nous sont posées.

Jean-Luc Bernaud et Claude Lemoine (2007) présentent leur approche du rôle du psychologue : *« Développer des pratiques objectives, valides, impartiales » (p.432)*. Cette recherche a tenté de développer des outils sur la base de données factuelles, d'éviter les indicateurs qui ne participent pas à la définition des compétences. Les données ont été recueillies auprès des intéressés eux-mêmes. . Ainsi cela a participé à *« construire une réalité avec les acteurs et à leur profit » (Jean-Luc Bernaud et Claude Lemoine. 2007. p. 432)*. Nous postulions que c'est eux qui possédaient la connaissance, qu'il fallait donc aller la chercher à leur contact. De fait, ils ont été impliqués à chaque étape et nous nous sommes positionnés moins en *« savant ou expert que révélateur ou accompagnateur » (Jean-Luc Bernaud et Claude Lemoine. 2007. p.432)*.

La recherche de terrain est donc une formidable opportunité pour les psychologues du travail de faire connaître leurs connaissances et leurs méthodes au sein des entreprises.

Néanmoins pour ce faire il faut parfois adapter nos méthodes. En effet, deux risques sont à anticiper : le temps et implication organisationnelle. Cette dernière est indispensable dans la mesure où les propositions qui sont amenées à être formulées, engendrent souvent des changements dans les modes de fonctionnement organisationnel. Le temps est à prendre en considération, par ailleurs.

En effet, celui de la recherche et de l'entreprise peuvent parfois être en décalage. Les réponses d'un moment sont parfois inadaptées aux modifications contextuelles. Les effets de certaines crises (financières ou politiques) sur les décisions organisationnelles conduisent à être à la fois experts et pragmatiques.

Ce travail de Doctorat aura touché de nombreux questionnements. Des problématiques théoriques, pratiques, organisationnelles et parfois politiques ont été parcourues. Plusieurs postures ont été à adopter : celle du salarié, celle du doctorant, celle de la conduite de projet, et celle de la recherche. Nous espérons que le fait d'avoir eu l'opportunité de conduire ce projet au sein d'une grande Organisation a permis de montrer la faisabilité de ce type de recherche et encouragera d'autres à en mener de nouvelles participant à faire en sorte qu'il y ait dans le futur plus de lien entre connaissance théorique et pratique.

BIBLIOGRAPHIE

Alderfer, C.P. (1972). Existence, relatedness, and growth : human needs in organizational settings. New York : Free Press.

Alexander, C. (1979), A timeless way of building, Oxford University Press, New York.

Algera, J.A. & Greuter M.A.M. (1998). Job Analysis. In P. Drenth, H. Thierry & C. de Wolff (Eds), Handbook of work and organisationnal Psychology, (pp. 141-164). Psychology Press.

Annett, J., Feedback and Human Behavior, Baltimore: Penguin Books Inc., 1969.

Ashford, SJ., & Cummings, L.L. (1983). Feedback as an individual resource: Personal strategies for creating information. Organizational Behavior and Human Performance, 32, 370-389.

Ashford, SJ., & Cummings, L.L. (1985). Proactive feedback seeking: The instrumental use of the information environment. Journal of Occupational Psychology, 58, 67-79.

Aubret, J. & Gilbert, P. 2003. L'évaluation des compétences. Sprimont : Mardaga.

Barabel, M., Meier, O. (2006), Manageor : Les meilleures pratiques de management. Dunod

Barabel, M., Meier, O. (2006), Le métier de PDG dans les grandes entreprises : une approche par l'analyse du travail quotidien (2006) in M. Kalika, P. Romelaer (dir.), Recherches en Management et Organisation, Economica, p. 497-511.

Baron, H., Janman, K., 1996. Fairness in the assessment center. In : Cooper,C. L., Roberston, I.T. (Eds.), International Review of Industrial and Organizational Psychology, Volume 11. Wiley et Sons Ltd, Chichester, pp. 61-113.

Bartram, D., Roberston, I.T., & Callinan, M. (2002). Introduction : A framework for examining organizational effectiveness. In I. T. Roberston, M. Callinan & D. Bratram (Eds.), Organizational effectiveness : the role of psychology (pp. 1-10). Chichester, UK : Wiley.

Bartram, D., (2005), The Great Eight Competencies : A criterion-centric approach to validation, Journal of Applied Psychology, Vol. 90, N°6, 1185-1203.

Beaujouan, Y-M. (1998). Assessment centers : pour qui, pour quoi, comment ?, Le journal des psychologues, N°160, 58-63.

Beaujouan, Y-M. 2001. Quel est l'apport des assessment centers à l'évaluation des personnes, in C. Levy-Leboyer, M. Huteau, C. Louche, J-P. Rolland, RH les apports de la psychologie du travail, Editions d'Organisations.

Becker G.S. 1964. Le Capital humain, une analyse théorique et empirique. Présenté sur www.wikiberal.org

Beehr, T. A., Ivanitskaya. L., Hansen, C. P., Erofeev, D. & Gudanowski, D. M. (2001). Evaluation of 360 degree feedback ratings : relationships with each other and with performance and sélection predictors. Journal of Organizational Behavior, 22, 775-788.

Bernaud, J.-L., Loss, I. (1995) Evaluation expérimentale des effets d'une méthode de restitution de questionnaire d'intérêt. L'orientation scolaire et professionnelle, 24, n°2, 99-113

Bernaud, J.-L., Vrignaud, P. (1996) Restitution de questionnaire d'intérêts et conseil en carrière: une revue des méthodes et de leurs effets. Revue européenne de psychologie appliquée, 2, 109-120

Bernaud, J.-L.; Lemoine, C. (2007) Traité de psychologie du travail et des organisations. Dunod.

Bono, J.E., Judge, T., E., Ilies, R., Gerhardt, M. W., (2000) Personality and Leadership: A Qualitative and Quantitative Review, Journal of Applied Psychology, Vol. 87, No. 4, 765–780

Bono, J. E., Judge, T., E., (2004). Personality and Transformational and Transactional Leadership: A Meta-Analysis. Journal of Applied Psychology. Vol. 89, No. 5, 901–910

Borman, W.C., Brush, D.H. (1993) More progress toward a taxonomy of managerial performance requirements », Human performance, Vol. 6, p. 1-21

Bownas D.A. & Bernardin H.J. (1983). Critical Incident Technique. In S. Gael (Ed). Job analysis : a guide to assessing work activities. San Francisco : Jossey-Bass.

Boyatzis, R.E. (1982). The competent manager : A model for effective performance. New York : John Wiley and Sons

Bray, D.W., Grant, D.L., (1966). The assessment center in the measurement of pote for business management, Psychological Monographs, 80, n°625.

Brillet, F. 2000. Évaluation : le bon usage du 360 degrés. Management, 108–112.

Bruchon- Schweitzer, M., Ferrieux, D. (1991). Les méthodes d'évaluation du personnel utilisées pour le recrutement en France, L'orientation scolaire et professionnelle, 20, n°1, 71-88.

Buet, M. (2005). Modélisation des compétences requises pour un poste de manager de proximité dans les aéroports de France. Mémoire non publié de Master 2. Université Paris-Descartes.

Burg, P., Jardillier, P. (2001), « Psychologie et management », PUF, p. 60-67

Burns, T. (1957). « Management in action ». Operational Research Quarterly, vol. 8 n°2, June, p.45-60.

Bycio, P., Alvares, K.M., Hahn, J., (1987). Situational specificity in assessment center ratings : A confirmatory factor analysis. Journal of apllied psychology, 72, 463-474.

Campbell, J. P. (1990). Modeling the performance prediction problem in industrial and organizational psychology. In M. D. Dunnette & L. M. Hough (Eds.), Handbook of Industrial and Organizational Psychology (pp. 687-732). Palo Alto, CA: Consulting Psychologists Press, Inc.;

Carlson, S. (1951). Executive Behavior, Strombergs, Stockholm

Carlson, M. S. (1998). 360-degree feedback: the power of multiple perspectives. Popular Government, 63, (2), 38-49.

Carpenter, J. (2000) Critical Incident Technique : Method at a glance. Source multimédia : http://medir.ohsu.edu/carpenterj/cit.html.

Champy P, Eteve C, Durand Prinborgne C, Hassenforder J, De Singly F. Dictionnaire encyclopédique de l'éducation et de la formation. Paris : Nathan ; 1994.

Cohen, B. M., Moses, J. L. & Byham, W. C. (1977). The validity of assessment : A litterature review. Pittsburgh, PA : Development Dimensions Press.

Collins, J. M., Schmidt, F. L., Sanchez-Ku, M., Thomas, L., McDaniel, M.A. & Le, H. (2003). Can basic individual differences shed light on the construct meaning of assessment center evaluations ? International Journal of Selection and Assessment, 11, 17-29.

Copeman, G., Luijk H., Hanika F., (1963), How the executive spends time, Business Publication Ldt, London.

Cortina, J. M. (1993). What is coefficient alpha? An examination of theory and applications. *Journal of Applied Psychology, 78*, 98- 104.]

Costa P.T., Jr., McCrae R.R., and Arenberg D. (1983), Recent longitudinal research on personality and aging. In: K.W. Schaie (Ed.): Longitudinal studies of adult development. New York: Guilford Press, 222-265.

Costa, P. T., Jr and McCrae, R. R. (1992). Four ways five factors are basic. Personnality and Individual Differences, 13, 653-665.

Dalton M. (1959). Men who manage. John Wiley and Sons, New York.

Danvers, F., 2009, S'orienter dans la vie : une valeur suprême ?, Septentrion, Presse Universitaire

Day, D. V. & Silverman, S. B. (1989). Personality & job performance : evidence of incremential validity. Personnel Psychology, 42, 25- 36.

De Cohen, A., Soulier, A. (2004). Manager par les compétences. Éditions Liaisons.

Delpeuch J.-L., Lauvergeon A. (1986) « Un dirigeant, ça fait quoi au juste ? » Harvard L'Expansion, p. 64-81.

Delpeuch J.-L., Lauvergeon A. (1988) Sur les traces des dirigeants, Calmann-Lévy, Paris.

Deprez, A., 2002, Compétences et qualifications - Mise en perspective et positions d'acteurs. Ministère de la Région wallonne, Namur (Discussion paper n°208, service des études et de la statistique)

Digman, J. M. (1990). Personality structure : emergence of the five-factor model.
Annual Review of Psychology, 41, 417-440

Drucker, P.F.,1954. The practice of management. New York : Harper et Row.

Dubin, R., Spray, S.L. (1967). « Executive behavior and interaction », Industrial Relations, vol. 3, n°2, February, p. 99-108.

Dunn, W. S., Mount, M.K., Barrick, M.R., Ones, D. S., 1995. Relative importance of personality and general mental ability in manager's judgements of aplliquant qualifications. Journal of applied psychology, 80, 500-509.

Ernoult, V., Gruere, J.P., Pezeu, F. (1984). Le bilan comportemental dans l'entreprise. Paris, PUF.

Ernoult (V.), Gruere (J.-P.), Pezeu (F.), Optimiser les ressources humaines dans l'entreprise, Éditions ESF, Paris, 1988.

Espérou, R. , Maoui, G., 1997, Air France : des origines à nos jours, Editions du Cherche-midi.

Evéquoz, G., 2004. Les compétences clés- Pour accroître l'efficacité et l'employabilité de chacun. Editions Liaisons, Paris.

Falcoz, C., (2001), La carrière « classique » existe encore. Le cas des cadres à haut potentiel. Annales des mines.

Falcoz, C. (2003). Gérer les cadres à haut potentiel. Les Echos Etudes.

Fauvet, J.C, Jaunet, Y. (2006). Le manager de proximité. La lettre de la sociodynamique. Kea and Partners, Transformation consulting.

Fayol, H. (1916). Administration industrielle et générale, Dunod 1981.

Fesser, M. (2002). Communication au XIIIième Congrès de l'AGRH. Gestion des ressources humaines et stratégie. Nantes, 21 et 22 novembre 2002. Acte du congrès, tome 2, p79-91.

Flanagan, J. C. (1954). La technique des incidents critiques. Revue de psychologie appliquée, 2, 165-185, et 3, 267-295.

Flanagan, J.C. (1954). The critical incident technique. Psychological Bulletin, 51, 327-358

Fleishman, E.A., Quaintance, 1984, Taxonomies of Human Performance. New York : Academic Press.

Fondas N., (1992) « Understanding differences in general management jobs », Journal of general management, vol. 17, n°4, summer, p. 1-12.

Furnham, A. & Stringfield, P. (1998). Congruence in Job-Performance Ratings : A Study of 360° Feedback Examining Self, Manager, Peers, and Consultant Ratings. Human Relations, 51, 517-530.

Gardner, H., 1983. Frames of mind : the theory of multiple intelligences. Basic., New York.

Gaugler, B.B., Rosenthal, D.B., Thurstone, G.C., Benston, C., 1987. Meta-analysis of Assessment Center validity. Journal of Applied Psychology 72, 493-511.

Gaugler, B., Thornton, G. (1989). Number of assessment center dimensions as a determinant of assessor accuracy. Journal of applied psychology, 72, 493-511.

Gennari-El Hicheri, I., Zenasni, F., Caroff, X., Richou, S., Lubart, T., "Détecter les hauts potentiels, révéler les talents. Apport de la psychologie cognitive différentielle et organisationnelle." RHetM, juillet 2010.

Gennari, I., Caroff, X., Paroche, P., Chemolle, E., Lubart, T. (2012). "Detecting high leadership potential. An example of an evidence-based conception of identification tolls in a French blue-chip company. Gifted and talented International.

Goffin, R. D., Rothstein, M. G. & Johnston, N. G. (1996). Personality Testing and the Assesment Center: Incremential Validity for Managerial Selection. Journal of Applied Psychology, 81, 746-756.

Gottschalg, O. & Zollo, M. (2005). Motivation du personnel et avantage compétitif. Les Echos, Supplément L'Art du Management du 20 octobre 2005.

Greenwood, J. M. & McNamara, W. J. (1967). Interrater reliabilty in situational tests. Journal of Applied Psychology, 51, 101-106.

Guest R.H. (1956) « Of time and the foreman », Personnel, vol. 32, p. 478-486.

Hamel, G., Prahalad, CK., et al. (2000). Strategic flexibility. Edited by G. Hamel, CK. Prahalad, H. Thomas and D. O'Neal.

Hannaway J. (1989), Managers managing : the workings of an administrative system, Oxford University Press, New York.

Hemphill, J.K. (1959). Job description for executives. Harvard Business Review, n° 37, September, p. 55-67.

Herzberg, F. (1993). The motivation to work. New Brunswick : London. Transaction Publishers.

Hinrich, J. R. (1978). An Eight-Year Follow-up of a Management Assessment Center.

Journal of Applied Psychology, 63, 596-601.

Horne, J.H., Lupton, T., (1965) « The work activities of « middle » managers-an explratory study », The journal of management studies, vol 2. n°2, February, p. 233-252.

Hough, L. M. & Oswald, F. L. (2000). Personnel selection : looking toward the future – remembering the past. Annual Review of Psychology, 51, 631-664.

Hough, L. M. (1992). The big five personnality variables- construct confusion : description versus prediction. Human performance, 5, 139-155.

Houghton, J.R. (1991) « Lessons in leadership ». Harvard Business Review, November-December. P. 90-93.

Huck, J. R. (1973). Assessment centers : a review of the external and internal validities. Personnel Psychology, 26, 191-212.

Hunter, J.E., Hunter, R.F., 1984. Validity an utility of alternate predictors of job performance. Psychological Bulletin 96, 72-98.

Hunter, J. E., & Schmidt, F. L. (1990). Methods of meta-analysis. Newbury Park, CA: Sage Publications.

Hunter, J.E., Schmidt, F.L., 1996. Intelligence and job performance : economic and social implications. Psychology, Public Policy, and Law 2, 447-472.

Huteau M., Les conceptions cognitives de la personnalité, Paris, PUF, 1985.

Ilgen, D. R., Fisher, C. D., & Taylor, S. M. (1979). Consequences of individual feedback on behavior in organizations. Journal of Applied Psychology, 64, 349-371.

Jansen, P. G. W. & Vinkenburg, C. J. (2006). Predicting management career success from Assessment Center data : A longitudinal study. Journal of Vocational Behavior, 68, 253-266.

Jones, A. S. et Gelso, C. J. (1988). Differential effects of style of interpretation : Another look. Journal of counseling psychology, 35, 363-369.

Judge, T. A. & Bono, J. E. (2000). Five-Factor Model of Personality and Transformational Leadership, Journal of Applied Psychology, 85, 751-765.

Judge, T. A. & Bono, J. E. (2002). Personality and Leadership : A qualitative and quantitative review. Journal of Applied Psychology, 87, 765-780.

Judge, T. A. & Bono, J. E. (2004). Personality and Transformational and Transactionnal Leadership : a meta analysis. Journal of Applied Psychology, 89, 901-910.

Kalika, M., Romelaer, P., (2006) Recherches en Management et Organisation. Economica.

Kanfer, R., Ackerman, P. L. (2005). Work competence : A person-oriented approach. In A. J. Elliot & C. S. Dweck (Eds.), Handbook of competence and motivation (pp, 336-353). New York : The Guilford Press.

Kay, B.R. (1995) « The use of critical incidents in a forced-choice scale », Journal of Apllied Psychology, vol. 43, August, p. 269-270.

Kimoski, R.J., Strickland, W.J., (1977) Assessment centers, valid or merely prescient. Person. Psychol., 30, 353-361.

Kleinmann, M., 1998. Assessment Center. In : Kleinmann, M., Strauss, B. (Eds.), Potentialfeststellung und Personalentwicklung. Hogrefe, Göttingen.

Kotter J.P. (1982) The general manager, Free Press, New York.

Kruglanski, A. W., and I. Ajzen. 1983. Bias and error in human judgment. European Journal of Social Psychology, 13: 1-44.

Kurke L.B., Aldrich H.E. (1983) « Mintzberg was right ! A replication and extensionof the nature of management work », Management Sciences, vol. 29, n°8, p. 975-984.

Lautrey, J., et coll., 2004. L'état de la recherche sur les enfants dits « surdoués ». Document CNRS, UMR 8605, Université Paris 5.

Le Boterf, G. 1994. De la compétence. Essai sur un attracteur étrange Paris. Editions d'Organisation.

Le Boterf, G. 1997. De la compétence à la navigation. Éditions d'Organisation.

Le Boterf, G. 2002. Développer la compétence des professionnels. Editions d'Organisations.

Lebart, L., Piron, M., Morineau, A., (2006) Statistique exploratoire multidimensionnelle. Dunod.

Leplat, J. (1986). L'analyse du travail. Revue de psychologie aplliquée, 31, 1, 9-27.

Leplat, J. (1998). Les habiletés cognitives dans le travail, in P. Perruchet, Les automatismes cognitifs. Editions Mardaga.

Levine, E.L., Bennett, N., Ash. R.A., 1979. Evaluation and use of four job analysis methods for personnel selection. Public personnel management. 8, 146-151.

Levine, E.L., Ash. R.A, Bennett, N., 1980. Exploratory Comparative Study of four analysis methods. Journal of Applied Psychology. 65, 524-535.

Levy-Leboyer, C. 1996, 2004. La gestion des compétences. Les Editions d'Organisation.

Levy-Leboyer, C. 2000. Le 360°, outil de développement personnel. Editions d'organisation, Paris.

Levy-Leboyer, C. 2005. Evaluation du personnel, quels objectifs ? Quelles méthodes ?, Editions d'Organisations (5ème Edition corrigée; 1ière Edition 1990).

Lichtenberger, Y., 2003, Compétence, compétences. Dans Encyclopédie des ressources humaines, Editions Vuibert.

Lievens, F. (2001). Dimension and exercise variance in assessment center scores : A largescale evaluation of multitrait-multimethod studies. Journal of applied psychology, 86, 1202-1222.

Livian, Y.-F. (1996) L'évolution du rôle de l'encadrement intermédiaire en Europe, Journée d'étude du Cereq.

Loarer E. 2004. Le développement des compétences chez l'adulte : modèle descendant et ascendant. In Hajjar V. et Baubion-Broye A. (Eds), Modèles et méthodologies d'analyse des compétences, Paris : Octarès Editions.

Lubart, T., (2006). Enfants exceptionnels, Précocité intellectuelle, haut potentiel et talent. Amphi psychologie.

Luijk H. (1963). « Managers and their time in Holland » in Copeman, G., Luijk H., Hanika F., (1963), How the executive spends time, Business Publication Ldt, London.

Lunthans F., Rosenkrantz S. A., Hennesey H. W. (1989), « What a sucessful managers really do? An observation study of managerial activities ». The journal of apllied behavioral science, vol. 21, n°3, p. 255-270.

Mac Clelland, D.C. 1973. Testing for competence rather than for intelligence. American Psychologist, 28, 1-14.

Mahoney T.A., Jerdee T.H., Carroll S.J. (1963). Development of managerial performance : a research approach. South-Western, Cincinnati.

Mahoney T.A., Jerdee T.H., Carroll S.J. (1965). « The jobs of management », Industrial Relations, vol. 4, p. 97-110.

Malglaive G., Enseigner à des adultes, Paris, PUF, 1990.

Mallet, L. (1991). La GPRH. Editions d'organisations.

Mandon N. , Analyse des emplois et gestion anticipée des compétences, Céreq Bref n°57, Sept.1990.

Marbach, V. (1999). Evaluer, rémunérer les compétences. Editions d'organisations.

Martinko, M.J., Gardner W.L. (1985) « Beyong expectation : methodological Issues and New directions », Academy of management review, vol. 10, n°4, p. 676-695.

Maslow, A.H. (1954). Motivation and personality. New York : Harper.

Masselin, J. (2001) Effet du mode de restitution d'un questionnaire sur l'appropriation ultérieure de ses résultats. Mémoire de DEA, INETOP (2001)

Masson, A. & Parlier, M. (2004). Les démarches compétences, collection Agir sur, Editions de l'ANACT.

Matsui, T., Okada, A., & Inoshita, O. (1983). Mechanism of feedback affecting task performance. Organizational Behavior and Human Performance, 31, 114–122.

Matuchet, S., Somat A., Testé B. & Lucet E. (2005). Emergence, développement et utilités de l'évaluation 360 degrés, Psychologie du travail et des organisations 11, 211-226.

McCall M. W., Segrist C.A. (1980), « In pursuit of the manager's job : building on Mintzberg », Technical Report, n°14, Greensboro, NC : Center for creative leadership.

McClelland, D.C., 1961. The achieving society. Princeton, N.J : Van Nostrand.

Meyers, R., Houssemand, C., 2006. Comment évaluer les compétences clés dans le domaine professionnel ? Revue de psyhologie aplliquée. 56, 123-138.

Michaels,Ed., Handfield-Jones, H., Axelrod, B., 2001. The war of talents. Harvard Business School Press.

Michigan Bell Telephone. Personnel assessment program : a pilot study. Personnel

Relations Department, 1962.

Mintzberg, H (1973). The nature of managerial work. New York : Harper & Row.

Mintzberg, H (1984). Le manager au quotidien : les dix rôles du cadre. Les Editions d'organisation. Traduction de Mintzberg, H. (1973). The nature of managerial work. New York : Harper & Row.

Mintzberg, H. (2007). Le management : voyage au centre des organisations. Les Editions d'organisation. Traduction de Mintzberg, H. (1989). Mintzberg on management : inside our strange world of organizations. New York.

Mispelblom Beyer F. (2006). Encadrer : Un métier impossible ? Paris : Armand Colin.

Montmollin, M. (de). 1986. L'intellligence de la tâche. Berne : Peter Lang. 2ième Edition.

Morse, J.J., Wagner, F.R. (1978) « Measuring the process of managerial effectiveness », Academy of management journal, vol. 21, p. 23-35.

Ng, K. Y., Ang, S. & Chan, K. Y. (2008). Personality and Leader Effectiveness : A Moderated Mediation Model of Leadership Self-Efficacy, Jobs Demands, and Job Autonomy, Journal of Applied Psychology, 93, 733-743.

Pavett, C.M., Lau, A.W. (1983) « Managerial work : the influence of hierarchical level and functional speciality », Academy of Management Journal, vol. 26 n°1, p. 170-177.

Pfeffer, J., Sutton, R., 2000, The knowing-Doing Gap : How smart companies Turn knowledge into action. Harvad Business School Press.

Pfeffer, J., Sutton, R., 2006, Hard facts, Dangerous Half-truths and Total Nonsense : Profiting from Evidence-Based Management. Harvad Business School Press.

Pfeffer, J., Sutton, R., 2007, Faits et foutaises dans le management. Vuibert.

Pheysey, D.C. (1972), « Activities of middle management- a training guide », Journal of management studies, Vol. 9, p. 158-171.

Plane, J.M., 2003, La théorie des organisations. Collection Los Topos. Deuxième Édition

Ployhart, R.E., Ryan, A.M. & Bennett, M. (1999) Explanations for selection decisions: applicants' reactions to informational and sensitivity features of explanations. Journal of applied psychology, 84, 87-106

Porter, L.W. & Lawler, E.E. (1975). Behavior in organizations. New York : McGraw-Hill.

Porter, L.W., Mowday, R.T., Steers, R.M. (1982). Employee-organization Linkages : The Psychology of commitment, Absenteeim ans Turnover. Academic Press, Londres.

Raven, J. C., Court, J. H. & Raven, J. (1938, 1998). Manuel d'utilisation des Progressive Matrices Standard (PM38).

Roberston, I. T., Kandola, R.S., (1982). Work sample tests: validity, adverse impact and applicant reaction, Jal of occupational Psychology, 55, 171-183.

Roberston. I., Gratton. L., Sharpley. D., (1987). The psychometric properties and design of managerial assessment centers: dimensions into exercices won't go. Journal of occupationnal psychology, 60,187-195.

Roethlisberger, F.J. Et W.J. Dickson, 1939, Management and the worker : an account of a research program conducted by the Western Electric Company, Hawthorne
Works .

Rogard, V., Caroff, X., Bouteiller, C. et Mercier, A. (2003). Pratiques des épreuves de simulation professionnelle dans la sélection de personnels, in N. Delobbe, G.

Rogard, V. (2004), Leaders, managers et cadres : activités et influence, *Les dimensions humaines du travail*. Presse universitaire de Nancy.

Rojot, J. (2005). Théorie des organisations. Éditions Eska. 2Ième Éditions

Rolland, JP (1998). Manuel de l'inventaire NEO-PI-R (Adapt. française) d'après Costa et McCrae, Paris : ECPA.

Rolland, J.P. (2001). Construct validity of in-basketdimensions. European Review of Applied Psychology,49, 251-259.

Rolland, J. P. (2004). L'évaluation de la personnalité. Pratiques Psychologiques: Evaluation et diagnostic. Editions Mardaga.

Rousseau, D., 2006. Is there such a thing as "evidence based management". Academy of Management Review, Vol.31, N°2, 256-269.

Rynes, S. L., Brown, K. G., Colbert, A. E. 2002. Seven common misconceptions about human resource practices : research findings versus practioner beliefs. Academy of Management Executive, 18(3)/ 92-103.

Sacket, J.P., Dreher, G.F. (1982). Constructs and assessment centers dimensions: some troubling empirical findings. Journal of applied psychology, 67, 401-410.

Sainsaulieu, R. 1985. L'identité au travail. Presse de la fondation des sciences politiques.

Saldago, J.F. (1997). The five factor model of personnality and job performance in the European community. Journal of applied psychology, 82, 30-43.

Sayles, L.R. (1964). Managerial Behavior, McGraw-Hill, New York.

Sayles, L.R. (1979). Leadership : What effectiveness managers really do and how do it, McGraw-Hill, New York.

Schmidt, F.L., Gooding, R.Z., Noe, R.A., Kirsch, M., (1984). Meta-analysis of validity studies published between 1964 and 1982 and the investigation of study characteristics, Person. Psychol., 37, 407-422.

Schmidt, F.L., Hunter, J., (1998), « The validity and utility of selection methods in personnel psychology : Practical and theoretical implications of 85 years of research findings » Psychological Bulletin, n° 124, p262-274.

Shakleton, V., Newell, S. (1991). "Management selection : a comparative survey of methods used in top British an French companies, Journal of occupational psychology", 64, 23-36.

Shore, T., Shore, L. & Thorton III, G. (1992). Construct validity of self and peer evaluations of performance dimensions in assessment center. Journal of Applied Psychology 77, 42–54.

Spencer, L.M. Jr. and Spencer, S. M. (1993). Competence at work : Models for superior performance. New York : John Wiley and Sons.

Sternberg, R.J., 2003. A broad view of intelligence. The theory of sucessful intelligence. Consulting psychology Journal. Practice and research 55, 139-154.

Stewart, R. (1967). Managers and their jobs, McGraw-Hill, Maidenhead.

Stewart, R. (1982). Choices for the Managers : guide to managerial work and behaviour, Prentice Hall, New York.

Taylor, F. W. (1911) The principles of scientific management. New York : Harper and Bros.

Tenenhaus M., 2007, Statistique, Méthodes pour décrire, expliquer et prévoir. Dunod.

Tett, R.P., Guterman, H.A., Bleier, A., & Murphy, P.J. (2000). Development and Content Validation of a 'Hyperdimensional' Taxonomy of Managerial Competence. Human Performance, 13, 205-252.

Tett, R.P., Jackson, D. N., Rothstein, M. (1991) Personnality measures as predictors of job performance : a meta-analytic review. Personnel Psychology, 44, 703-742.

Thévenet, M. (1982). Impliquer les personnes dans l'entreprise. Liaisons. Paris.

Thévenet, M. (2000). Le plaisir de travailler : favoriser l'implication des personnes. Paris. Les Éditions d'Organisations.

Thomson, H. A. (1969). Internal and external validation of an industrial assessment program.Unpublished doctoral dissertation, CaseWestern Reserve University.

Thornton, G.C., Gaugler, B.B., Rosenthal, D.B., Bentson, C., (1985). Meta-analysis of Assessment Center validity, communication au 93e Congrès de l'American Psychological Association, Los Angeles.

Thurstone, L.L. 1938. Primary mental abilities. University of Chicago Press, Chicago.

Troadec, T. , Hinault, A.C., février 2002, « Enquête seniors : Air France, à la recherche des dynamiques de coopérations générationnelles », rapport de recherche, 210 p.

Troadec, T. , Uhalde, M., Osty, F., Guillaume, C., Boulenger, C., Gontier Barikyna, O., Le Gall, T., (2004). Diagnostic sociologique Air France DGE. Les métiers du Trafic, de la Piste et du Passage (En)quête de reconnaissance. Rapport de recherche. IRESCO LISE / LSCI Equipe RITE. CNRS.

Tsui, A. S. & Ohlott, P. (1988). Multiple assessment of managerial effectiveness: inter rater agreement and consensus in effectiveness. Personnel Psychology, 41, 779-803.

Vergnaud G. , Les conditions de mise en œuvre de la démarche compétences, Cahier n°3 des Journées internationales de la formation, CNPF, Paris, 1998.

Volle, M., 2000, E-conomie, Paris, Ed. Economica.

Woehr, D., Arthur, W. (2003). The construct-related validity of assessment centers ratings: a review and meta-analysis of the role of methological factors. Journal management, 29, 231-258.

Wollowick, H. B. & McNamara, W. J. (1969). Relationship of the components of an Assessment Center to management success. Journal of Applied Psychology, 53, 348-352.

Wrapp H.E. (1967), « Good Managers don't make policy decisions », Harvard Business Review, September, p. 91-99.

Yulk, G. A. (1987, October). *A new taxonomy for integrating diverse perspectives on managerial behavior.* Paper presented at the annual meeting of the American Psychological Association, New York.

Zarifian, P. (1990). A propos du concept d'organisation qualifiante, colloque organisé pour Développement et Emploi, 26 juin 1990. Dans Moré-Girault S. (2001) « L'organisation qualifiante ». L'Harmattan.

Zarifian, P. 2001. Le modèle de la compétence. Editions Liaisons.

Zarifian, P. 2001. Objectif compétences. Pour une nouvelle logique. Editions Liaisons.

Zarifian, P. 2004. Le modèle de la compétence. 2ème édition actualisée. Paris, Editions Liaisons.

Zytowski, D. G., & Borgen, F. H. (1983). Assessment. In W. B. Walsh & S. H. Osipow (Eds.), Handbook of vocational psychology (Vol. 2, pp. S-40). Hillsdale, NJ: Erlbaum.